ENGAGEMENTS

Collection dirigée par Thierry Discepolo

Alain Accardo

Le Petit-Bourgeois gentilhomme. Sur les prétentions hégémoniques des classes moyennes

De notre servitude involontaire. Lettre à mes camarades de gauche

Pierre Bourdieu, *Interventions, 1961-2001. Science sociale & action politique*

Noam Chomsky & Edward Herman, *La Fabrication du consentement. De la propagande médiatique en démocratie*

Michael Christofferson, *Les Intellectuels contre la gauche. L'idéologie antitotalitaire en France (1973-1981)*

Thomas Frank

Le Marché de droit divin. Capitalisme sauvage & populisme de marché

Pourquoi les pauvres votent à droite. Comment les conservateurs ont gagné le cœur des États-Unis (et celui des autres pays riches)

Jean-Pierre Garnier

Une violence éminemment contemporaine. Essais sur la ville, la petite-bourgeoisie intellectuelle et l'effacement des classes populaires

Mary D. Lewis, *Les Frontières de la République. Immigration et limites de l'universalisme en France (1918-1940)*

Loïc Wacquant, *Punir les pauvres. Le nouveau gouvernement de l'insécurité sociale*

BP 70072, F-13192 Marseille cedex 20
www.agone.org

ISBN : 978-2-7489-0147-4

Alain Accardo

Engagements

Chroniques & autres textes
(2000-2010)

Textes rassemblés, annotés, préfacés par Thierry Discepolo
et précédés de tête-à-tête(s) avec Paul Ariès, Raphaël Desanti,
Sophie Divry, Samuël Foutoyet, Cédric Lefebvre et Giancarlo Rossi

AGONE

Édition préparée par Michel Caïetti, Alain Guénoche, Elsa Laval, Gilles Le Beuze, Joëlle Metzger, Raphaël Monnard et Philippe Olivera.

Avant-propos
suivi de Tête-à-tête(s) (2003-2010)

> ENGAGEMENT. [...] 2. Action de se lier par une promesse [...] ; 6. Combat localisé et de courte durée [...] ; 10. Acte ou attitude de [celle ou celui] qui, prenant conscience de son appartenance à la société et au monde de son temps, renonce à une position de simple spectateur et met sa pensée ou son art au service d'une cause.
>
> *Petit Robert* (2001-2002)

LES PREMIERS JOURS DE MAI 2010, lorsque nous avons commencé de rassembler les textes éparpillés qu'il avait écrits depuis dix ans, Alain Accardo s'interrogeait encore sur l'intérêt suscité par les analyses qu'il continue d'envoyer sans se lasser à ceux qui continuent de les lui demander sans se lasser – tous les mois depuis plusieurs années dans *La Décroissance*, parfois dans *Le Sarkophage* ou ailleurs, tous finalement postés sur son blog aux éditions Agone [1]. S'il faisait confiance aux éditeurs pour l'organisation des textes, l'auteur ne réclamait qu'une seule chose : s'il devait paraître, que ce recueil ne paraisse pas posthume... Demande inhabituelle. Au moins est-elle satisfaite lorsque paraît ce livre.

1. La plus grande partie des chroniques et textes courts d'Alain Accardo est rassemblée sur <http://blog.agone.org/category/La-chronique-d-Alain-Accardo>.

Toute collection de textes issue de la rencontre entre actualité politique et hasard biographique a quelque chose d'artificiel, qu'aucune organisation ni le choix le plus méticuleux ne peuvent résoudre tout à fait. Comme souvent, la chronologie des parutions s'impose alors, pour l'essentiel. Nous avons commencé avec un retour autobiographique ; suivi d'un portrait en deux temps de Pierre Bourdieu [I] ; puis d'une synthèse de sociologie du journalisme ; enfin d'une cinquantaine de chroniques d'actualité politique.

On peut voir dans l'encadré ci-après que nous n'avons rien oublié qui ne soit encore tout à fait disponible [II].

Bibliographie des textes non retenus dans ce recueil et des livres d'Alain Accardo

Le Petit-Bourgeois gentilhomme. Sur les prétentions hégémoniques des classes moyennes (Labor, 2003), Agone, 2009

Préface à *Reconquista !*, du collectif « Le Ressort », Éditions du Cerisier, 2009

Journalistes précaires, journalistes au quotidien, avec Georges Abou *et al.*, (Le Mascaret, 1995 et 1998), Agone, 2007

Préface à Nico Hirtt et Bernard Legros, *La Peste publicitaire*, Aden, 2007

« Théorie du complot », *in* Pascal Durand (dir.), *Les Nouveaux Mots du pouvoir. Abécédaire critique*, Aden, 2007

« La colère du juste », préface à Albert Libertad, *Le Culte de la charogne. Anarchisme, un état de révolution permanente (1897-1908)*, Agone, 2006

I. Correspondance datée d'août 2006, le second de ces textes est le seul du recueil pour lequel nous avons dérogé à l'ordre chronologique.

II. Pour être exact, nous n'avons pas mentionné deux textes de l'ensemble des écrits retrouvés : « La liberté de la presse, un mythe commode », paru en novembre 2005 dans un numéro spécial des *Casseurs de pub* sur les médias dont l'essentiel est contenu dans « Un journalisme de classes moyennes » (*infra*, p. 87 *sq.*) ; et un inédit daté du milieu des années 1990, « Pour une éthique sans transcendance et sans illusion. Notes pour un essai d'analyse matérialiste », texte théorique qui n'avait pas sa place dans ce recueil.

Introduction à une sociologie critique. Lire Pierre Bourdieu (Le Mascaret, 1997), Agone, 2006

« Liberté de la presse », notice du *Petit Alter. Dictionnaire altermondialiste* d'Attac, Fayard, « Mille et une nuits », 2006

« Karl Kraus contre l'empire de la bêtise », *Le Monde diplomatique*, août 2005 [I]

« Le double jeu des classes moyennes », *Le Monde diplomatique*, décembre 2002

« L'humanisme, ça sert encore ? », *Le Monde diplomatique*, janvier 2002

De notre servitude involontaire. Lettre à mes camarades de gauche, Agone, 2001

« En France, la douce trahison des clercs », avec Philippe Corcuff, *Le Monde diplomatique*, mars 2001

« Derrière la subjectivité des journalistes », *Le Monde diplomatique*, mai 2000

« Le destin scolaire », *in* Pierre Bourdieu (dir.), *La Misère du monde*, Seuil, 1993

« Une faillite politique. Entretien avec un militant du PCF », *Actes de la recherche en sciences sociales* (1993, vol. 96, n° 1, p. 80-86)

La Sociologie de Bourdieu. Textes choisis et commentés, avec Philippe Corcuff, Le Mascaret, (1986) 1989 [épuisé]

Initiation à la sociologie de l'illusionnisme social : invitation à la lecture des œuvres de Pierre Bourdieu, Le Mascaret, (1983) 1991 [épuisé] [II]

La seule chronologie des textes qui suit ajoute quelques indications à l'historique des positions de l'auteur dans l'espace public – dans le « champ intellectuel ». Ainsi, tandis que les livres d'Accardo sont progressivement réédités, passe-t-on de quelques articles parus jusqu'en

I. Les cinq articles parus dans *Le Monde diplomatique* sont disponibles sur <www.monde-diplomatique.fr>.

II. Ce livre est la première version de *Introduction à une sociologie critique. Lire Bourdieu* publié au Mascaret en 1997 et réédité par Agone en 2006.

2006 à une douzaine en moyenne par an entre 2007 et 2010[1]. Mais pareille évolution indique surtout celle de la visibilité d'une approche qui allie une connaissance théorique du monde social aux pôles radicaux de la critique sociale et politique.

Le premier texte qui suit, « Entre Fanon et Camus », livre autant la couleur que la matière des *engagements* qui composent l'essentiel du recueil : comment un petit-fils d'immigrés napolitains né à Bône (Algérie) se débat, avec les moyens d'un « miraculé scolaire », pour se « bricoler » une vie dans la guerre civile ; quel rôle joue l'éducation classique et l'initiation à la pensée des Lumières contre le racisme et le mépris de classe ; enfin les limites et les vertus de l'humanisme rationaliste : celles d'une position morale en situation de conflit politique violent. Et si Accardo en tire une leçon, en acteur ordinaire d'un moment historique extraordinaire, c'est celle de l'importance, modeste et indispensable, du « combat séculaire » qu'il faut « mener en permanence pour construire une société vraiment humaine, contre les pesanteurs toujours renaissantes qui, sous des formes multiples, la tirent vers l'ornière » [*infra*, p. 61].

La lecture d'un article savant sur les « racines » de la sociologie de Pierre Bourdieu donne l'occasion à l'auteur de revenir sur sa rencontre, dans un amphithéâtre de la fac d'Alger, avec celui qui n'est alors qu'un jeune assistant en philosophie. Où l'on voit comment, en

1. Plus exactement, les années 2000 sont en même temps celles de la parution de deux nouveaux livres et de la réédition, par les éditions Agone (Marseille), de presque tous ceux parus en 1980 et 1990. Quatre articles et plusieurs recensions commandées entre 2000 et 2005 par *Le Monde diplomatique* (Paris) ; deux collaborations au *Passant ordinaire* (Bordeaux) en 2003 ; la participation à deux ouvrages collectifs – en 2004 aux Presses universitaires de Liège et en 2006 pour une collection « militante » chez Fayard (Paris) ; enfin, encadrées par quatre préfaces – pour Agone en 2006, Aden (Bruxelles) à deux reprises en 2007 et Le Cerisier (Mons) en 2009 –, ce sont les chroniques mensuelles (2006-2010) dans *La Décroissance* (Lyon) complétées d'interventions occasionnelles (2007-2010) au *Sarkophage* (Lyon).

compagnie de l'instituteur kabyle Abdelmalek Sayad, le Français d'Algérie Alain Accardo participe, en pleine guerre de libération, à la première enquête de terrain organisée par le normalien d'origine paysanne béarnaise Pierre Bourdieu. Il s'agit pour l'auteur d'affirmer à la fois comment les questions fondamentales, « posées et imposées [...] dans la pratique », étaient, pour Bourdieu, plus fortes que les références à Husserl dans la « conversion » à la sociologie d'un agrégé de philosophie – qui allait entraîner celles d'Accardo et de Sayad eux-mêmes.

Faisons remarquer que c'est l'expérience douloureuse de la guerre d'Algérie qui conduit Accardo, après son départ d'Afrique du Nord en 1964 et sa nomination comme professeur de philosophie à Bordeaux, à devenir membre du PCF et à militer politiquement avec ardeur ; en même temps, il reprend, au cours des années 1970, ses études de sociologie, avec un travail de thèse sous la direction de Pierre Bourdieu, à l'issue de laquelle il obtient un poste d'assistant de sociologie à l'université de Bordeaux-III.

Cette période de la vie d'Accardo (1964-1980) est marquée par une importante production de textes qui s'inscrivaient, pour l'essentiel, dans le cadre de ses responsabilités militantes (enseignement dans les écoles fédérale et centrale du parti, intervention dans les débats de la direction fédérale, tracts, journaux de cellules, etc.) et dont l'élaboration lui a permis de se donner une « vision indissociablement politique et théorique, intellectuelle et morale, de la société ». Comme Accardo l'explique dans certains entretiens et dans sa préface à la réédition du *Petit-Bourgeois gentilhomme*, il n'a jamais considéré, tout au long de cette période initiale de travail et de combat, qu'il avait une œuvre personnelle à construire. Il pensait n'avoir « rien à dire sinon qu'il fallait faire la révolution ; et que cela, d'autres l'avaient dit beaucoup mieux que [lui] ». Ce sentiment explique pour une large part son émergence bien tardive en tant qu'« auteur » au sens éditorial du terme.

C'est donc après plus de quinze années de vie militante et de travail universitaire qu'Alain Accardo décide de quitter définitivement le PCF – dont il désapprouvait l'engagement dans la « gauche plurielle de gouvernement » ; et qu'il entreprend de rédiger, pour un éditeur bordelais, Le Mascaret, en 1983 et 1986, deux ouvrages de vulgarisation de la sociologie de Bourdieu [I], dont le premier, plusieurs fois réédité, est aujourd'hui un classique [II].

Au début des années 1990, Accardo compte parmi les auteurs de l'enquête lancée par Pierre Bourdieu sur la dégradation des conditions de vie des classes moyennes qui paraîtra sous le titre *La Misère du monde* (1993). Dans les années qui suivent, il constitue, avec d'anciens étudiants devenus journalistes, un groupe de recherche pour mener une enquête sur les pratiques journalistiques, qui débouchera sur deux ouvrages collectifs (1995 et 1997) [III].

Depuis 2002, Accardo a donné une dizaine d'entretiens, essentiellement à la presse militante et par écrit [IV].

I. Sur l'articulation entre le militantisme communiste et la diffusion de la sociologie de Bourdieu ; et sur la succession de l'un à l'autre chez Accardo, lire sa première réponse au « Tête-à-tête(s) », *infra*, p. 15 *sq.*

II. Au moment où paraissait, au format poche, la dernière réédition de l'exhortation par Accardo à « Lire Pierre Bourdieu », des lecteurs ont rapporté que ce livre avait sans doute plus circulé entre étudiants sous forme d'extraits photocopiés que d'exemplaires vendus ou empruntés en bibliothèque…

III. Les journalistes en question sont Georges Abou, Gilles Balbastre, Christophe Dabitch, Dominique Marine et Annick Puerto. Sur ces deux livres, *Journalistes précaires* puis *Journalistes au quotidien* (aujourd'hui réédités en un seul volume au format poche), Accardo dira que, s'ils ne sont « pratiquement pas conseillés aux étudiants journalistes par leur encadrement (en tout cas pas officiellement recommandés), très nombreux sont les étudiants qui le connaissent et s'en servent dans leurs études » – entretien, en mai 2008, avec Maxime Petit pour son mémoire de fin d'études, Institut supérieur de la communication, de la presse et de l'audiovisuel (ISCPA) de Lyon.

IV. En plus de ceux utilisés ci-après et celui déjà cité dans la note ci-dessus, signalons les entretiens avec Jean-Marie Harribey pour *Le Passant ordinaire* :

Le « Tête-à-tête(s) » qui suit cet avant-propos rassemble l'essentiel des thèmes abordés – comme si les questionneurs s'étaient tous réunis le même jour en face du sociologue. Seul le montage est imaginaire ; toutes les questions et les réponses sont extraites d'entretiens réels. L'ensemble fournit une introduction aux textes qui suivent : sur le fonctionnement d'une société de classes, sur le rôle des médias et de la petite bourgeoisie intellectuelle, sur les dysfonctionnements des démocraties bourgeoises ; et sur quelques pistes, pour commencer à en sortir…

Accardo a gardé intactes la colère et l'indignation de sa jeunesse. Ce qui nous change agréablement de tous ceux qui, y compris chez les militants révolutionnaires de toutes obédiences, conjuguent l'âge avec le renoncement (voire le reniement) et auxquels on donne un peu vite le nom de « sages ». S'il martèle sans douter les exigences de la lutte des classes, Accardo n'avance jamais d'analyse politique sans rappeler les exigences de la morale, qui nourrissent, chez ce sociologue, la critique du capitalisme – critique qui s'attache notamment à l'analyse du rôle des classes moyennes, dont l'assouvissement des appétits narcissiques est au cœur des sociétés capitalistes avancées.

D'un texte à l'autre, on lit évidemment la diversification de la même critique du même monde tel qu'il va. Mais enfin, que cet ordre social injuste change, et nous cesserons alors de le critiquer ! Et puis, n'est-ce pas le travail d'un militant que de chercher inlassablement

---

« Changer le monde et se changer », 2002, n° 40/41 <www.passant-ordinaire.com/revue/40-41-420.asp> et « Combien de classes pour combien de mondes ? », 2004, n° 47 <www.passant-ordinaire.com/revue/47-584.asp> ; avec Olivier Cyran pour *CQFD*, « Ils se tirent la bourre, ils en bavent, ils le font pour la gloire. Les journalistes précaires », janvier 2006, n° 29 <http://cequilfautdetruire.org/spip.php?article840> ; avec Roland Pfefferkorn pour *La Marseillaise*, « Enquête sur le monde du journalisme », 15 juillet 2007 <www.agone.org/journalistesprecairesjournalistesauquotidien>.

une nouvelle manière de dévoiler les mêmes mécanismes ? Une tâche que ce recueil illustre avec vigueur et cohérence, aussi bien de ton que de contenu, par une succession de textes qui se répondent et se complètent, illustrant un parcours intellectuel et politique en même temps qu'une méthode. Celle de la sociologie critique, appuyée sur les acquis de la socioanalyse au service d'une approche inséparablement « objectiviste » et « subjectiviste » des structures et des acteurs qui composent nos sociétés : un savoir engagé qui aurait toute sa place dans les bases théoriques d'un parti révolutionnaire de masse.

On ne s'étonnera donc pas que l'auteur abandonne la retenue académique pour les modulations du tribun et que ses appels répétés à la révolution et à la refondation de la gauche résonnent volontiers des accents de la Rome antique qu'on invoquait aux temps des Gracchus Babeuf.

Thierry Discepolo
Marseille, automne 2010

Tête-à-tête(s) (2003-2010)

Raphaël Desanti et la liste « Champ »[1] *: Qu'est-ce qui vous a conduit à faire œuvre de vulgarisation de la sociologie de Pierre Bourdieu ?*

— Avant même le retour de la gauche au pouvoir et ses tristes reniements, mon évolution personnelle m'avait conduit à la conviction – plus ou moins reléguée au second plan par la dépense d'énergie militante qu'il fallait investir en permanence sur le terrain du combat politique et syndical pour une union de la gauche qui ne fût pas un simple machin électoraliste (ce qu'elle allait malheureusement devenir) – que la gauche dans son ensemble ne disposait pas de toutes les ressources théoriques nécessaires pour penser le mouvement réel de la société et le stade où celle-ci se trouvait. Jusque-là, l'ancrage de la tradition marxiste-communiste et le renfort du structuralisme avaient maintenu, dans le champ intellectuel, la vision théorique du social au niveau macrosociologique, celui des grandes structures objectives impersonnelles et des agents collectifs. Quant au niveau microsociologique, celui des interactions individuelles et des structures de la subjectivité personnelle, il était abandonné à des approches psychologiques qui tendaient trop souvent à réduire le social à de l'intersubjectif, quand ce n'était pas à une simple juxtaposition de faits individuels.

On était donc assez mal outillé pour combler l'écart entre les niveaux macro et micro, c'est-à-dire pour penser dialectiquement leurs rapports. Personnellement, je me sentais de plus en plus mal à l'aise devant l'hiatus

1. Extrait d'un entretien mis en ligne en juin 2003 par *Le Magazine de l'homme moderne*, « Alain Accardo, sociologue engagé », <www.homme-moderne.org/societe/socio/accardo/entr0306.html>.

grandissant que je percevais entre les projets exaltants de l'utopie révolutionnaire et le mode de vie réel, à l'américaine, qui faisait du petit-bourgeois individualiste, hédoniste et spéculateur, la véritable figure de l'« homme nouveau ».

En tant que sociologue, j'étais d'autant plus sensible à ces lacunes que j'étais assez bien informé des travaux réalisés en science sociale et plus précisément, pour en avoir suivi de façon détaillée la progression depuis le début, des travaux de Bourdieu et de son école. J'avais assisté avec enthousiasme, année après année, à la construction d'un édifice théorique, d'une richesse et d'une diversité empiriques impressionnantes et d'une grande puissance conceptuelle, qui faisait voler en éclats les cloisonnements académiques entre les différents terrains de la recherche et qui se caractérisait justement par sa capacité d'embrasser l'ensemble du monde social en articulant de façon cohérente le macro et le micro, l'objectif et le subjectif, l'interne et l'externe, en en montrant l'interpénétration et les rapports réciproques.

Au début des années 1980, on disposait déjà des principaux outils d'analyse qui étaient à l'œuvre dans la grille bourdieusienne et qui permettaient de se donner une vision plus juste et plus actuelle de la réalité des classes et de leurs rapports. Malheureusement, la connaissance de ces travaux qui auraient pu aider à enrichir ou renouveler les perspectives traditionnelles sur le social était assez peu répandue en dehors des cercles spécialisés (et encore !) et peu nombreux étaient ceux qui connaissaient *vraiment* la sociologie de Bourdieu et étaient capables d'en tirer parti dans leur travail personnel. Cette ignorance s'accompagnait même, dans bien des cas, dans le mouvement syndical et politique, d'une méfiance qui datait de la publication, en 1964, des *Héritiers*. Cet ouvrage avait froissé la susceptibilité, c'est le moins qu'on puisse dire, des milieux enseignants de gauche, plutôt hermétiques, à cette époque-là, à l'idée que la lutte des classes était aussi une lutte des classements, y compris des classements scolaires et universitaires, et que le système scolaire n'était pas aussi libérateur qu'on le proclamait depuis des générations.

Il y avait aussi cette hostilité quasi instinctive et si répandue que déclenche chez les individus des sociétés individualistes, surtout chez les plus instruits, la menace supposée dans toute analyse sociologique de vouloir les arracher à leur singularité et leur originalité pour les renvoyer à leur sérialité et leur anonymat.

D'une façon générale, les analyses de Bourdieu indisposaient tout le monde : d'un côté, les tenants de la tradition marxiste officielle parce qu'ils ne retrouvaient pas chez lui les schémas habituels qui servaient depuis des lustres à expliquer, de façon très objectiviste et économiste, le mouvement de la société et à fétichiser le rôle révolutionnaire du prolétariat et de ses porte-parole – c'est ainsi qu'au PCF on a très longtemps tenu Bourdieu pour un sociologue « bourgeois » et « académique » ; de l'autre, les partisans de l'ordre établi le tenaient pour un dangereux « gauchiste », voire un « crypto-communiste » rêvant de subversion violente ; enfin les « gauchistes », parce que ses analyses de la prétention des prétendants au pouvoir éclairaient trop crûment leur révolutionnarisme de pacotille. Pour tous il faisait figure *a priori* d'adversaire et d'épouvantail, ce qui dispensait d'examiner vraiment ce qu'il disait. Les intellectuels, en particulier ceux qui avaient partie liée avec le pouvoir et les médias, l'ont très vite poursuivi de cette haine inexpiable et habilement euphémisée, qui est un des sous-produits spécifiques du champ intellectuel. Bref, il dérangeait à droite, à gauche, au centre, partout, en pratiquant sans concession la sociologie comme « un sport de combat ».

En tant qu'intellectuel et militant de gauche, j'étais désolé de cette méconnaissance et de cette hostilité.

J'avais le sentiment grandissant que ce qui manquait cruellement à la pensée de gauche, c'était une théorie de la subjectivité bien fondée sociologiquement, malgré les tentatives louables de certains penseurs marxistes pour développer une théorie matérialiste à partir des linéaments esquissés par Marx lui-même. Et le travail de Bourdieu, qui mariait le meilleur de Marx, de Durkheim et de Weber, me paraissait justement de nature à combler cette lacune. Il était de plus en plus clair à mes yeux que le nouveau matérialisme historique, le marxisme vivant en somme, c'était dans sa sociologie qu'il fallait le chercher, et pas ailleurs. Il me semblait donc nécessaire de faire connaître davantage ses analyses.

Je m'y efforçais déjà dans le cadre de mon enseignement universitaire, mais il fallait aller au-delà de ce cadre restreint et contribuer à les populariser vraiment, pour répondre au souhait que Bourdieu formulait lui-même de « disséminer plus largement les armes de la critique sociale ». J'espérais, sans trop y croire, que d'autres sociologues, plus qualifiés et plus renommés que moi, s'attelleraient à cette tâche. J'étais plutôt sceptique parce que je savais (justement grâce aux analyses bourdieusiennes du champ intellectuel) que, dans le monde scientifique en général, entre ceux qui se censurent parce qu'ils occupent des positions dominées et qu'ils craignent, à tort ou à raison, de paraître prétentieux ou de ne pas être à la hauteur de l'entreprise et ceux qui s'abstiennent parce que, occupant des positions dominantes, la divulgation de leur savoir leur paraît une tâche « vulgaire » et dévalorisante, il ne reste plus grand monde pour faire ce travail à la fois très délicat et peu rentable sur le plan universitaire, travail pourtant utile si on veut que la science serve à autre chose qu'à faire des carrières de mandarins, à alimenter des projets technocratiques et à renforcer l'arsenal symbolique des groupes dominants.

C'est la raison essentielle pour laquelle j'ai pris finalement la décision d'élaborer moi-même un texte de vulgarisation de la sociologie de Bourdieu, ou plus exactement de ce qui me paraissait tellement éclairant pour la compréhension des stratégies des agents sociaux. Ma motivation était donc fondamentalement militante. Dans mon esprit, il ne s'agissait absolument pas d'un investissement à finalité universitaire. Il s'agissait au contraire de faciliter l'accès à la sociologie de Bourdieu pour des militants politiques, syndicaux, associatifs, comme ceux que je côtoyais à longueur de temps et qui, à de très rares exceptions près, soit ne connaissaient rien de cette œuvre, soit y avaient mis occasionnellement le nez et en avaient conclu que c'était « difficile à comprendre », « compliqué », voire « illisible » et avaient renoncé à aller plus loin. Mon entreprise rencontra succès et échec à la fois. Échec dans la mesure où le public visé par mon ouvrage, pour des raisons sociologiques que mon emballement militant m'avait fait sous-estimer, n'a pas été vraiment atteint. Succès dans la mesure où l'ouvrage trouva un public intellectuel (chez les enseignants et leurs élèves en particulier) et a quand même, finalement, contribué modestement à une plus large diffusion de la pensée bourdieusienne.

Sophie Divry[1] *: Le capitalisme n'a pas seulement créé des institutions comme la Bourse, des entreprises, des multinationales, mais il façonne aussi des individus obéissant à sa logique. Comment cela se passe-t-il ?*

— Comme tout système social, le capitalisme tend à engendrer les agents dont il a besoin pour durer, en leur inculquant les modèles et programmes appropriés, en

1. Extrait d'un entretien paru dans *La Décroissance*, « Se battre contre le capitalisme c'est se battre contre une part de soi-même », février 2005, n° 25, <www.ladecroissance.net/?chemin=journal&numero=25>.

leur faisant intérioriser dès l'enfance les normes et les valeurs adéquates. Par exemple, le système féodal façonnait des gens qui trouvaient normal et digne, les uns de vivre en serfs et les autres en seigneurs de la guerre, mais qui avaient très peu de considération pour les métiers du commerce. Une société marchande façonne des gens pour qui le commerce est l'activité la plus honorable qui soit. Une société patriarcale façonne des hommes et des femmes pour qui rien n'est plus légitime que la domination masculine. Etc.

L'ordre établi ne peut se maintenir – même si cela n'exclut pas la contestation – que s'il est établi aussi à l'intérieur des agents, et pas seulement autour d'eux. La socialisation, c'est au fond le processus (multiple et contradictoire chez nous du fait de la pluralité des groupes d'appartenance de chaque individu et du grand nombre de champs sociaux dans lesquels il lui faut s'investir) par lequel les agents intériorisent plus ou moins profondément la réalité sociale de leur temps et de leur milieu ; de sorte que, lorsqu'ils sont amenés à exprimer à l'extérieur ce qui se construit en eux, leurs besoins, leurs désirs, leurs ambitions, leurs projets, leurs goûts, etc., toute cette subjectivité soit, dans sa substance comme dans ses formes, préformatée, pré-orientée, socialement acceptable et grosso modo en accord avec la logique de fonctionnement du système considéré. Comme le montre l'étude statistique de toutes les pratiques et consommations.

Sophie Divry : Que disent les statistiques ?

— Elles montrent que, quel que soit le domaine considéré, qu'il s'agisse de se nourrir, de se loger, de décorer son intérieur, de se vêtir, de modeler sa silhouette, de s'instruire, de se cultiver, de se divertir, de partir en vacances, de trouver un conjoint, de mettre des enfants au monde, de les éduquer, de faire des études, de faire des choix politiques, d'adopter des pratiques religieuses, d'épargner, etc., qu'il s'agisse du rapport des individus à l'amour, à l'argent, au travail, à la connaissance, à l'histoire, etc., les goûts et les choix de toute nature ne se répartissent pas au hasard mais entretiennent un lien étroit, médiat ou immédiat, avec l'appartenance de classe et donc avec les conditions objectives de socialisation. De nombreux travaux sociologiques y ont été consacrés, entre autres *La Distinction*, de Pierre Bourdieu.

Giancarlo Rossi[1] *: Comment se met en place la division de la vie sociale entre dominants et dominés ?*

— Comme nous le savons depuis au moins le XIXe siècle, l'un des facteurs essentiels de la domination sociale est l'inégalité de répartition du capital dans l'ensemble de la société. Mais au XIXe siècle, ce qu'on appelait « capital » était essentiellement le capital économique, qui est la variété la plus matérialisable et la plus quantifiable du capital.

À cause du développement de l'économie libérale et sous l'influence de la critique marxiste, cette conception économiste du capital est devenue la plus importante et la plus répandue. Mais déjà au début du XXe siècle, des sociologues comme Max Weber soulignaient le fait que les groupes et les individus ne se hiérarchisent pas seulement en fonction de la quantité de capital économique qu'ils détiennent, mais aussi – et parfois surtout – en fonction de propriétés non matérielles, comme par exemple le talent artistique, l'intelligence, le savoir, l'autorité, etc. Ces propriétés sont des propriétés symboliques, ce qui veut dire qu'elles ne peuvent avoir des

1. Extrait de la retranscription d'un entretien téléphonique diffusé en 2006 dans l'émission d'Alessandro Forlani, « Pagine in frequenza », Rai Uno / Gr Parlamento, <www.radio.rai.it/grparlamento/elenco.cfm?Q_PROGID=749>.

effets sociaux que si les autres veulent bien reconnaître qu'elles existent.

On peut donc dire que ces propriétés existent essentiellement par le regard et dans la tête de ceux qui les perçoivent. Par exemple, aux yeux de beaucoup de gens, le fait d'être de sexe masculin ou d'avoir la peau blanche est considéré comme une marque de supériorité. Être socialement, c'est être perçu. Van Gogh et Modigliani ont été de grands peintres. Mais leur talent n'a pas été perçu par le public de leur époque ; donc, socialement, c'était comme s'ils n'avaient pas eu de talent, et ils ont été traités par leurs contemporains comme s'ils étaient de mauvais peintres.

Le sociologue Pierre Bourdieu a accordé une grande attention à ces phénomènes. En s'appuyant à la fois sur Marx et sur Weber, il a développé une conception plus complète de la domination capitaliste. Ce que montre Bourdieu, c'est que toute propriété, quelle qu'elle soit, peut fonctionner comme un capital et rapporter une plus-value matérielle et symbolique ; mais à condition qu'il y ait un marché, c'est-à-dire que cette propriété soit reconnue et recherchée par un certain public.

Bien sûr, le capital économique pèse très lourd dans les rapports sociaux ; mais le capital culturel ou le capital relationnel sont aussi des facteurs déterminants de la classification sociale. Et la domination sociale ne se réduit pas seulement à la domination économique : il y a différentes formes de domination, qui reposent sur des variétés différentes de capital. Toutes les dominations interfèrent les unes avec les autres, et il arrive que leurs effets se contrarient ; mais le plus souvent elles tendent à se renforcer les unes les autres et à écraser les dominés les plus démunis.

Sophie Divry : Revenons sur la socialisation en système capitaliste.

— La socialisation en système capitaliste tend à installer en chaque individu un *Homo œconomicus capitalisticus*, c'est-à-dire un type d'homme pour qui il est normal de vivre dans un monde de concurrence généralisée où les plus forts gagnent ; pour qui le but de la vie est la réussite individuelle ; pour qui le critère par excellence de la réussite est l'enrichissement ; pour qui l'argent sert à consommer toujours davantage, etc. Sans ces dispositions au darwinisme social, à l'accumulation insatiable des gains, à la consommation effrénée et distinctive, à la jouissance immédiate et narcissique, etc., il n'y a pas de capitalisme durable, même si le capitalisme ne se réduit pas, loin s'en faut, à ces dispositions subjectives personnelles.

D'où la nécessité, pour les individus et les collectivités qui veulent combattre le capitalisme, de le combattre *aussi* en chacun, intérieurement, en travaillant à renforcer ou à faire acquérir les dispositions les moins favorables au capitalisme (par exemple l'altruisme, la solidarité, le sens du partage, de la justice, la tempérance et la sobriété, la maîtrise de ses pulsions, etc.) ; et au contraire à affaiblir ou inhiber les dispositions les plus accordées au système. C'est plus vite dit que fait, car il est toujours difficile de changer un habitus, c'est-à-dire un ensemble structuré de dispositions enracinées pour l'essentiel depuis l'enfance, approuvées socialement, soutenues et encouragées par les institutions et le mode de vie dominant, vécues comme naturelles et universelles, et devenues des automatismes. Sans doute d'ailleurs n'y parvient-on jamais totalement. Mais on peut s'améliorer sensiblement à mesure qu'on prend conscience de la réalité du système et des déterminations dont on est l'objet. Quand on veut se battre contre le capitalisme, cela implique de se battre contre une part de soi-même, contre le système incorporé à sa propre personne. C'est un effort un peu ascétique et toute ascèse est pénible, surtout dans un monde hédoniste.

Sophie Divry : Cela signifie-t-il que la lutte politique est caduque ?

— Absolument pas. Ce qui est caduc, c'est le masque démocratique du système capitaliste, système de domination par la propriété privée et l'argent, déguisé en système de souveraineté populaire, par le biais d'un détournement électoral et politicien. Se battre contre le capitalisme, c'est se battre pour une véritable démocratie, indissociablement politique, économique et sociale, comme il n'en a jamais existé encore nulle part. Et comment rendre le peuple véritablement souverain sans réduire les oligarchies possédantes à l'impuissance, sans leur arracher, avec leur masque, les pouvoirs qu'elles ont accaparés ou usurpés dans tous les domaines, de l'économique au juridique, du matériel au symbolique ?

Quand on aspire à un monde meilleur, il faut se garder de ce que j'appellerai le « contresens d'Alceste » : le Misanthrope de Molière, en désaccord avec la société de son temps, choisit le dégagement, le retrait à l'écart du monde. Cette attitude de rupture désenchantée (ou de dépit amoureux ?) a été adoptée très souvent dans l'histoire, par d'innombrables individus ou minorités. Elle a pu changer leur vie personnelle mais pas le monde environnant. Celui-ci sait réduire ou récupérer, lorsqu'il s'en inquiète, ces dissidences qui laissent le terrain libre aux stratégies de pouvoir des dominants. Quand une démarche morale se limite à une démarche de salut personnel, sans expression politique, non seulement elle ne menace pas vraiment l'ordre établi mais elle lui est même utile parfois. Pour être agissante, la morale doit inspirer un projet collectif de transformation des choses et de soi-même, dans un même engagement. La question de savoir par quoi il faut commencer est, à mes yeux, un faux problème.

Il y a entre politique et morale un rapport de moyens à fins. Chaque fois qu'on privilégie l'une au détriment de l'autre, on tombe dans ces excès opposés mais également pernicieux que sont d'un côté la *Realpolitik*, avec sa fétichisation du pouvoir, son oubli de l'idéal, son machiavélisme cynique au nom du principe d'efficacité ; de l'autre l'utopisme angéliste d'une sorte de retour au jardin d'Éden, au nom d'un principe de pureté.

Sophie Divry : En parlant d'ascèse et de démarche morale, n'avez-vous pas peur de paraître moraliste, voire réactionnaire ?

— Non, du moins pas aux yeux de ceux qui lisent ce qui est écrit, sans faire de procès d'intention. Si j'aborde le point de vue moral dans mes analyses, ce n'est pas pour faire du prêchi-prêcha à mes semblables. Mais j'essaie d'être (socio-)logique dans ma réflexion. Si je conclus à la nécessité d'un effort moral personnel dans la lutte contre le capitalisme, c'est parce que je constate, après et avec beaucoup d'autres, que le capitalisme ne se borne pas à détruire le monde humain dans sa matérialité objective (pillage des ressources, massacre de l'environnement, etc.) mais aussi dans sa réalité subjective (en transformant les gens, par le biais du façonnement de leurs besoins et désirs, en marionnettes de l'économie libérale). Il faut donc, si on veut le combattre vraiment, *ajouter* à la lutte de masse et de classe une dimension plus intime, qui consiste à repérer en soi-même et à corriger si possible ce par quoi on est asservi au système.

Paul Ariès[1] *: Que dirais-tu à ceux qui, prenant prétexte de tes analyses, estiment que la question principale serait celle de la responsabilité individuelle ? N'y a-t-il pas un risque de culpabiliser Billancourt ?*

1. Extrait d'un entretien paru dans *Le Sarkophage*, « Faut-il désespérer de Billancourt ? », octobre 2009, n° 14, <www.lesarkophage.com/enkiosque14.html>.

— Je n'ai jamais soutenu une telle thèse, qui est celle de la révolution morale. Je suis résolument pour la révolution sociale. Mais qui ne se limite pas à l'économique, car « l'homme ne se nourrit pas que de pain ». Une révolution est *aussi* un choix moral qui engage la responsabilité de chacun(e), et elle se joue aussi sur le terrain de la moralité publique et privée. Je ne changerai rien de fondamental au monde si je pose qu'il n'y a rien à changer en moi ni dans mes rapports au monde. Car le monde qui est autour de nous est aussi en nous, et s'il vit en nous, il ne peut que se reproduire autour de nous.

Paul Ariès : Tu n'as de cesse depuis des années de déboulonner la figure du « bon peuple ». Les classes populaires sont désormais autant affectées que la bourgeoisie par le racisme, le sexisme, l'égoïsme et par leur soumission aux normes capitalistes. Quels sont les grands traits de cet Homo œconomicus capitalisticus ?

— Une forme de « politiquement correct », ou de pudeur politique, a longtemps empêché les militants révolutionnaires, dans le même temps où ils dénonçaient abstraitement les effets aliénants et déshumanisants de l'exploitation capitaliste et des politiques libérales sur les masses laborieuses, de reconnaître ces effets dans les situations concrètes ordinaires, comme si miraculeusement les prolétaires en chair et en os auxquels ils avaient affaire avaient été épargnés par la peste ambiante et ne présentaient qu'exceptionnellement certains des stigmates et vices (racisme, sexisme, homophobie, servilité, appât du gain, soif de jouissance, etc.) provoqués par la socialisation des agents dans les rapports sociaux viciés du capitalisme. C'était une sorte de pieuse cécité, inhérente à la culture militante : en toute circonstance, il importait politiquement de « ne pas désespérer Billancourt », de mieux mobiliser, etc. Donc, les « prolos » n'étaient pour rien dans le fonctionnement du système, sinon à titre de victimes. Telles étaient les limites sentimentales de l'analyse dialectique. Ainsi a pu perdurer la figure romantique et héroïque du « bon peuple », renforcée par un ouvriérisme de bon ton (dans l'aristocratie ouvrière comme chez les intellectuels sympathisants) et par une interprétation plus ou moins messianiste du rôle émancipateur historique du prolétariat.

Mais fétichiser le « peuple » n'a jamais aidé à briser ses chaînes. Et cela empêche de se poser la question sociologique de savoir quelles sont les propriétés positionnelles que les classes populaires doivent à ce modelage en profondeur, conformiste, légitimiste et générateur de dispositions inclinant l'agent individuel ou collectif dominé à contribuer, *volens nolens*, dans une mesure que généralement il ne soupçonne pas lui-même, à la reproduction du système existant, donc à sa propre servitude. La connaissance du façonnement interne de la subjectivité par les structures objectives du système aide à comprendre l'adhésion, pas nécessairement délibérée, dont il fait l'objet.

Cédric Lefebvre[1] *: Vous avez écrit que « nos luttes ne doivent pas se livrer seulement aux niveaux politique et économique mais s'accompagner d'un autre combat, tout aussi nécessaire, dont l'enjeu est la réappropriation par chacun de sa propre subjectivité ».*

— Mon propos s'adresse évidemment aux petits-bourgeois de gauche et plus précisément à ceux d'une gauche radicale, qui ont pris position contre le système capitaliste et exprimé une volonté de rompre avec lui. En général cela se traduit concrètement par un engagement

1. Extrait d'un entretien paru dans *La Dynamo*, revue de l'APEAS (Association pour une économie alternative et solidaire), « Se réapproprier sa propre subjectivité », 15 décembre 2009, <www.apeas.fr/>.

militant dans les luttes politiques, économiques et sociales, dans le cadre d'une organisation politique, syndicale, associative, etc. Mais il se trouve que plus l'engagement dans cette forme d'activité militante est ardent et sincère, plus il fait perdre de vue le fait que si ces luttes sont nécessaires, elles ne sont pas suffisantes. En effet, elles focalisent toute l'énergie intellectuelle et morale des militants sur les structures objectivement existantes, les mécanismes économiques, la production, l'emploi, le marché, le fonctionnement des institutions, les administrations, les rapports de force, etc., c'est-à-dire la réalité du monde capitaliste environnant. Et pendant qu'on se préoccupe d'intervenir le plus efficacement possible à ce niveau-là, ce qui suffit amplement à mobiliser toute une organisation, on oublie de prendre en compte quelque chose de tout à fait essentiel sociologiquement : le fait que *le monde social existe toujours sous deux formes inséparables*, à la fois distinctes et se conditionnant réciproquement ; d'une part sous une forme *objective* (toutes les structures extérieures environnantes), d'autre part sous une forme *subjective* (toutes les structures internes de l'entendement et de la sensibilité, toutes nos dispositions à percevoir, sentir, penser et agir selon certaines normes et certains modèles qui nous ont été inculqués).

Quand nous parlons du monde social, nous parlons en fait d'une réalité double, qui est le produit de la rencontre entre des structures objectives externes et des structures subjectives internes, de l'histoire-faite-choses et de l'histoire-faite-personnes. Comme tous les systèmes sociaux de tous les temps, le système capitaliste fabrique les types de personnalité dont il a besoin pour fonctionner et se reproduire. Ce qui veut dire que chacun(e) d'entre nous est, à des degrés divers, une créature du système, plus ou moins profondément façonnée et actionnée par sa logique spécifique. Mais s'il nous crée, en retour nous le créons et recréons. Et moins on a conscience de cette action réciproque, moins on fait l'effort, très pénible, de se socioanalyser soi-même, plus on est à son insu le jouet du système, le jouet d'un jeu social auquel, même quand on décide de changer certaines règles, on continue à adhérer par des fibres innombrables et inconscientes.

Ainsi, pour donner un exemple connu, les bourgeois qui ont fait la révolution de 1789 ont détruit toutes les structures objectives de l'Ancien Régime. Mais ils ont laissé subsister le type de personnalité qu'il leur avait déjà façonnée : ils ont continué à se prendre pour une nouvelle aristocratie et à faire une politique de classe au lieu de développer la culture civique républicaine en rupture avec les oppositions de classes antérieures. On connaît le résultat : ils ont laissé se reconstituer les pires clivages sociaux, et la pire oppression.

Il y a beaucoup trop de gens à gauche qui ne l'ont pas encore compris et qui croient qu'on peut changer le système sans lui reprendre la part de nous-mêmes qu'il a aliénée, qu'il s'est appropriée, par exemple cette disposition à adopter la mentalité de la « gagne », de la compétition généralisée, de la « montre », de la distinction individualiste, de la rentabilité, de l'efficacité, du « réalisme », etc., qui a conduit la gauche sociale-démocrate à toutes les compromissions.

Paul Ariès : Ton analyse met non seulement en cause les petits-bourgeois gentilshommes mais toute la stratégie du mouvement ouvrier depuis presque un siècle. La gauche a-t-elle été principalement ce syndicalisme économique dont chaque conquête permettait, un peu plus, de rompre avec cet habitus plébéien ? Un siècle de lutte pour le pouvoir d'achat a-t-il été un marché de dupes ?

— Le recul est suffisant pour voir avec évidence en quoi a consisté l'erreur réformiste qui a fini par enliser tout le mouvement ouvrier dans un bourbier. L'erreur a été, non pas de considérer que toute amélioration immédiate de la condition matérielle et morale des travailleurs et de leurs familles était bonne à prendre (c'était là un point de vue légitime), mais de *réduire* le combat révolutionnaire à la négociation sans fin de ces améliorations, par voie « démocratique » parlementaire, sans réaliser que le fait d'assigner un tel objectif à la lutte des salariés revenait à leur faire épouser définitivement un modèle inscrit dans l'essence même du capitalisme. De sorte que le combat pour le changement ne pouvait plus qu'évoluer en affrontement politicien et la lutte des classes se dégrader en lutte des places pour le pouvoir de gérer un système capitaliste intouchable dans ses structures profondes (ses rapports de production) et subordonnant invariablement le sort du genre humain au développement incontrôlé de l'économie de marché, à la concurrence généralisée, au gain salarial, au profit spéculatif, à la satisfaction des désirs solvables, à la recherche incessante des plaisirs tarifés, à la course poursuite immanquablement perdante des pauvres derrière les riches ; bref, à la réalisation d'un modèle productiviste et ultra-individualiste à l'américaine dont on commence à mesurer les effrayants dégâts, pas seulement matériels, y compris chez les « pauvres ».

Cédric Lefebvre : à quelles conditions une initiative solidaire peut-elle vraiment questionner la société ?

— Comment pourrait-elle mettre sérieusement en question le système capitaliste puisque, par définition, elle consiste à intervenir au niveau des effets du système et non de ses causes profondes. Les initiatives solidaires visent à réparer des dommages, à atténuer des dégâts, à trouver des palliatifs, des alternatives, des compensations, des adjuvants, etc., pour aider ceux qui ont le plus à souffrir du système. De ce point de vue, elles sont indiscutablement nécessaires et utiles. Mais dans la mesure où elles s'inscrivent dans une perspective essentiellement réformiste de l'ordre établi, pour ne pas dire dans un registre humanitaire, elles restent sans effet sur les racines profondes du mal.

Le système capitaliste s'accommode depuis plus d'un siècle d'une logique réformiste de fonctionnement. C'est le prix qu'il doit payer pour rester légitime. D'ailleurs, nos plus grands « réformateurs » actuels ne sont-ils pas à l'Élysée et au MEDEF ? C'est dire ! Quant aux réformistes de gauche qui se battent avec altruisme en faveur des victimes du système, ils feraient plutôt penser à des matelots s'échinant à écoper le fond d'une barque où s'ouvrent continûment de nouvelles voies d'eau.

Il est bien possible que certaines initiatives solidaires esquissent des solutions ou portent en germe des changements structurels qui mériteraient d'être développés à grande échelle. Mais il ne suffit pas d'avoir des idées intelligentes et généreuses, il faut avoir aussi la force sociale et le pouvoir politique d'en imposer la réalisation. À défaut de ce pouvoir, on peut toujours introduire des initiatives solidaires dans les failles, les interstices et les lacunes du système, elles ne peuvent le toucher au cœur, et comme Sisyphe, il faudra inlassablement remonter la pente.

Samuël Foutoyet[1] *: Vous avez souligné l'importance de la socioanalyse afin de mieux comprendre ce qui nous rattache subjectivement au système capitaliste.*

— Se socioanalyser consiste à se demander, en toutes circonstances, en quoi ce que l'on est et ce que l'on fait ou projette de faire est déterminé, dans sa matérialité et ses modalités, par ses *conditions sociales d'existence*,

1. Extrait d'un entretien mis en ligne en mars 2010 sur le site des Renseignements généreux « L'organisation et le nombre », <www.les-renseignements-genereux.org/textes/10432>.

c'est-à-dire par la socialisation subie, par la position sociale qu'on occupe, par la trajectoire que l'on a suivie, par son appartenance à tel(s) ou tel(s) groupe(s), à telle classe ou fraction de classe, par les capitaux matériels et symboliques que l'on détient ou que l'on convoite, etc. ; et en même temps à se demander en quoi les « choix » de toute nature que l'on opère à tout instant, parfois après en avoir délibéré mais le plus souvent sans même y réfléchir vraiment, contribuent au maintien et à la reproduction de l'ordre social établi.

La socioanalyse est donc un travail d'*élucidation*, de mise en lumière de ce qui habituellement fonctionne dans le clair-obscur, voire dans l'inconscience totale, à savoir les rapports d'homologie ou, pour parler plus simplement, les correspondances et les déterminations réciproques plus ou moins étroites, plus ou moins immédiates, entre les deux formes conjointes sous lesquelles existe toujours le monde social : les structures objectives en dehors de nous et les structures subjectives au dedans de nous.

C'est un exercice difficile sans doute, mais ni plus ni moins que toute autre tâche intellectuelle, pour peu qu'on ait le temps et les moyens de s'informer et de réfléchir. La qualité du résultat dépend évidemment des ressources théoriques dont on dispose, mais je ne crois pas qu'il existe de méthode de la socioanalyse sans peine ni de recette magique pour acquérir la volonté de savoir, de comprendre et d'en tirer les conséquences. La véritable difficulté est ailleurs.

Elle tient au fait que, généralement, ceux qui entreprennent ce retour sociologique sur eux-mêmes y sont conduits parce qu'ils s'interrogent sur la façon dont le monde social fonctionne. Et s'ils s'interrogent, c'est d'abord parce qu'ils ne s'y sentent pas bien. Ceux qui s'y sentent confortables sont plutôt enclins à considérer que tout va pour le mieux dans le meilleur des mondes. Mais ceux qui éprouvent un malaise, une des nombreuses formes de la « misère de position », finissent par s'interroger sur la racine de leur mal avec peut-être l'espoir d'y remédier. L'ennui, c'est qu'en même temps que certaines des raisons pour lesquelles on souffre l'analyse critique découvre les *conditions* et donc les limites dans lesquelles on peut y remédier. On commence à comprendre que tous ces problèmes sont structurels, inhérents à une logique objective de fonctionnement, à un agencement systémique qui se moque des humeurs individuelles tant qu'elles ne se transforment pas en une force sociale organisée. On découvre qu'on n'est pas aussi étranger qu'on pouvait le croire au fonctionnement des structures et que, alors même qu'on aurait des raisons de se plaindre, on se comporte en victime consentante quand ce n'est pas en collaborateur zélé du système qui vous opprime. Pis encore, on découvre aussi – et ça, c'est très déstabilisant – qu'on n'a pas uniquement des raisons de se plaindre du monde dans lequel on vit mais qu'il a aussi, en compensation, quelques côtés plus supportables, quelques avantages dont on imagine mal qu'on puisse se passer. Mais ce progrès dans la connaissance de soi-même n'a malheureusement pas d'effet automatique.

Tout se passe comme si le for intérieur de chaque individu devenait le théâtre d'un combat incertain entre le besoin de comprendre, né de sa frustration et de sa colère, et la *volonté de ne pas savoir* entretenue par tout ce qui l'attache et le fait adhérer au système. C'est là sans doute la racine de la forme existentielle que tend à prendre le plus souvent le problème du changement social dans notre société : comment conserver le « bon » du système en se débarrassant du « mauvais » ?

En fait, il faut regarder les choses en face, il n'y a pas de solution à ce problème, pas de remède à cette contradiction indépassable de l'intérieur, sauf à se persuader qu'on vit dans le meilleur des mondes. La seule démarche de nature à résoudre cette contradiction, c'est la lutte collective pour un changement *révolutionnaire*, c'est-à-dire la substitution au système existant d'un nouveau système social, obéissant à une logique radicalement différente qui n'est plus celle de la domination sociale.

En définitive, je dirai que l'effort de se socioanalyser, s'il est suffisamment poussé, en toute rigueur, a une grande probabilité de déboucher sur l'adoption d'un point de vue révolutionnaire, une volonté de transformation radicale des rapports sociaux. La difficulté c'est de constituer la force sociale indispensable à la réalisation de ce projet. En tout état de cause, cela implique le rassemblement de la masse des intéressés potentiels autour d'un nouveau projet de société. Encore faudrait-il que tous les intéressés arrivent à faire le lien entre leur mal-être existentiel et la logique du système qu'ils ont intériorisée, et donc qu'ils entament, d'une façon ou d'une autre, leur socioanalyse.

Quoi qu'il en soit, la mise en évidence des liens étroits et incorporés que chacun entretient avec l'ordre établi est la seule voie, non pas pour échapper miraculeusement aux pesanteurs sociales – ce qui est impossible –, mais pour commencer à remédier à la cécité volontaire et plus encore involontaire qui assujettit tout agent au système et fait de lui un esclave qui s'ignore.

Paul Ariès : Que faire aujourd'hui de la vieille certitude marxiste selon laquelle « seule l'abondance permet de mettre fin au marché, à la loi de la valeur » ? Si cette thèse est juste (et elle semble juste...), peut-on encore être communiste puisque, d'une part, les capacités physiques de la planète ne permettent pas (plus) de viser cette société d'abondance et, d'autre part, parce que, le désir étant par nature illimité, cette abondance est par nature subjective ? Comment abandonner cette fiction d'une société d'abondance (qui a justifié tous les productivismes) sans (re)tomber dans un socialisme de la misère et sans désespérer du communisme ? Par quoi remplacer cette vieille thèse du communisme comme société d'abondance ?

— Je suis de ceux pour qui l'idéal communiste demeure aussi neuf, lumineux et convaincant qu'il l'était pour Babeuf. À condition de ne pas le penser dans une perspective économiste, comme on faisait naguère encore, à une époque où l'humanité tout entière comptait moins de deux milliards d'individus. On pouvait alors imaginer de définir le communisme par la société d'abondance, entre autres traits essentiels. Encore que les notions d'abondance et de rareté soient à entendre de façon relative, il est clair désormais que, même au prix d'un massacre intégral et irrémédiable de l'environnement planétaire, déjà entamé au demeurant, on ne peut plus envisager rationnellement d'extrapoler le modèle occidental actuel (la société d'abondance et de gaspillage) à une population mondiale qui dépasse déjà les six milliards d'individus (dont plus d'un milliard d'affamés) et s'achemine rapidement vers des effectifs vertigineux.

Face à cet écrasant défi, *qu'aucune économie de marché de type capitaliste-productiviste* n'a le pouvoir de relever – sauf à choisir la voie du génocide sélectif d'abord, et finalement de son propre anéantissement –, la seule issue concevable parce que la seule conforme aux principes de justice et d'humanité qui sous-tendent le progrès de la civilisation, c'est le partage, la mise en *commun* de toutes les ressources, la restitution à la communauté des humains, et d'abord des moins bien lotis, de tout ce qui permet de mener une vie digne, dans le respect de soi-même et des autres, y compris des autres formes de vie sur la Terre.

C'est donc la reconnaissance enfin, concrètement, de l'unité du genre humain, de l'égalité et de la solidarité ontologiques de tous ses membres. Ayant tous ensemble la Terre en indivision, nous devons décider ensemble des meilleures formes d'appropriation, ou plutôt d'usufruit, en fonction de nos seuls besoins réels, ce qui exclut évidemment l'appropriation privée léonine par une minorité accaparant les moyens et les produits du travail social. Si le communisme n'est pas *que* cela, il doit commencer par être *au moins* cela. Le degré d'abondance atteint par l'économie ne change rien à ce principe fondamental qui satisfait aux raisons du cœur comme à la logique de la raison. Contre un tel principe, aucun argument, y compris celui d'une inévitable réduction drastique du train de vie exorbitant et destructeur des plus riches, ne peut prévaloir. D'ores et déjà les esprits les plus conscients de la gravité des problèmes ont adopté une démarche de tendance décroissanciste raisonnée qui finira par s'imposer. Travaillons à ce que ça ne soit pas trop tard.

Entre Fanon et Camus

La voie étroite des « étudiants libéraux » *

Octobre 2000

Un jour ou l'autre il faudra qu'il y ait la guerre
On le sait bien
On n'aime pas ça, mais on ne sait pas quoi faire
On dit « c'est le Destin »
Tant pis pour le Sud, c'était pourtant bien
On aurait pu vivre plus d'un million d'années
Et toujours en été

Nino Ferrer, « Le Sud »

À la rentrée d'octobre 1954, j'avais vingt ans et j'entamais ma seconde année de khâgne au lycée Bugeaud d'Alger. J'étais donc accaparé principalement par mon travail scolaire et, accessoirement, par quelques autres occupations moins austères. La nouvelle du soulèvement de la Toussaint, sans me laisser indifférent, ne me bouleversa pas sur le moment [1]. Elle ne me surprit pas véritablement non plus. À vrai dire, d'emblée mon rapport à la guerre d'Algérie fut empreint d'une *ambiguïté*

---

* Texte paru dans le livre collectif dirigé par Jean Sprecher, *À contre-courant. Étudiants libéraux et progressistes à Alger (1954-1962)*, Bouchene, 2000 – le sous-titre et les intertitres ont été ajoutés pour cette réédition.

1. Le 1er novembre 1954, jour de la Toussaint, plusieurs dizaines d'attentats sont commis en Algérie par des indépendantistes. Malgré le peu d'écho rencontré en France, cet événement n'en marque pas moins le début de la guerre d'Algérie. [nde]

dont je ne crois pas être jamais sorti tout à fait et qui était, à mon sens, foncièrement liée à mon parcours personnel. La trajectoire que j'avais suivie jusque-là était en effet celle d'un déclassé que la promotion scolaire avait assez largement éloigné de son milieu originel, sans toutefois lui permettre encore de s'intégrer profondément dans son nouvel univers social. J'étais aux prises pratiquement, sans pouvoir le conceptualiser théoriquement, avec les problèmes classiques (c'est le cas de le dire) de la double culture, que vivent la plupart des parvenus culturels. En tant que produit du métissage social, je cumulais les avantages et les inconvénients, les vices et les vertus, bref les contradictions nées de ma double généalogie.

Ambiguïtés d'un « miraculé scolaire » en milieu colonial

Pour aller vite, je dirai que, dans la mesure où je restais marqué, jusque dans les replis les plus profonds et les plus obscurs de ma personnalité, par les conditionnements précoces de mon enfance en milieu populaire, je tendais à réagir spontanément aux événements en « petit-blanc » imbu des droits et privilèges que lui conférait son appartenance au monde « civilisé » de la minorité européenne. J'étais donc plutôt enclin, tout au début, à juger sévèrement, et sans appel, la brutalité et la « barbarie » de la rébellion, retrouvant ainsi, à neuf ans de distance, le sentiment d'indignation qu'avait fait naître autour de moi et, par mimétisme, en moi la version officielle, et combien partiale, du soulèvement de 1945 à Sétif[1]. Mais au fur et à mesure des discussions que je pouvais avoir au sujet des événements de la Toussaint,

1. Le 8 mai 1945 à Sétif, la population descend dans la rue pour fêter une libération à laquelle est associée une demande d'émancipation de la puissance coloniale. Les autorités françaises répondent par la répression, qui fera des dizaines de milliers de morts. [nde]

il m'apparaissait de plus en plus que leur interprétation n'allait pas de soi. Aussi, récusant pour ma part l'attitude essentiellement affective et le refus de toute analyse véritable dans lesquels nombre de mes interlocuteurs commençaient déjà à s'enfermer, je devins plus réceptif aux arguments de ceux qui cherchaient à comprendre. Je n'étais peut-être pas en mesure de le formuler aussi nettement, mais j'éprouvais le sentiment grandissant que le privilège de faire des études et la prétention au savoir et à la culture avaient en contrepartie une sorte de *devoir d'intelligence*, une obligation de lucidité critique, à la fois intellectuelle et morale, à assumer en toutes circonstances de la vie réelle et pas seulement, de façon platonique, en face d'un sujet de dissertation ou dans une conversation de brasserie. Non sans une grande présomption j'avais, depuis la classe de philo, fait mien le mot de monsieur Teste : « La bêtise n'est pas mon fort. » Nul doute que cette devise à l'indicatif n'ait été pour moi un impératif, et qu'en me poussant, si peu que ce fût, à imiter mon modèle elle n'ait contribué à me faire réfléchir à plus d'une question qu'avec moins de prétention à la distinction intellectuelle je ne me serais probablement pas posée. En jouant le personnage du « *compos mentis* », comme disaient les Latins, si je n'étais pas devenu « maître de mon esprit » et si j'étais bien éloigné d'avoir accédé à la « seigneurie de soi-même » du héros cornélien, du moins avais-je gagné à devenir un peu plus rigoureux intellectuellement et un peu plus exigeant moralement. Je fus ainsi conduit à me lier de préférence avec des personnes qui me paraissaient obéir à cette même pente et qui correspondaient le mieux à l'idée que je me faisais d'un esprit réellement cultivé. C'est sur ce chemin que je devais rejoindre le groupe des étudiants progressistes « libéraux » [1].

1. Ne me proposant pas d'aborder ici la question sociologique complexe de la délimitation et de la composition de ce groupe, je considère empiriquement que

Je ne veux pas dire par là que mes réactions initiales d'hostilité aux revendications des Algériens étaient dictées par ce qui restait en moi du racisme « petit-blanc » répandu dans les milieux populaires européens d'Algérie, tandis qu'au contraire le bagage acquis grâce à mes études me portait à la compréhension et à la sympathie envers ces mêmes revendications. Les choses étaient un peu plus compliquées, et j'étais loin d'avoir des idées claires et des certitudes inébranlables, sur l'un ou l'autre plan. Mon équation personnelle était bien le produit de deux variables fondamentales, mais chacune d'elles avait eu des effets contradictoires. D'où l'extrême ambivalence de mon rapport au monde algérien qui m'entourait.

En effet, si mon origine sociale, « inférieure » mais européenne, m'avait imprégné d'arrogance et de condescendance envers les Arabes, que je pouvais inférioriser à mon tour, elle m'avait appris aussi la compassion à l'égard de ce sous-prolétariat en guenilles, affamé, illettré, qui quémandait un peu de travail et par rapport auquel, nous les prolos qui mangions tous les jours à notre faim, qui portions des vêtements usés mais propres, qui allions à l'école et qui recevions un salaire insuffisant mais régulier, nous aurions pu faire figure de nantis. L'effrayante misère de la masse des « indigènes », dont nous avions le spectacle devenu banal à force d'être quotidien, à la ville comme à la campagne, par moments me serrait le cœur et me faisait un peu honte ; par exemple quand je voyais, le matin, en partant pour l'école, des garçonnets de mon âge, pouilleux, loqueteux et faméliques, qui fouillaient les poubelles sur le trottoir pour en extraire des restes encore mangeables que les âmes les plus charitables, comme ma

le label d'« étudiants libéraux » recouvre l'ensemble des individus qui se désignaient eux-mêmes ou se reconnaissaient sous cette appellation et dont Jean Sprecher évoque un certain nombre dans *À contre-courant*, *op. cit.*, *passim*.

mère, enveloppaient de papier journal à leur intention. Ce sentiment de compassion s'était accru à mesure que j'avais moi-même expérimenté les outrages de la pauvreté et le mépris de classe qui marquait les rapports entre Européens de condition différente, en Algérie tout autant qu'ailleurs. De telles blessures, qui laissent des traces profondes, m'ont sans doute aidé à deviner et à partager, par une sorte d'empathie, les sentiments et le ressentiment que les iniquités du régime colonial pouvaient engendrer chez des colonisés dont la condition matérielle et morale était, à bien des égards, celle qu'avaient connue les familles d'immigrés comme la mienne, une ou deux générations plus tôt.

Sur le plan de la formation scolaire, l'ambiguïté de ma situation n'était pas moindre. L'instruction et la culture dont je disposais en 1954 étaient encore bien insuffisantes pour me servir d'égide contre la bêtise et la haine qui ont submergé tant de mes pairs. Je n'avais pas encore acquis l'outillage intellectuel nécessaire pour interpréter correctement ce qui se passait. De ce point de vue, j'étais un spécimen assez représentatif de cette engeance que le moule scolaire des « humanités » façonnait trop souvent : le bon élève affligé de crétinisme. Mon niveau de conscience politique était à peu près nul. Plus exactement, ce qui m'en tenait lieu. C'était un mélange idéaliste et romantique de nobles sentiments, de vertueuses intentions et de pieux souhaits, assez digne de l'Enjolras des *Misérables*. Ma culture, scolastiquement acquise et orientée, était gravement lacunaire. Essentiellement littéraire, au sens restrictif du terme, elle était fortement influencée à la fois par ce que le lycée m'avait fait découvrir de la littérature classique et par la littérature moderne du XXe siècle, dont les œuvres majeures, de Gide et Malraux à Sartre et Camus, avaient contribué à modeler la vision de la jeune génération d'après-guerre. Je dois dire que cette composante de la culture la plus légitime, sous forme d'une littérature très conceptuelle et intellectualisée, conjuguant le culte narcissique du moi et l'appel à l'« engagement » héroïque, stimulait assurément les jeunes esprits sans toutefois les aider – en tout cas pas moi – à réaliser, à l'instar des maîtres penseurs consacrés et admirés, l'entreprise d'inscrire leur souci individualiste et élitiste d'accomplissement personnel dans une histoire collective et dans des luttes de classe et de masse, comme celles du processus généralisé de décolonisation qui était partout en cours. Les classes de lettres et de philosophie programmaient leurs ouailles à la rigueur pour une forme de révolte métaphysique mais rarement pour une démarche révolutionnaire. Et le passage de celle-là à celle-ci était alors beaucoup moins évident qu'il ne devait le paraître aux rhétoriciens gauchistes de Mai 68.

Paradoxalement, du fait même de ma formation, j'étais assez bien instruit des démêlés des colonisateurs romains avec la rébellion du royaume berbère de Numidie, conduite par Jugurtha, au IIe siècle avant J.-C. ; mais il ne me venait pas à l'esprit de faire le moindre rapprochement avec un soulèvement dont les principaux foyers se déclaraient en Kabylie. De surcroît, l'histoire de France étant pour moi essentiellement hexagonale, celle de l'Algérie musulmane n'en faisait pas vraiment partie et je n'en savais que des bribes décousues, glanées au hasard de lectures qui évoquaient en passant une civilisation arabe brillante, répandue autrefois du Moyen-Orient à l'Espagne et grâce à laquelle les trésors de la culture gréco-latine s'étaient conservés fort heureusement jusqu'à nous ; mais là encore j'étais incapable de faire le lien entre cette civilisation arabe et la masse des Algériens que je voyais autour de moi, menant une vie plutôt misérable dans l'ensemble, et comme en marge de la nôtre. Aux yeux du « miraculé scolaire » que j'étais, du petit boursier que l'École avait pris sous son aile, cette population pauvre paraissait un ramassis d'ilotes et de béotiens. Pis encore, prenant l'effet pour la cause, je considérais que la très faible scolarisation de cette population tenait au fait que les Arabes étaient congénitalement voués à une forme d'arriération dont même l'École républicaine, pourtant réputée accueillante et libératrice, ne pouvait les tirer, sauf exception. Comme beaucoup de métis culturels, je tendais à en rajouter dans le naturalisme méritocratique selon lequel l'École ne distinguait que ceux que leur intelligence native désignait à ses faveurs.

Mais si la filière des « humanités » classiques m'avait laissé à beaucoup d'égards dans un état de sous-équipement mental, elle m'avait permis toutefois d'acquérir des rudiments de culture humaniste qui, même si elle était plutôt déréalisante – il n'y était question que d'un Bien, d'un Beau, d'un Vrai, d'un Droit (« naturel »), d'une Vertu, aussi universels qu'intemporels et abstraits –, avait profondément marqué mon entendement et ma sensibilité en les nourrissant d'un bouillon idéologique vitaminé où les « morceaux choisis » de Platon et de Lucrèce avaient mêlé leurs sucs à ceux de Montaigne, de Descartes, de Rousseau, de Voltaire, de Diderot, de Kant et de quelques autres esprits subversifs et généreux. Ayant toujours accordé le plus grand crédit aux enseignements de l'École, j'étais pénétré de leur vérité qui, avidement assimilée, m'inclinait spontanément à me comporter en adepte convaincu d'un rationalisme universaliste inspiré des Lumières et condensé dans le triptyque républicain « Liberté-Égalité-Fraternité » auquel je sentais bien que les petites gens de mon milieu étaient largement redevables. Bref, ma philosophie politique et sociale tenait à peu près tout entière dans l'article premier de la Déclaration des droits de l'homme et du citoyen : « Les hommes naissent et demeurent libres et égaux en droits. » Article de foi que j'avais la simplicité de prendre pour un constat indiscutable.

Mais si ma philosophie était encore sommaire conceptuellement, du moins me confortait-elle dans ma disposition à prendre parti pour les faibles, les offensés et les opprimés en me permettant de me réclamer, de façon parfois un peu grandiloquente, d'une millénaire tradition de *philanthropia* et de ce respect de la dignité humaine, en soi-même et en autrui, auquel les auteurs classiques n'avaient cessé de m'exhorter par un discours ininterrompu en français-latin-grec. Dans le viatique que j'avais tiré de ce commencement de fréquentation des grands monuments de l'humanisme, il y avait aussi ce précepte que la grandeur d'âme et la noblesse du cœur, la « générosité » (au sens cartésien du terme) ne peuvent s'atteindre sans ascèse, sans lutte, sans refus des bassesses et des facilités, ni par conséquent sans danger. J'avais enfin retenu cette idée que le Bien a toujours partie liée avec une forme de beauté faite d'équilibre, de maîtrise, de mesure ; et que la vraie vertu, fuyant tous les extrémismes et tous leurs débordements, ne pouvait qu'obéir à la règle du « rien-de-trop » qui résumait pour moi l'idéal d'harmonie cher aux « *kaloi kagathoi*[1] » de la Grèce antique et finalement à tout l'art classique. Bien que toutes ces notions, acquises de façon livresque, abstraite et un peu décousue, ne fussent pas parfaitement claires et distinctes dans mon entendement, elles n'en étaient pas moins déjà agissantes sur le plan émotionnel et affectif, où elles apportaient à certains élans aveugles et souvent désordonnés du cœur, le tempérament croissant de l'examen rationnel. Bien plus tard, mes études sociologiques devaient me permettre de mieux analyser les tenants et les aboutissants de ma formation littéraire, de mieux en comprendre les effets conscients et inconscients et en particulier les catégories de perception, de jugement et d'action dont elle m'avait doté. J'appris à en voir les limites, les lacunes et les contradictions. Mais,

1. *Kaloi kagathoi* : gens bien et de bien.

s'agissant de l'influence que les « humanités » ont pu avoir sur mes prises de position par rapport à la guerre d'Algérie, je ne peux honnêtement, tout bien pesé, que m'en féliciter. Sans le lest de cet embryon de culture, le risque eût été bien plus grand pour moi de céder à des dérives sociologiques détestables.

Il convient de mentionner enfin, au chapitre des influences positives, un facteur dont je n'avais aucune conscience explicite et dont je n'ai compris le rôle que plus tard (en 1960), en lisant ce que Sartre écrivait, dans sa *Critique de la raison dialectique*, au sujet du marxisme et des luttes de classes, à savoir qu'ils constituaient « l'horizon indépassable » de notre temps, « l'humus » de toute pensée et de toute action. J'ai compris après coup que, bien au-delà de l'agora universitaire, la réalité énorme et irréductible qui nous environnait de toute part, avec les affrontements de la guerre froide, le développement des luttes sociales et des mouvements de libération nationale comme la guerre d'Indochine (qui venait de se terminer, en mai 1954, par le coup de tonnerre de Diên Biên Phu), pesait sur tous les esprits et agissait comme un dissolvant des idées dans les têtes, en décomposant et recomposant la vision qu'on avait du monde et de son devenir. Mais cette influence sur ma propre perception des choses, je la subissais sans pouvoir en aucune façon la thématiser expressément. Et si je me réjouissais de la victoire des colonisés vietnamiens sur le colonialisme français, j'avais du mal non seulement à en imaginer la transposition en Algérie mais encore à admettre que les va-nu-pieds napolitains et les crève-la-faim siciliens dont je descendais fussent des exploiteurs à mettre dans le même sac que les gros colons à la Blachette et les grands armateurs à la Schiaffino. Je pensais la réalité sociale comme m'avait appris à le faire un enseignement littéraire qui faisait largement usage de l'analyse psychologique traditionnelle mais qui répugnait à s'appuyer sur des sciences sociales encore sous-estimées. Je percevais la société comme un agrégat de relations interpersonnelles et nullement comme un système de relations objectives.

Telles sont, très schématiquement, les racines de ce que j'appelle l'ambiguïté de mon rapport au problème algérien. Il semble que, de la double série de déterminations que j'ai évoquée, ce soit la culture humaniste qui ait pesé le plus lourd, puisque finalement je me suis retrouvé dans le camp des sympathisants de la cause algérienne. On peut le penser, en évitant toutefois de tomber dans l'illusion rétrospective et téléologique qui, la mise en récit aidant, ferait de mon évolution une sorte de cheminement nécessaire, comme le cours d'une rivière que chacun de ses méandres rapproche inéluctablement de la mer. D'abord parce que, les idées étant dépourvues de force intrinsèque, les « humanités », à elles seules, ne rendent pas inévitablement plus humain. Ensuite parce qu'il en va de l'histoire individuelle comme de l'histoire collective. Son cours est imprévisible, jamais fatal, non pas par absence de détermination mais par excès de détermination. Trop de variables interviennent en même temps et interfèrent les unes avec les autres. Ma démarche aurait pu prendre un autre cours. J'aurais très bien pu devenir un partisan de l'« Algérie française » et hurler avec les ultras. Ainsi par exemple si j'étais devenu instituteur de village en 1955, au sortir de la khâgne, comme j'envisageais de le faire à défaut d'obtenir un poste de maître d'internat pour financer mes études ; ou si même j'avais obtenu ce poste dans un lointain lycée de province et non pas au lycée franco-musulman d'Alger, j'aurais probablement vécu dans un tout autre milieu, j'aurais été soumis à d'autres influences, d'autres attractions et je n'aurais pas fait certaines rencontres qui furent pour moi de grande importance. Car, comme toujours quand on est porteur de postulations multiples et contradictoires, c'est l'expérience vécue qui tranche, en accumulant, à petits pas, des déterminations ponctuelles, des « chiquenaudes » dont aucune, prise séparément, n'est décisive mais dont la somme oriente progressivement l'individu dans une direction donnée, où la part de contingence des nouveaux choix se rétrécit sous le poids croissant des choix antérieurs, jusqu'à ce qu'un seuil soit franchi qui rend le processus pratiquement irréversible. Je pense ici à tel ou tel(le) de mes ami(e)s d'adolescence, qui me fut infiniment proche et cher(e) et dont les pas se séparèrent des miens, « tout doucement, sans faire de bruit », parce que nous étions devenus, sans le vouloir, des étrangers.

« Avoir peur et avoir honte »

En ce qui me concerne donc, rien ne me prédestinait à me ranger fatalement dans le camp des « libéraux » et je ne crois pas en avoir jamais pris expressément la décision. La chose s'est faite progressivement, à travers d'innombrables interrogations, doutes, indignations, écœurements et découragements. Mais j'étais sans cesse poussé, tiré, épaulé par les uns ou par les autres, plus lucides ou moins hésitants que moi ; et aussi par l'évolution objective même de la situation qui, en se radicalisant, faisait émerger, toujours plus clairement, les enjeux réels, les clivages fondamentaux et les véritables motivations des acteurs.

La première année de pionnicat que j'ai effectuée au lycée franco-musulman de Ben-Aknoun, en 1955-1956, me fut à cet égard très profitable. Dans le souvenir que j'en ai gardé, deux figures ressortent entre toutes qui, chacune à sa façon, ont grandement contribué à me faire réfléchir et avancer : mes deux collègues Ahmed A. et Claude A., le militant UGTA(-FLN) et le militant fascisant d'extrême droite. Tous deux également intelligents et dotés d'une solide culture politique et historique, passionnés, convaincus, courageux et combatifs. Mes discussions, amicales avec le premier, orageuses avec le second, m'ont poussé à faire des lectures, à m'approprier des analyses qui ont commencé à me tirer de mon imbécillité initiale. Je commençais à comprendre qui voulait quoi, par quels moyens et à quelles fins. Et mes sympathies se sont affirmées.

C'est également à ce moment-là que j'ai fait enfin connaissance avec l'histoire de l'Algérie et de ses rapports complexes avec la France, marqués continûment par la lâcheté, la complicité ou l'incurie des gouvernements français en face du sabotage systématique de toute mesure libérale par le clan féodal et l'administration colonialiste à sa dévotion. J'ai définitivement réalisé que la France avait une énorme dette de justice, d'honneur et de gratitude envers le peuple algérien, et qu'il était temps désormais de la payer. Mon appartenance à un groupe d'étudiants qui devait devenir le noyau actif des « étudiants libéraux » a fait le reste. Ce groupe m'a en quelque sorte tuteuré en assurant mon enracinement idéologique dans le camp progressiste, et il m'a fait découvrir la politique, au sens le plus noble.

Mais cette progression continue, qui se renforçait de ses propres acquis, n'allait pas sans interrogations dont certaines devaient vite se transformer en échardes lancinantes. La plus difficile, celle à laquelle d'ailleurs je n'ai jamais réussi à donner une réponse pleinement acceptable, concernait le recours du FLN à la violence aveugle du terrorisme. J'avais beau me dire qu'elle était une réponse ultime à la violence inerte et meurtrière des institutions coloniales qui avait opprimé et broyé, jour après jour, en toute légalité et impunité le plus souvent, la vie de plusieurs générations d'Algériens, je n'arrivais pas pour autant à admettre qu'un massacre d'innocents en justifiât moralement un autre. Il n'y a pas lieu de revenir dans ces notes sur cette épineuse question qui est au cœur de la problématique des rapports entre la politique et l'éthique. Je l'évoque seulement pour dire qu'à partir du moment où les événements l'ont posée concrètement, et tragiquement, elle n'a cessé de me hanter et m'a plongé dans un malaise durable.

J'étais véritablement écartelé entre deux sentiments opposés que l'évolution de la réalité rendait toujours plus inconciliables. D'une part j'étais convaincu que la cause des Algériens était fondamentalement juste et en accord avec mes idéaux et que par conséquent il fallait la soutenir en allant, si nécessaire, jusqu'à revendiquer l'instauration d'un État algérien pluriculturel, laïque, démocratique et complètement indépendant de la France, faute de quoi la démarche « libérale » serait vouée, me semblait-il, à dégénérer en tartuferie. J'avais conscience que, dans cette voie, la question ne manquerait pas de se poser de la participation éventuelle à la lutte armée pour l'indépendance, mais je ne préjugeais pas la réponse. D'autre part j'étais convaincu que notre devoir était justement de refuser la logique séparatiste de l'affrontement radical et définitif entre les deux communautés, d'être un trait d'union et de militer pour sauvegarder les chances de paix civile, même infimes, dans une Algérie toujours française mais réconciliée et reconstruite sur des bases nouvelles. J'oscillais sans fin entre Frantz Fanon et Albert Camus, et si finalement ma démarche fut plus proche du pacifisme un peu sentimental de celui-ci que du révolutionnarisme un peu doctrinaire de celui-là, ce fut pour une part, je pense, le fait d'un enchaînement de circonstances plutôt qu'un choix entièrement délibéré. Mais si précisément les choses prirent pour moi ce tour-là, c'est sans doute aussi que persistaient en moi, malgré moi, des barrages insurmontables. À mes yeux, prendre les armes contre les Algériens ou au contraire contre les Européens restait de toute façon deux extrémités également abominables, au-delà de toute argumentation. Je m'accrochais donc obstinément à l'espoir, chaque semaine un peu plus chimérique, que l'évolution de la situation ne conduirait jamais à de telles extrémités, alors que précisément le propre de la guerre, c'était de ne plus laisser le choix qu'entre ces deux extrémités. Et au fond de moi, je le savais.

Parmi mes amis, d'autres étaient pris dans le même dilemme que moi. Il nous arrivait d'en parler, mais pas trop. Peut-être parce qu'il n'y avait pas de réponse entièrement satisfaisante et qu'à trop ressasser notre malaise nous craignions de nous démobiliser ou d'affaiblir notre volonté de résistance à la marée montante de l'hystérie ultra. Beaucoup plus qu'au terrorisme du FLN, c'est à ce terrorisme-là, chaque jour plus affirmé, plus agressif et plus meurtrier, que nous avions affaire sur le terrain. Et nous étions résolus à ne pas y céder.

Je dois confesser à ce sujet que l'un des aspects les plus pénibles de la terrible expérience que nous avons vécue pendant toutes ces années a été pour moi de vivre la peur au ventre, et dans la honte d'avoir peur. Un jour de mai 1956, j'ai rencontré, devant la fac, R. P., le jeune prof de philo de la khâgne que j'avais quittée l'année précédente. Nous parlâmes évidemment de la situation, du vent de folie qui s'était emparé des Européens depuis le départ de Soustelle [1], et il m'apprit qu'il venait de demander sa mutation en métropole. De ses explications j'ai gardé en mémoire une phrase qui résumait ce que je ressentais déjà moi-même, sans savoir le formuler : « Je m'en vais parce que j'ai peur. Quand un régime condamne ses opposants à la peur viscérale et à l'humiliation permanente, c'est un signe sûr que le fascisme s'installe. Et je ne veux pas vivre dans un pays fasciste. »

Si pour ma part j'avais pu me faire muter en métropole, je crois que je l'aurais fait sans hésitation. La question

1. Le 7 février 1956, le gouverneur général Jacques Soustelle est rappelé en métropole après l'arrivée du socialiste Guy Mollet à la tête d'un nouveau gouvernement ; le départ de ce partisan de l'intégration et adversaire résolu du FLN sera l'occasion de scènes de soutien hystériques à Alger. [nde]

ne se posant pas, je suis resté et j'ai continué à avoir peur et à avoir honte. Pour comprendre vraiment ce que je ressentais, il faut imaginer le climat de pathologie collective où peut s'enfoncer progressivement une population tétanisée dans sa bonne conscience et sa mauvaise foi et conduite à récuser sans nuance toute objection, d'où qu'elle émane, parce que le fait même d'accepter la discussion apparaîtrait comme un aveu de faiblesse, de lâcheté ou de trahison. Un moment vint où quiconque se refusait à communier dans la haine et le mépris (tour à tour ou simultanément de l'Arabe, de l'Intellectuel, du Chrétien progressiste, de la Presse nationale, du Gouvernement, de la Démocratie, de l'ONU, etc.) ; quiconque ne partageait pas le délire généralisé de persécution et de vindicte et critiquait, si peu que ce fût, le vaudou frénétique savamment attisé et orchestré, en permanence, par les comploteurs civils et militaires, se désignait par là même à l'anathème, se condamnait à l'ostracisme et s'exposait à des représailles. Nous vivions dans ce climat de déchaînement passionnel où la moindre divergence d'opinion devient, au regard de l'intolérance triomphante, un crime capital. Telle une peste morale, l'horrible fléau de la guerre civile infectait les cœurs et les esprits, jour après jour, dans la ville malade. Irrémédiablement.

Je ne sais pas à quel point mes amis ont pu avoir peur. Pour la plupart ils me semblaient très courageux physiquement, et ils me communiquaient un peu de leur force. Je m'évertuais donc à faire face, malgré la crainte et le tremblement qui me tenaillaient la tripe. Crainte des coups, au début, peur des agressions et des attentats (y compris ceux du FLN), et puis, à mesure que les choses ont empiré, hantise d'être l'objet de mesures policières, d'être poursuivi, arrêté, torturé, tué. Dans le processus rampant de fascisation engagé, quand l'arbitraire des « pouvoirs spéciaux » eut supplanté l'État de droit, tout était devenu possible, toutes les exactions, toutes les horreurs étaient à redouter. On pouvait assassiner quelqu'un ou le faire disparaître, en toute impunité, en lui logeant une balle dans la tête à un coin de rue ou en l'emmenant « en corvée de bois », dans l'indifférence du plus grand nombre et même avec l'approbation de beaucoup. Il n'y avait plus de recours, plus de garantie, plus de sécurité, pour des gens comme nous. La « disparition » de Maurice Audin, assistant à la fac de sciences, en fut une exemplaire illustration [1].

Nous étions véritablement au ban de notre communauté. J'en étais profondément conscient et cela m'accablait et me terrorisait. Je n'étais pas de la trempe d'Ahmed A., qui s'entraînait en prévision de futures séances de torture et que j'ai surpris, un jour dans sa chambre, s'enfonçant des bouts d'allumettes sous les ongles. Je ne me sentais pas du tout l'étoffe d'un héros et je craignais, si jamais j'étais soumis à la torture, de m'effondrer et de me renier. R. P. avait vu juste : c'était bien ça, le fascisme, cette volonté de réduire tout humain à la larve qui est en lui et qui veut « continuer à vivre et seulement vivre », comme dit Karamazov, au prix même de sa déchéance.

Non seulement je vivais dans la peur, qui pour beaucoup d'entre nous était devenue un mode d'être, mais je m'en voulais de ma lâcheté. Il ne se passait de semaine qu'un incident ou un autre ne vînt réactiver mon sentiment d'indignité, comme le jour où – c'est un simple exemple – une patrouille de paras, composée de trois hommes et un gradé baraqués et léopardesques, qui assuraient un contrôle routinier d'identité en haut de la rue Michelet, arrêta un homme, un Algérien, choisi de

1. Arrêté par des parachutistes en pleine « Bataille d'Alger », le jeune mathématicien – militant communiste – n'a jamais été revu. L'acharnement de sa famille et de personnalités engagées (comme Pierre Vidal-Naquet) a permis d'établir – contre les versions officielles de l'armée – qu'il est mort sous la torture en juin 1957. [nde]

toute évidence pour son faciès, car sa tenue vestimentaire européenne (costume, cravate, lunettes fines) ne se différenciait guère de celle de beaucoup d'autres passants. L'interpellation eut lieu à quelques pas de l'endroit où je me trouvais. Le gradé demanda ses papiers à l'Algérien. Celui-ci sortit une carte d'identité de la poche de son veston et la tendit au militaire qui l'ouvrit, lut le nom et, sans doute confirmé dans sa conviction qu'il était bien en face d'« une graine de fell », laissa délibérément tomber la carte d'identité sur le trottoir. L'Algérien se baissa pour la ramasser et se releva sans mot dire. Alors, soudainement, l'athlétique gradé administra au malheureux, à toute volée, une paire de gifles qui le projetèrent contre le mur et firent voltiger ses lunettes. Cela fait, la patrouille reprit sa déambulation féline avec une morgue tranquille qui en disait long sur la connivence dont elle était assurée de la part de la foule qui se pressait rue Michelet et à qui les merveilleux paras venaient une fois de plus de démontrer combien virilement ils la protégeaient. Cet odieux incident me bouleversa doublement. D'abord parce que je ressentais intensément l'outrage infligé par une brute microcéphale à quelqu'un qui ne pouvait se défendre : la vision de ce malheureux reprenant, toujours en silence et les larmes aux yeux, ses lunettes brisées que j'avais ramassées à mes pieds sur le trottoir pour les lui rendre, me noue encore la gorge quand j'y pense. Ensuite parce que, si j'avais trouvé cette agression révoltante, je m'étais bien gardé de manifester extérieurement ma révolte. On pouvait certes comprendre ma lâcheté et même l'excuser. Elle n'en était pas moins humiliante. Et je pourrais poursuivre longuement la chronique de ces indignités ordinaires qui me rongeaient l'âme.

J'étais donc en permanence rempli de haine contre le système monstrueux et dégradant qui s'était mis en place, contre les féodaux et leurs complices qui le faisaient fonctionner, une fois de plus, à leur profit, sans la moindre concession, quitte à tout désintégrer. Et il me fallait me répéter constamment la formule socratique que « Nul n'est méchant volontairement » pour ne pas haïr en même temps ceux qui les laissaient faire, c'est-à-dire, à partir d'un certain moment, la grande majorité de cette population européenne déboussolée par sa propre peur et sa propre souffrance, de cette communauté des « pieds-noirs » – qui était *la mienne*, j'entends, celle des plébéiens – intoxiquée, fanatisée jusqu'à l'égarement, d'autant plus manipulée qu'elle conservait l'illusion de son libre arbitre en remettant son destin entre les mains de cliques factieuses pour lesquelles la guerre en Algérie n'était plus que prétexte à subvertir la République et à l'abattre.

Très rapidement, conformément à la logique binaire et manichéenne de la lutte (qui n'est pas inconditionnellement pour est contre, et réciproquement), le débat était devenu impossible, même avec des parents ou des amis d'enfance. On « évitait le sujet » pour ne pas se déchirer, ce qui néanmoins finissait toujours par arriver. Le rétrécissement de ma sphère de communication personnelle à un cercle toujours plus étroit d'intimes et d'interlocuteurs fiables m'enfermait dans une asphyxiante mentalité obsidionale : je me sentais cerné, piégé dans une situation sans issue ou plutôt dont l'issue risquait d'être fatale. En même temps et contradictoirement, j'avais le sentiment qu'il était de notre devoir de manifester notre refus de la politique stupide, meurtrière et ruineuse menée en notre nom, et d'expliquer les raisons de notre refus et de nos critiques en essayant de faire partager nos analyses à nos interlocuteurs. Si cette forme d'action militante nous attira quelques sympathies, elle cristallisa sur nous beaucoup de haine et nous désigna clairement à la vindicte de nos adversaires. Aussi m'arrivait-il de me demander – et cette crainte n'était nullement délirante – qui aurait ma peau en premier, des poseurs de bombes du FLN ou des activistes ultras qui m'avaient traité de « sale fellouze » et dont certains m'avaient charitablement averti que, « roulant trop à gauche » sur mon scooter, j'allais avoir un « inévitable accident de la circulation ». Des incidents divers venaient constamment alimenter mon stress. L'un des plus angoissants assurément fut de recevoir une lettre de mes parents me demandant de ne pas retourner les voir dans ma ville natale, aux prochaines vacances, tant ils étaient alarmés par les rumeurs hostiles qui y circulaient à mon sujet et par la menace, qui leur était revenue aux oreilles, de m'« exploser la tronche » si je me « pointais dans les parages ». Il est vrai que la capitulation peu glorieuse du pouvoir, en la personne de Guy Mollet, en face des manifestants de février 1956, à Alger, avait grandement encouragé les partisans des démonstrations de force. Un peu partout, la guerre développait des fantasmes de *far-west* : des « pieds-noirs » en nombre croissant affichaient des velléités « justicières », se procuraient des armes et n'hésitaient pas à proclamer leur intention d'en faire usage à l'occasion. Au début, nous tenions les menaces qui nous étaient adressées pour des rodomontades destinées à nous intimider, bien dans le style hyperbolique et machiste cher aux populations méditerranéennes. La suite devait montrer, hélas, que toutes les menaces proférées ne relevaient pas du seul folklore.

Il y avait toutefois un aspect positif à cette situation d'exil intérieur : la qualité des liens qui se tissaient entre ceux qui pouvaient encore communiquer. Sans ces liens d'amitié intense, sans cette fraternité militante qui se développait entre nous, la vie quotidienne aurait été insupportable. Personnellement, je crois que mon appartenance à ce petit groupe des « étudiants libéraux », et plus précisément à sa fraction la plus éclairée, la plus cultivée et la plus mature, m'aura évité le pire.

Du stade esthétique au stade éthique

Bien sûr, pour qui avait, comme moi, à peine plus de vingt ans et était à bien des égards un privilégié, même les horreurs et les tourments de la guerre ne pouvaient abolir totalement ce qui restait de plaisir et de douceur dans notre vie quotidienne. On a suffisamment dit et redit, de mille façons déjà, ce bonheur de vivre « là-bas », sur les bords de notre mer « au sourire innombrable », pour me dispenser d'entamer à mon tour ce lamento nostalgique. Je me bornerai à évoquer une chanson de Nino Ferrer, qui m'émeut profondément parce qu'elle traduit à sa façon ce que je ressens à ce sujet : « Tant pis pour le Sud, c'était pourtant bien… » Non, je veux seulement souligner que c'est au cours de ces années de malheur, malgré, ou à cause de la chape de plomb qui s'appesantissait sur cette ville d'Alger saisissante de beauté et dont j'étais amoureux, que j'ai réalisé, au sein de ce clan fraternel, des progrès en matière de culture intellectuelle et artistique qui ont sans doute bien contribué à ma survie spirituelle. Aux charmes familiers du monde sensible, s'ajoutait désormais le plaisir plus subtil et plus nouveau d'accéder à l'intelligible.

Si, comme je l'écrivais plus haut, le déclenchement de la guerre en 1954 ne produisit pas chez moi un bouleversement immédiat, les effets n'en furent que plus dévastateurs ensuite. Une fois la prise de conscience mise en route, je devais la pousser le plus loin possible, tout comprendre, tout réévaluer. Cette remise en question ne pouvait épargner tout ce que moi-même j'avais été, tout ce que j'avais fait jusque-là. J'entrai ainsi dans une crise profonde et durable que je résumerai en disant qu'elle m'a fait passer du stade esthétique où je m'étais complu durant ma joyeuse adolescence, au stade éthique de la vie adulte et responsable, du devoir tellement agréable de se faire plaisir, au plaisir, grave et un peu austère, de faire son devoir. Une telle « conversion » a généralement un coût élevé. Le temps « perdu » dans mes études en fut un aspect. Certes, au début de mon pionnicat, le fait de me retrouver libre de mes mouvements, et surtout argenté comme jamais je ne l'avais été, m'avait un brin tourné la tête. Mais quand ensuite, ayant appris à mieux gérer mon temps et mon argent, j'ai voulu me remettre au travail, en 1956-1957, pour terminer ma licence de lettres classiques, il y avait quelque chose de détraqué dans la mécanique. Comment pouvais-je sérieusement m'intéresser à la question de « l'assimilation de la nasale labiale "m" à la fricative dentale "s" en latin » alors que je me débattais dans la lente et irrémédiable implosion de mon ancien univers ? J'avais peut-être tort. Être capable, comme Candide, de cultiver son petit arpent au milieu des cataclysmes est une forme de grandeur héroïque. La raison me commande de voir les choses ainsi, avec le recul. Mais honnêtement, dans le fond, je persiste à douter que la plupart de ceux qui, lorsque le monde vacille et que le pire menace, continuent imperturbablement à se préoccuper de leurs seules entreprises personnelles, aient jamais fait preuve du moindre héroïsme.

Une des conséquences majeures de ma crise, sur le plan privé, fut la décision de me marier, en 1958, et d'entreprendre sérieusement des études de philosophie et de sociologie. C'était une façon de m'engager dans une démarche plus constructive que tout ce que j'avais fait jusque-là et donc de reconnaître déjà que mon engagement politique était dans l'impasse. À partir de mon expérience personnelle, j'ai tendance à penser que notre action en tant que « libéraux » a été beaucoup plus un travail sur nous-mêmes que sur le monde qui nous entourait et auquel nous n'avons pu changer grand-chose. Cela même qui faisait la valeur, et même la grandeur de la démarche « libérale », en faisait l'irrémédiable faiblesse : c'était une position plus *morale* que politique. Certes une position morale qui reçoit l'adhésion du grand nombre devient-elle par là même une force politique. Mais en l'occurrence l'exigence morale ne pouvait séduire qu'une minorité éclairée, condamnée à effectuer des actes symboliques de portée réduite, incapables de toucher le grand nombre. J'avais fini par comprendre – sans avoir lu les théoriciens révolutionnaires – que pour se battre efficacement il faut « le nombre et l'organisation ». Nous n'avions ni l'un ni l'autre. Ni effectifs ni structure. Nous n'étions qu'un groupuscule de bonne volonté, une minorité de résistance et de témoignage, hétérogène, sans doctrine, sans programme, sans stratégie, sans perspectives claires, sans unité, sans chef, sans Dieu, sans rien de ce qui est nécessaire à un combat politique efficace et de longue haleine. Il y avait bien, dans l'*establishment* algérois, une tendance « libérale » à laquelle nous aurions pu, peut-être, nous associer. Mais ses membres, qui évoluaient dans les hautes sphères de la politique, de l'administration et des Églises, ne s'intéressaient pas à nous. Notre seul ciment réel, c'était notre commun refus de l'ordre « Algérie française », c'est-à-dire de l'Algérie sans Algériens, de l'Algérie colonialiste et féodale ; et la haine que nous vouaient ses partisans, aux yeux de qui nous n'étions qu'un ramassis de « traîtres » et de « fellaghas » à honnir et à éliminer. Nous étions animés d'un même sentiment de révolte contre l'intolérable, mais nous n'avions pas les moyens d'imposer notre présence sur la scène publique et de faire entendre notre filet de voix. Seuls des actes de grande portée symbolique, pensais-je alors, pouvaient obtenir ce résultat. C'est ainsi qu'au début de 1958 l'idée me vint d'une grève de la faim, que nous aurions pu organiser dans un lieu public, afin de remuer l'opinion en allant, s'il le fallait, jusqu'au sacrifice suprême. J'étais personnellement suffisamment exalté, et désespéré, pour cela et je croyais, naïvement, qu'il y en aurait beaucoup d'autres. J'étais d'avis qu'en face d'adversaires disposant d'une force énorme il fallait frapper des coups démesurés, se comporter en héros stendhaliens et tout jeter dans la balance, y compris sa propre vie, pour rompre de façon éclatante avec la bassesse, les prudences et le pharisaïsme d'un milieu intellectuel attentiste et de plus en plus ouvertement acquis à l'idéologie ultra. Je me mis donc en campagne. L'accueil plus que réservé fait à ma proposition par les uns et les autres, d'Alger à Paris, devait me convaincre que je faisais fausse route. Fatigué, découragé, je ne fus jamais, je crois, aussi près qu'à ce moment-là de prendre la décision de rejoindre les rangs des « rebelles » et de mettre ainsi un terme à l'ambiguïté de ma position. Mais je ne la pris pas. Trop de choses en moi s'y opposaient, qui me vouaient à rester un être double et partagé, jusqu'au déchirement.

Rétrospectivement je me suis félicité de n'avoir pu entraîner qui que ce fût dans ce projet suicidaire de grève de la faim, qui n'aurait même pas réussi à faire de nous des martyrs puisque, selon toute probabilité, nous aurions été à la fois reniés par la communauté « pied-noir » et ignorés par la communauté algérienne qu'il n'était plus possible désormais de rejoindre autrement qu'en épousant radicalement son combat. J'ai donc poursuivi sur le terrain, avec mes amis, notre petit bricolage apostolique de missionnaires sans Église ni Évangiles, prêcheurs un peu dérisoires de paix, de fraternité et de justice voués à des actions rituelles (réunions, motions, proclamations, maintien de contacts amicaux avec l'Union des étudiants musulmans algériens, etc.), aussi nobles, courageuses et louables que routinisées et le plus souvent privées de véritable retentissement [1].

1. Il a fallu attendre la fin de 1960 pour que nos initiatives trouvent un commencement d'écho positif dans la presse nationale (*cf.* ce que rapporte Jean Sprecher dans les pages consacrées à la journée du 3 novembre 1960, *À contre-courant, op. cit.*). Mais il était déjà bien trop tard pour que cela changeât quelque chose au cours impétueux des événements qui conduisait implacablement l'Algérie française au chaos et à l'autodestruction radicale.

Appelé sous les drapeaux en novembre 1960, je quittai, la mort dans l'âme, Alger où je laissais en pleine tourmente ma femme, mon fils et mes amis. Deux ans après, à ma libération, l'Algérie était devenue indépendante. Le pays était dans un état chaotique, bouleversé et traumatisé par près de huit années de guerre et par l'exode massif des Européens. Pour ma femme et moi, la question ne se posait même pas de savoir si nous devions rester. Notre décision était prise depuis longtemps. Nous fîmes une demande de postes d'enseignement en coopération. Notre demande fut acceptée. Un travail énorme, épuisant mais exaltant nous attendait. L'enthousiasme qui m'habitait était, fort heureusement, suffisamment grand pour endormir la souffrance qui s'était insinuée en moi, fêlure définitive dans le cristal de ma joie, et sentiment, toujours vivant depuis, d'une perte irréparable en même temps qu'inévitable. « Tant pis pour le Sud… On aurait pu vivre… »

Il faut se rendre à l'évidence : en tant que mouvement « libéral » estudiantin, nous n'avons pu peser le moins du monde sur le cours des événements, ni en Algérie ni en France. Ce sont les circonstances qui ont pesé sur nous. C'est pourquoi sans doute les historiens nous ont ignorés. Écume sur la vague. Mais notre objectif n'était évidemment pas d'entrer dans l'histoire. Pour la plupart, nous n'avions même pas conscience de vivre des changements historiques. La guerre nous est tombée dessus et nous a plongés dans une tragédie à laquelle nous n'étions pas préparés à faire face. Quand on a entre vingt et vingt-cinq ans et qu'on est encore à l'école, il n'est pas facile de trouver la bonne réponse aux questions explosives posées par la réalité. Chacun a bricolé la sienne avec les moyens du bord, dans l'urgence, la confusion et la douleur. Notre réponse « libérale » fut ce qu'elle fut. Elle aurait pu être plus glorieuse ou plus généreuse. Et elle aurait pu être moins honorable. On ne saurait rougir ni se vanter d'avoir essayé de faire ce qu'on estimait être son devoir. Mais notre combat mérite qu'on s'en souvienne, ne serait-ce qu'en mémoire de ceux de nos amis à qui il a coûté la vie.

Si j'accepte d'en parler aujourd'hui, des *décennies* après avoir « tourné la page », c'est parce qu'avec le recul, et compte tenu de l'évolution du monde qui a eu lieu depuis, j'ai mesuré que l'attitude de résistance qui fut la nôtre, au nom d'un humanisme rationaliste que nous prenions au sérieux, était plus qu'une péripétie marginale ou locale ne concernant qu'une petite minorité d'individus dans le contexte de la guerre d'Algérie, mais qu'elle s'inscrivait dans un combat séculaire, dont nous étions seulement les acteurs du moment et qui continue encore aujourd'hui : celui qu'il faut mener en permanence pour construire une société vraiment humaine, contre les pesanteurs toujours renaissantes qui, sous des formes multiples, la tirent vers l'ornière. Et ce n'est évidemment pas le spectacle que nous offre aujourd'hui notre effrayante et affligeante société « postmoderne » où, dans un climat de consensus niais, invertébré et marécageux, la « rationalité » économique bafoue ouvertement les exigences de la raison, où l'« humanitaire » masque mal l'abandon de l'idéal humaniste et où le « réalisme » politique a répudié l'utopie, qui pourrait infirmer ce point de vue.

J'aime à penser que des combats modestes, circonscrits et anonymes, comme celui que nous avons livré, même s'ils semblent aboutir à un échec, contribuent un peu partout, aujourd'hui comme hier, à préserver les chances de faire émerger un véritable sujet, c'est-à-dire une communauté humaine dont les membres soient capables de se traiter les uns les autres comme des fins et non plus seulement comme des moyens.

À ceux qui ont aujourd'hui vingt ans, et en particulier à ceux qui ont le privilège (c'en est toujours un) de faire des études, il faut répéter que le devoir de résistance est encore, et pour longtemps, à l'ordre du jour. Le pire, on le sait, n'est jamais plus probable que lorsqu'on s'y résigne.

* *
*

Les racines algériennes de la sociologie de Pierre Bourdieu *

Août 2006

Sans doute n'aurais-je rien eu à redire à l'article de Mme Colliot-Thélène sur les « racines allemandes de la théorie de Bourdieu [1] » s'il ne se trouvait que je suis un des derniers témoins encore vivants de cette période 1958-1960 que Bourdieu a passée à la faculté d'Alger et qui, selon les commentateurs, semble avoir été un temps fort de sa « conversion » de la philosophie à la science sociale.

À lire cet article, on pourrait presque croire que Bourdieu était une sorte de pur esprit transportant partout avec lui, au long de ses pérégrinations, quelques obsessions intellectuelles, et en particulier celle de la temporalité inspirée au normalien par sa lecture de Husserl et de Heidegger. Il n'est nullement de mon propos de contester si peu que ce soit l'influence de la phénoménologie allemande sur la vision théorique que Bourdieu s'est forgée du social ; et là-dessus je veux

* Texte inédit, extrait de la correspondance de l'auteur – le titre est de l'éditeur.

1. Catherine Colliot-Thélène, « Les racines allemandes de la théorie de Bourdieu », *in* Hans-Peter Müller et Yves Sintomer (dir.), *Pierre Bourdieu, théorie et pratique*, La Découverte, 2006.

croire la spécialiste sur parole. Mais, outre que la recherche érudite des influences me paraît être le plus souvent un exercice d'orfèvrerie scolastique un peu formel, je pense que les raisons *les plus fortes* de la « conversion » de Bourdieu à la sociologie doivent être cherchées ailleurs, et plus précisément dans des circonstances historiques et sociales qui ont joué un rôle décisif dans son cheminement personnel comme dans celui de pas mal d'autres esprits de sa génération.

Ces circonstances particulières sont celles de « la guerre d'Algérie » – l'ensemble du processus historique que recouvre cette appellation. L'absence de toute allusion dans l'article, même la plus fugitive, à ce que fut cette période tragique de notre histoire et aux bouleversements qu'elle a provoqués, tant pour la collectivité que chez les individus, me fait mesurer à quel point le travail d'occultation et d'évacuation de cet épisode peu glorieux a pu être efficace, pour qu'une intellectuelle de haut niveau en arrive aujourd'hui à déréaliser la biographie de Bourdieu au point d'ignorer ce que celle-ci peut devoir à un tel contexte.

Il y a très probablement là un effet de génération : la plupart des jeunes Français n'ont guère été incités à s'informer et à réfléchir sur le séisme intellectuel et moral que cette guerre longue, injuste, meurtrière et sale a infligé à la société française. Vingt ans de gaullisme arrogant ont suivi, de croissance économique et d'« entrée dans la modernité », qui ont installé cette forme d'amnésie durable caractérisant désormais le rapport au passé des peuples « avancés » qui se gargarisent médiatiquement d'autant plus volontiers avec des « devoirs de mémoire » qu'ils ont oublié davantage de choses. (D'ailleurs, pour être juste, a-t-il jamais été possible aux jeunes générations de *vraiment* comprendre les drames vécus par leurs prédécesseurs ?) Quoi qu'il en soit, on a perdu de vue – si tant est qu'on l'ait jamais vu clairement en France – que la guerre d'Algérie a été à bien des égards un *tournant*, pour le meilleur et pour le pire, bien au-delà du théâtre des opérations militaires, tournant marqué par des changements profonds dans tous les domaines, jusqu'au plus intime des individus.

Pour les gens de ma génération en particulier, elle n'a pas été simple péripétie mais vécue de bout en bout comme une remise en question radicale de notre monde, tant extérieur qu'intérieur, avec évidemment des nuances selon les personnes. Je n'irai pas jusqu'à dire que l'expérience fut rigoureusement identique pour le normalien agrégé de philosophie, d'origine paysanne béarnaise, et pour ses étudiants, l'instituteur kabyle Abdelmalek Sayad et le « Français d'Algérie » (en réalité petit-fils d'immigrés napolitains) que j'étais. Mais tout bien considéré, nous devions tous faire face aux mêmes questions fondamentales. La grande différence, c'est que les gens comme Bourdieu étaient sensiblement mieux équipés mentalement que nous pour les aborder. Mais eux aussi avaient à fabriquer leurs propres réponses – même s'ils avaient déjà trouvé des « interrogations structurantes de [leur] propre réflexion » chez Husserl ou d'autres, comme on l'a écrit.

Les questions fondamentales nous étaient posées, et imposées, par la force même du changement qui, *dans la pratique*, avait depuis des années déjà commencé à ébranler les structures du monde existant. Les rapports de forces ancestraux implosaient un peu partout sous l'effet d'une lutte des classes nationale et internationale qui prenait une dimension planétaire, en particulier dans les empires coloniaux, avec le développement des mouvements de libération nationale. Aux craintes et aux résistances engendrées par la désintégration de l'ancien répondaient les espérances exaltantes nées de la promesse du nouveau. Bref, on croyait d'autant plus à la révolution qu'elle semblait partout en marche. Elle était pour tous la tâche présente ou l'horizon immédiat. Le marxisme seul, comme l'avait fort bien compris Sartre, pouvait aider à embrasser ce mouvement immense de la réalité. Mais il ne séduisait pas tous les esprits. Et puis, quand on était pris soi-même dans la tourmente, le déchaînement de la violence accoucheuse de l'histoire faisait craquer les schémas théoriques.

Il faut beaucoup, énormément de hauteur ou de recul pour concevoir que la mise en charpie de ses semblables, surtout les innocents et les désarmés, puisse participer d'un progrès du genre humain. Pourtant il fallait bien penser ce que l'on vivait, à l'échelle individuelle comme à l'échelle collective, se situer, choisir, prendre un cap. Chacun le faisait avec ses propres outils et, au moyen de matériaux récupérés où il pouvait, essayait de bricoler une voile et un gouvernail à son radeau, histoire de ne pas se sentir trop à la dérive. Bourdieu était sur un radeau de luxe, voire sur une pirogue déjà munie de pagaies, mais il bricolait lui aussi. Pour reprendre une distinction éclairante de Lévi-Strauss, on pourrait dire que Bourdieu était un *ingénieur* maîtrisant les structures savantes (de la philosophie) obligé par le cours contingent des choses (les « événements d'Algérie ») de se transformer en *bricoleur* conceptuel. Au risque de paraître prétentieux, je dirai qu'il a accompli à cette époque-là une sorte de translation intellectuelle analogue à celle que Sayad et moi étions en train d'effectuer. Lui avec toute l'envergure et le potentiel qui étaient les siens, nous au niveau modeste et besogneux qui était le nôtre.

Sayad et moi, en effet, qui étions sans doute les plus âgés de ses étudiants (il avait seulement vingt-huit ans, quatre ans de plus que nous), étions tous deux aux prises, chacun à sa façon, avec les épineux problèmes de la double culture et du déclassement. Sayad en tant que Kabyle instruit et très assimilé ; moi en tant que « miraculé » scolaire. Tous deux à la fois très proches de notre milieu originel respectif et déjà pourtant à des années-lumière. Tous deux écartelés intérieurement par les interrogations contradictoires nées d'une guerre autant civile que militaire, qui déchirait les populations auxquelles nous appartenions. Tous deux révulsés et terrifiés par la fascisation rampante de notre société. Nous éprouvions le besoin vital d'y voir clair, d'analyser, de trouver les concepts qui permettraient d'ordonner un peu le chaos dans lequel s'enfonçait le pays et nous avec. Ce besoin intense de réfléchir fit abandonner à Sayad sa condition d'instituteur et à moi mes études de lettres classiques presque terminées pour entamer ensemble des études de philo dont nous espérions bien qu'elles nous apporteraient l'*adaequatio rei et intellectus* à quoi nous aspirions.

Bourdieu venait d'être nommé assistant et assurait la préparation du certificat de morale et sociologie ; la licence de socio devait être instituée bientôt mais elle n'était pas encore en place, en tout cas pas à Alger. Ainsi, alors que les apprentis Sayad et Accardo se rapprochaient du foyer philosophique, le maître Bourdieu entreprenait-il de s'en éloigner, mais au fond pour les mêmes raisons : mieux comprendre le mouvement objectif du monde dont nous appréhendions subjectivement (phénoménologiquement ?) l'angoissante et opaque réalité dans notre vécu quotidien. Sans doute Bourdieu, n'étant pas natif d'Algérie, ne vivait-il pas la situation exactement comme nous. Mais les enjeux de la crise algérienne étaient multiples et elle interpellait chacun – singulièrement les intellectuels – au plus profond. Tout le monde sentait bien, sans pouvoir toujours le thématiser, que ce qui s'effondrait, c'était un ordre social, une civilisation décomposée, et que ce que la guerre d'Algérie mettait en question, c'était la société française elle-même, sa conservation ou sa subversion. Malheureusement, la philosophie académique, routinisée, planante et fossilisée, n'avait strictement rien de rien à dire dans le débat. C'était évidemment très intéressant en soi d'apprendre que, dans *L'Éthique à Nicomaque*, Aristote pose que la vertu se tient dans le juste milieu, entendu non comme une moyenne arithmétique mais comme une ligne de crête. Mais en quoi consistait précisément le « juste milieu » dans la conjoncture où nous nous trouvions, entre le marécage pestilentiel du Forum d'Alger où l'on conspuait la République et les crêtes de Kabylie tenues par les katibas [1] de l'ALN ? Où était la vertu entre l'enrôlement dans les réseaux de l'OAS en gestation et la fuite au maquis pour rejoindre les réseaux FLN ? Quel humanisme était le plus exemplaire, celui de Camus ou celui de Fanon ?

Dans ces conditions, notre espoir (à Sayad et moi) ne pouvait qu'être déçu : le flambeau philosophique n'était qu'un lumignon, du moins à notre stade ; et apparemment à celui de Bourdieu aussi, qui ne semblait pas avoir trouvé plus de ressources chez Husserl que nous chez Aristote. Honnêtement, si je n'avais reçu de Bourdieu que l'enseignement qu'il a dispensé officiellement à la fac d'Alger, je pense que je n'en aurais pas gardé un souvenir extraordinaire. Il avait manifestement décidé d'évacuer de son propos tout contenu expressément philosophique. De l'intitulé « Morale et sociologie », il n'avait retenu que le second terme. Encore son cours était-il plutôt un cours d'ethnologie que de sociologie. Il y était surtout question de gens qui s'appelaient Lévi-Strauss (qui venait de sortir son *Anthropologie structurale*), Frazer, Boas, Malinowski, Benedict, Mead, Linton, etc., et assez peu de Durkheim, Marx, Weber ou Ibn Khaldoun. Et les rares incursions qu'il fit en « morale », ce fut par le biais de l'anthropologie culturelle, par exemple sur le thème de l'opposition entre *shame culture* et *guilt culture*. Nous n'y voyions point d'inconvénient, bien sûr, ça nous changeait un peu de Descartes et saint Augustin dont on nous parlait beaucoup par ailleurs.

1. Les compagnies légères de l'Armée de libération nationale algérienne. [nde]

Tout cela était intéressant mais moins que les conversations que nous avions hors cours avec Bourdieu et qui portaient invariablement sur le problème algérien. Au début, il était un peu réservé, peut-être parce qu'il avait conscience d'être dans une université d'où le professeur André Mandouze avait dû fuir pour échapper au lynchage par les fachos hystériques et dont l'assistant Maurice Audin, arrêté par les paras de Massu, avait disparu subitement et définitivement. Mais il devint plus confiant avec Sayad et moi quand il sut que nous appartenions à la poignée des étudiants progressistes, dits « libéraux », qui essayaient de développer une petite organisation pour s'opposer (vainement hélas) à la montée de l'idéologie des ultras de l'Algérie française dans l'université. Il était un des rares enseignants que nous percevions comme étant de notre bord. Mais ce n'était pas un maître à penser. Plutôt un copain aîné avec lequel nous nous sentions de plus en plus d'affinités. Il ne semblait être lui-même assuré de rien sauf précisément de la nécessité d'étudier la réalité algérienne en particulier et toute société en général autrement qu'on ne l'avait fait jusque-là. C'était au nom de la connaissance qu'il avait commencé à acquérir de la réalité algérienne (à cause de la guerre et à l'occasion de son séjour en Algérie) qu'il exprimait son désaccord avec les prétendues solutions que la France entendait imposer au problème algérien au moyen de quelque 500 000 soldats – dont il avait au demeurant lui-même fait partie peu auparavant pour contribuer à la « pacification » d'un « département français » qui était à feu et à sang mais pas officiellement en guerre. Il réprouvait tout spécialement la solution qui consistait, pour empêcher les rebelles algériens de se sentir dans les populations rurales « comme des poissons dans l'eau », à leur retirer l'eau en transplantant massivement les populations paysannes dans des « centres de regroupement » encadrés par les SAS françaises [1].

C'est pourquoi nous acceptâmes avec joie de partir avec lui enquêter sur le terrain, à la Casbah d'abord, puis en Kabylie, malgré les risques divers inhérents à l'entreprise. Là nous avions le sentiment d'avancer un peu, loin des sentiers archibattus de la *philosophia perennis*, et de faire quelque chose de socialement utile. Quant à Bourdieu, sur le terrain il respirait le bonheur. On sentait qu'il était manifestement dans son élément. C'était lui le poisson dans l'eau. Je me souviens par exemple de sa jubilation le jour où, en dépit des efforts de la SAS pour nous aiguiller vers des « responsables » de la *djemaa* officielle (une sorte de conseil municipal fantoche installé et dûment chapitré par l'administration), nous avons réussi (grâce aux bons offices de Sayad) à entrer enfin en contact avec la *djemaa* souterraine qui dirigeait effectivement le centre, en liaison avec le FLN. Nous avions retrouvé les poissons dans le bocal, et nous avons commencé à comprendre concrètement ce jour-là pourquoi, en sociologie comme ailleurs, « il n'y a de science que du caché ».

Il me paraît que la guerre d'Algérie a été pour Bourdieu sinon le révélateur du moins l'accélérateur de la découverte qu'il faisait fausse route dans la voie de la philosophie institutionnelle et qu'à la suivre davantage, comme il avait commencé de le faire brillamment, il ne pouvait que se compromettre avec le pharisaïsme des nouveaux riches culturels et l'arrogance des mandarins, et apporter de l'eau au moulin de la domination sociale dont il mesurait les effets, non plus seulement à l'échelle personnelle mais à l'échelle de toute une société. Or il voulait par-dessus tout combattre cette domination qu'il

1. Mélange d'assistance scolaire, sociale et médicale, les sections administratives spécialisées (SAS) prenaient en charge les populations rurales indigènes dans le cadre du programme de « pacification » de l'Algérie. [nde]

avait depuis longtemps des raisons personnelles d'exécrer ; et il connaissait désormais suffisamment bien la philosophie universitaire pour savoir qu'elle n'était plus qu'une parure et une parade de l'ordre impérialiste bourgeois, et qu'elle ne servait plus qu'à faire barrage au marxisme.

Bourdieu ne se réclamait pas expressément du marxisme, mais il avait bien compris en quoi consistait l'idéologie en général, et cette philosophie académique en particulier. Il était en conséquence à la recherche d'une approche scientifique, donc non philosophique, de la réalité sociale. Il s'est engagé d'autant plus résolument dans cette voie qu'elle lui semblait permettre de concilier davantage d'objectifs : la critique sociale rigoureuse sans l'inféodation intellectuelle à un dogme quel qu'il soit, la distinction personnelle sans l'allégeance à un patron, etc.

Comme beaucoup d'entre nous à l'époque, Bourdieu était un jeune homme qui voulait changer le monde parce qu'il le trouvait abominablement mal fait. À une autre époque, il aurait pu être un Rousseau ou un Diderot ; certainement pas un Montesquieu. Au début des années 1960, il est devenu un sociologue soucieux d'objectivité, c'est-à-dire en prise sur le réel. Je ne dis pas que la phénoménologie n'a eu aucune influence sur la formation de sa conscience du réel, mais je doute qu'elle ait été un ressort essentiel de sa « conversion » à la sociologie. Celle-ci me paraît avoir plutôt procédé d'une *aversion* pour la philosophie académique et universitaire et surtout d'un besoin de comprendre pour agir dans et sur la réalité.

Si j'ai introduit des considérations personnelles, c'est qu'elles m'ont paru nécessaires pour essayer de formuler mes réflexions de façon claire et convaincante. Bourdieu s'est assez peu exprimé publiquement sur la façon dont il a vécu personnellement le « drame » algérien. Mais je reste convaincu que faire de la sociologie a été pour lui sa façon de répondre aux sommations d'une époque de bouleversement et de redonner un sens humaniste et rationaliste à l'horreur et l'absurdité de l'histoire que nous vivions.

J'ajouterai, pour finir, que cette archéologie des « racines allemandes de la théorie de Bourdieu » me semble avoir succombé à la tentation de ramener au bercail philosophique la brebis égarée, le *converso* qui a glissé dans l'hérésie et à qui, par la voix d'un(e) éminent(e) théologien(ne), l'Église vient rappeler « *Tu es sacerdos in aeternum* [1] ». Façon encore de ramener en finesse la sociologie à son statut ancillaire par rapport à la philosophie.

* *
*

Un savant engagé [*]

Janvier 2003

Par une sorte de biais médiatique, la croyance s'est installée chez beaucoup que l'entrée délibérée de Pierre Bourdieu dans la lutte politique et sociale datait de décembre 1995 et de sa prise de position retentissante dans le grand mouvement d'opposition des salariés français à la politique du gouvernement Juppé. Comme si le savant, jusque-là retranché dans son donjon scientifique, avait soudainement découvert, du haut de ses remparts, les batailles qui se livraient en bas,

1. Tu es prêtre pour l'éternité.

* Texte paru dans la revue *Awal* (« L'autre Bourdieu », 2003, n° 27-28) – les intertitres ajoutés pour cette réédition sont de l'éditeur.

dans la plaine, et avait décidé brusquement de descendre prendre part à leur tumulte, au risque de souiller, dans cette mêlée poussiéreuse, la blanche toge de la recherche « pure » et impartiale. Un recueil rassemblant, dans une éclairante présentation, diverses interventions de Bourdieu au cours des quatre dernières décennies vient nous rappeler opportunément, textes à l'appui, que, tout au long de sa carrière, il n'a jamais dissocié son combat pour une science sociale digne de ce nom de l'ensemble des luttes visant à changer le monde social, même quand il ne disposait pas encore de toute l'autorité intellectuelle et scientifique permettant d'intervenir avec éclat dans une actualité politique et sociale brûlante [1].

Aux origines d'une sociologie de la domination

Tous ceux qui connaissaient les travaux de Bourdieu et qui étaient attentifs à sa démarche depuis suffisamment longtemps savaient que son intervention de décembre 1995 en pleine agora, de même que son appel à une refondation de la gauche, pour une « gauche vraiment de gauche », se situaient dans la logique d'une démarche dont les motivations fondamentales et les principaux axes présentaient une grande constance, depuis ses premières recherches en Algérie, et sans doute même depuis le début de sa vie intellectuelle. Bourdieu, qui n'a cessé de procéder à sa propre socioanalyse et de pratiquer l'autoréflexivité, en appliquant à son propre travail la même lucidité qu'il appliquait aux objets extérieurs, savait – et a exprimé à maintes reprises, mieux que personne – ce que les orientations et la substance de ses recherches devaient à sa biographie, à ses appartenances et aux différents contextes où s'inscrivait sa trajectoire personnelle. Son

1. Pierre Bourdieu, *Interventions…*, *op. cit.*

entrée par effraction dans l'univers de la culture la plus légitime l'avait rendu, plus que quiconque, sensible au caractère mystificateur de l'idéologie chère à tant d'intellectuels qui, confondant le trajet réel avec le but idéal, croient avoir accédé au monde de l'Immaculée Conception et se veulent de purs esprits « sans attaches ni racines ». Bourdieu n'a jamais renié les siennes ; et c'est, entre autres propriétés essentielles, son appartenance originelle revendiquée et assumée, sans pathos misérabiliste, au monde des dominés sociaux, qui l'a conduit à élaborer sa sociologie critique de la domination sociale et à édifier ce qu'il a appelé lui-même un « savoir engagé », c'est-à-dire un savoir qui milite inséparablement pour l'établissement de la *justice dans* le monde social en militant pour celui de la *vérité sur* ce monde social.

On sait à cet égard le rôle qu'a joué, dans l'orientation vers la sociologie du jeune normalien agrégé de philosophie entamant sa carrière d'enseignant-chercheur, la découverte, dans le contexte intellectuellement et moralement bouleversant de la guerre d'Algérie, de certaines ressemblances et analogies structurales entre la paysannerie algérienne et cette paysannerie béarnaise dont il était issu et resté si proche. Nul doute que la commotion provoquée par la guerre, chez les jeunes intellectuels de l'époque tout particulièrement, n'ait contribué à ancrer plus fermement encore dans leur vision de la société et de l'histoire ceux d'entre eux qui, comme Bourdieu, savaient déjà, par expérience personnelle et quasi atavique, qu'on n'a jamais le choix entre une vie paisible et une vie militante mais qu'on peut seulement choisir son combat, quand il ne vous a pas déjà choisi.

Comme tous les intellectuels, même les plus éminents, Bourdieu avait, en principe, en tant que dominé chez les dominants et dominant chez les dominés, le choix entre l'un ou l'autre camp. Par inclination anthropologique, en quelque sorte, il avait choisi d'être du côté des plus dominés, quelque nom qu'on leur donne suivant le champ et l'époque considérés : du côté de cette « misère du monde », aux visages innombrables, dont il devait dresser plus tard un saisissant tableau. Et c'est là sans doute son véritable péché originel, la faute imprescriptible qui lui a valu l'exécration, tantôt déclarée, tantôt déguisée, toujours renouvelée, de tous les hauts clergés, culturels, politiques, médiatiques et autres, qui se disputent le(s) pouvoir(s) en France, dans le cadre de l'ordre établi. Bourdieu, eût-il choisi d'être de leur chapelle et d'utiliser son talent à légitimer leur commune domination, serait devenu prophète en son pays, et pas seulement à l'étranger. L'homme aurait été loué ou décrié pour ce qu'il était réellement, et son œuvre, soumise à la seule critique de la bonne foi et aux règles de la controverse scientifique, n'aurait probablement pas donné lieu à autant de caricatures d'une fielleuse ineptie et de contresens aussi obstinés que dépourvus d'innocence – dont le numéro du *Nouvel Observateur* qui a suivi sa mort demeurera le venimeux et déshonorant compendium.

Entre neutralité et engagement du savoir

Mais, bien qu'il se soit senti solidaire de l'univers des « stigmatisés sociaux », en quelque sorte ontologiquement et déontologiquement, Bourdieu n'en concluait pas que la logique de la lutte autorisait le chercheur à manquer délibérément au « principe de neutralité axiologique » accepté dans la communauté scientifique et qu'il a lui-même plus d'une fois réaffirmé. Et ce en des termes d'autant plus explicites que, durant toute une époque (pratiquement jusqu'au début des années 1980), l'influence d'un certain marxisme dans les sciences historiques et sociales tendait dangereusement à réduire l'autonomie du travail scientifique par rapport au militantisme politique, au nom par exemple des exigences de la « lutte des classes dans la théorie », comme disaient, entre autres, les althussériens. Bourdieu n'a jamais souscrit à la distinction entre une science « bourgeoise » et une science « prolétarienne ». Mais il n'entendait pas la notion de neutralité axiologique comme une prétention, à la fois irréaliste et un peu niaise, à la décontextualisation de la recherche et à la désincarnation du chercheur. Il n'y avait à ses yeux qu'une bonne ou une mauvaise façon de faire de la science sociale ; et la bonne façon commençait par la réaffirmation que le social peut et doit être objet de science, d'une science « comme les autres », c'est-à-dire aussi soucieuse que les autres de rigueur et d'objectivité. S'opposant en cela à tous ceux – les tenants de la tradition philosophique dominante en particulier – qui s'obstinaient à voir dans l'approche scientifique de l'humain une forme de profanation sacrilège (plus exactement une atteinte à leur monopole) et qui déniaient à la sociologie non seulement la capacité effective mais même le droit de travailler à dégager des lois du mouvement social.

Cette philosophie, toujours vivace, y compris chez certains « sociologues » eux-mêmes, a alimenté le procès permanent intenté à Bourdieu pour avoir élaboré une théorie du social « déterministe », c'est-à-dire liberticide. Accusation sans autre fondement qu'une connaissance lacunaire et une interprétation tendancieuse de son travail. Aux yeux de qui s'est donné la peine de lire *vraiment* ce qu'il a écrit, cette accusation est à peu près aussi intelligente que si on reprochait à Newton d'avoir attenté à notre liberté de voler en nous révélant que nous sommes soumis aux mêmes lois de la gravitation que de vulgaires cailloux. Une telle accusation, dont le ridicule le dispute à l'odieux, s'agissant de la sociologie bourdieusienne, n'a curieusement jamais été adressée par les gardiens du sérail académique aux théories qui servent à justifier les atteintes aux libertés autrement plus sérieuses qu'engendre continûment le fonctionnement de l'ordre établi. Car si on qualifie de « déterministe » une sociologie qui, en expliquant le social par du social, ne cesse d'affirmer l'arbitraire de toute domination sociale et la possibilité de travailler à s'en libérer, quel qualificatif faudrait-il alors, honnêtement, appliquer à la « science » économique officiellement enseignée qui nous présente les lois de l'économie libérale comme des lois naturelles et intransgressibles ? Mais on n'entend guère de bons apôtres déplorer la dictature – bien réelle celle-là et non pas fantasmée – imposée au genre humain par les « lois du marché » et les « contraintes économiques objectives » des théoriciens du capitalisme.

Bourdieu n'avait pas du champ scientifique une vision plus irénique que celle de n'importe quel autre champ social. Il savait que, non seulement les vérités scientifiques sont un enjeu de luttes internes qui peuvent être féroces, spécialement quand elles touchent à l'explication du social, mais encore que leur établissement apporte, ou retire, par le biais des homologies de structure, de l'eau aux divers moulins de la domination sociale. Il considérait, non sans raison, que notre société de classes est ainsi faite qu'elle ne peut fonctionner qu'en entretenant chez ses agents la méconnaissance de ses mécanismes. Une transparence véritable ne pourrait que compromettre le fonctionnement des dispositifs de reproduction de la domination sociale en conduisant les agents sociaux, pris à leur insu dans ces mécanismes, à remettre éventuellement en question des adhésions d'autant plus sûres et durables qu'elles vont sans dire et sans penser. En éclairant le fonctionnement objectif des rapports sociaux, la sociologie critique contribue, beaucoup mieux que bien des bavardages politiciens, à créer les conditions d'une lutte plus efficace contre les forces de domination qu'elle démasque. La science sociale doit faire la clarté, dire la vérité sur la société et sur les causes réelles des inégalités et de la souffrance sociales, et c'est dans la mesure où elle dit *vrai* qu'elle peut être *utile* au combat émancipateur.

Quand ils prennent pour objet les structures de la société, les jugements scientifiques sont inséparablement des jugements de fait et des jugements de valeur. C'est donc en se soumettant le plus scrupuleusement possible au devoir d'objectivité dicté par la moralité scientifique que le savant, en se battant pour imposer symboliquement la vérité du monde social, se donne les meilleures chances d'accomplir en même temps son devoir moral de solidarité avec les opprimés auxquels il apporte des armes de subversion symbolique de l'ordre établi. Ces armes, il importait à Bourdieu de les disséminer le plus largement possible, par tous les moyens d'expression et de publication, y compris par l'intervention personnelle dans toutes les enceintes et toutes les circonstances où il est question de la vérité du monde social. C'est pourquoi il a consacré une si grande part de son énergie à ces interventions tous azimuts dont le recueil récemment publié nous rappelle la diversité des thèmes abordés, la variété des registres utilisés et la constance des principes défendus [1].

Quelques raisons d'une mauvaise réception

Si la vision bourdieusienne des rapports sociaux a suscité tant d'hostilité – du moins dans les diverses fractions et castes de l'*establishment* –, c'est parce qu'elle est éminemment dérangeante. Elle invite ceux qui la prennent au sérieux à se montrer conséquents et à choisir leur bord. Elle met en évidence l'inconscience (dans le meilleur des cas) ou la tartuferie et le cynisme (dans le pire) de ceux qui croient, ou font semblant de croire, que leur travail, leurs études, leurs loisirs, leurs amours, leurs plaisirs et leurs peines n'ont rien à voir avec les

1. *Ibid.*

rapports de domination qui font le tissu de notre vie sociale.

La lunette que Bourdieu applique à l'observation du monde social fait apparaître des aspects ignorés de son mouvement. Elle montre non pas qu'il s'agit d'un monde de luttes incessantes où le bonheur des uns se bâtit sur le malheur des autres. Cela, on le savait bien avant lui et il n'a – pas plus que Marx d'ailleurs – inventé la lutte des classes. Mais il a mis en lumière, à la différence de la vulgate marxiste enfermée dans une conception économiste de la lutte, le fait que cette lutte se déroule à des niveaux et sous des formes multiples et inattendues, y compris sous la forme transfigurée qu'elle revêt dans toutes les manifestations de la violence symbolique, violence paradoxale qui consiste à illusionner le dominé, à provoquer en lui le désir d'entrer dans le jeu d'une domination parée de séduction et qui, par le biais de cette soumission connivente, donne aux rapports de domination la légitimité sans laquelle ils ne seraient que d'insupportables rapports de force.

L'apport peut-être le plus important de Bourdieu à la connaissance du monde social, c'est précisément d'avoir montré que la logique de la domination innerve toutes les parties du corps social, en irrigue toutes les composantes et en imprègne toutes les structures à tous les niveaux, selon des modalités, des formes et des registres qui varient d'après le degré d'autonomie historiquement atteint par le champ considéré. De sorte qu'il n'y a en définitive rien de neutre en soi, rien d'inutile, rien d'indifférent, rien d'étranger à l'accomplissement de cette logique capable de faire flèche de tout bois ; et que c'est justement le travail de la science sociale d'analyser par quels canaux circule cette logique, par quelles médiations spécifiques elle s'accomplit à un moment donné dans un champ donné.

On conçoit le dépit ou le désarroi de tous ceux qui doivent la parcelle de pouvoir qu'ils détiennent, et les profits qui vont avec, à leurs investissements dans des champs sociaux (tout spécialement ceux qui fonctionnent au capital culturel) où les hiérarchies sont traditionnellement censées s'établir sur les seuls mérites personnels et sur les seules qualités intrinsèques de l'individu, sans qu'on s'interroge jamais sur l'origine de ces mérites, sur les conditions sociales d'acquisition et d'opération de ces qualités et charismes ou sur l'adéquation entre les structures internes de la subjectivité et les structures objectives externes. Les enquêtes et analyses de Bourdieu ont fait, par leur rigueur et leur minutie, voler en éclats le mythe de la démocratie culturelle (scolaire en particulier) et corollairement de l'innocence, de l'impeccabilité, du désintéressement et de l'indépendance des dominants du monde symbolique (des intellectuels spécialement). Ce travail lui a valu la reconnaissance de tous ceux auxquels il a fourni les instruments de pensée nécessaires pour déniaiser leur vision du monde en « défatalisant » et « dénaturalisant » les faits de domination. Mais en même temps il s'est attiré non seulement le ressentiment inextinguible qui attend tout fauteur de désenchantement, mais encore la haine de ceux que le dévoilement de leurs compromissions et arrangements avec le système empêche de continuer à jouer leurs petits jeux en toute bonne foi et en toute bonne conscience. La mise en demeure morale contenue implicitement dans l'analyse bourdieusienne oblige chacun à assumer ses solidarités.

Certains s'en tirent en revendiquant cyniquement leur adhésion à l'ordre établi. Quelques-uns font amende honorable. D'autres, plus habiles apparemment, s'efforcent d'*invalider* l'analyse elle-même – « Bourdieu ne nous apprend rien » – en insistant sur ses défauts théoriques. Comme s'ils ignoraient que le propre de toutes les grandes théories scientifiques, ce n'est pas de chercher à mettre un point final au progrès des connaissances mais au contraire de contribuer à celui-ci, à la fois par le surcroît de savoir qu'elles proposent et par les limites, les approximations et les lacunes de ce savoir. On n'invalidera pas la théorie bourdieusienne de la domination sociale en montant en épingle les insuffisances éventuelles de son appareil conceptuel ; et je ne parle là que des critiques les plus sérieuses, les mieux fondées, celles qui reposent sur une connaissance et une compréhension effectives de ce que Bourdieu a vraiment dit, critiques dont il a lui-même su tirer parti à l'occasion quand il ne leur avait pas répondu par avance. On pourra sans doute – certains travaux sociologiques s'y sont employés intelligemment – l'affiner, l'enrichir, voire la corriger sur tel ou tel point, mais on ne la rendra pas caduque tant que la réalité dont elle parle continuera à la nourrir et à la vérifier massivement.

Ainsi a-t-on insisté – ce n'est qu'un exemple, mais instructif – sur le fait que la logique de la domination n'est pas seule à gouverner les rapports entre agents sociaux ; que ceux-ci peuvent interagir autrement que par volonté de puissance et par intérêt, et qu'ils peuvent être mus par l'amitié ou par la compassion, entre autres ressorts. Il est peu vraisemblable qu'aucun bon observateur du social ait jamais laissé échapper cette donnée d'expérience immédiate. Il est néanmoins permis de faire observer que c'est une chose d'enregistrer empiriquement des manifestations altruistes d'amour et de compassion, et que c'en est une autre de faire l'hypothèse théorique qu'il s'agit là de sentiments à l'état pur, en quelque sorte, par essence incompatibles avec une stratégie de pouvoir. Il convient d'abord de ne pas perdre de vue la genèse sociale de notre psychologie personnelle. Ensuite, rien ne prouve que ces sentiments ne puissent jamais se fondre, comme ingrédients parmi d'autres, dans la mixture complexe et trouble de la *libido dominandi*, alimentée par la compétition sociale. Chacun sait d'ailleurs par expérience personnelle que les sentiments d'amitié les plus vifs n'excluent pas forcément l'émulation, la concurrence et le calcul. Il y a pour le moins, semble-t-il, des sentiments « impurs », des démarches hybrides. Qui donc peut se flatter de détenir la pierre de touche permettant de distinguer à coup sûr le métal rare et précieux d'un amour sans mélange de l'alliage plus grossier d'un « intérêt pour » et d'un « intérêt à » ? Mais, à supposer que cette hypothèse angéliste soit pleinement justifiée, on ne voit pas en quoi elle permettrait de récuser la théorie bourdieusienne pour le motif que celle-ci verrait partout des rapports de domination. Tout au plus permettrait-elle d'affirmer que – dans un océan de domination multiforme (économique, politique, militaire, idéologique, culturelle, sexuelle) – il est possible de rencontrer, dans certaines conditions particulières, des îlots préservés où les relations humaines obéissent localement à la logique du bon Samaritain (ou à tout autre principe de rationalité sectorielle) dont il convient alors d'expliquer l'émergence et l'efficacité. Car enfin, prétendre que, dans le monde qui est le nôtre, les rapports sociaux, sur le plan national ou sur le plan international, pourraient fonctionner à l'oblation ou à la compassion pures, ce serait prendre ses désirs – au demeurant très honorables – pour des réalités.

Les affinités électives et les effets de compassion ont besoin, on l'a souvent noté, de la relation face à face, cœur à cœur, dans l'entrecroisement physique et momentané des regards qui se cherchent et des mains qui se tendent. Les effets de domination ont la puissance et la durée des structures anonymes et des institutions impersonnelles dont le moins qu'on puisse dire est qu'elles ne fonctionnent pas de façon prévalente à la compassion. Il y a peu de temps encore, un membre éminent de la noblesse d'État française, placé à la tête du Fonds monétaire international (FMI), professait publiquement sa foi religieuse et son attachement profond, y compris dans l'exercice de ses fonctions directoriales, aux valeurs de respect de la personne humaine et d'amour du prochain. Profession de foi de nature à laisser perplexe quiconque sait combien les oukases financiers du FMI entraînent de souffrances indignes pour les populations des pays pauvres. De même, toute la charité chrétienne de tous les patrons de France et de leurs cadres supérieurs ne relâche malheureusement pas d'un millimètre le garrot de l'exploitation à outrance du travail précaire. Rentabilité économique oblige et *business is business*. Tout l'humanisme probable d'un Premier ministre « socialiste » ne l'empêche pas de justifier l'inertie de l'État devant les ravages humains des plans sociaux. Apparemment, si « l'État ne peut pas tout faire », certains États dans l'État peuvent, eux, tout se permettre. De même, toute la compassion sincère que les enseignants peuvent éprouver pour les plus déshérités de leurs élèves n'empêche pas l'échec scolaire de frapper massivement les enfants des classes populaires, ni les grandes écoles et les pépinières du pouvoir de rester la chasse gardée des héritiers. Surprenant de voir avec quelle constance l'esprit, qui est pourtant censé souffler où il veut, souffle dans la direction des groupes les plus distingués culturellement ! De même aussi que toute l'amitié proclamée des partis de la « gauche plurielle » pour les petites gens des banlieues ne les a pas empêchés de participer à l'instrumentalisation et même à l'ethnicisation de la question de l'« insécurité » à des fins électoralistes. Intéressant effet de la délégation politique.

On pourrait multiplier les exemples empruntés aux domaines les plus divers : la puissance explicative de l'analyse bourdieusienne demeure, en tout état de cause, sur tous les terrains, largement supérieure aux théories concurrentes, si tant est qu'on puisse à l'heure actuelle lui opposer, en sciences sociales, des théories de même envergure et de portée sociale comparable.

Le point aveugle des classes moyennes cultivées

En fait, dans l'état actuel du champ sociologique en France, il semblerait que la supériorité théorique de la sociologie bourdieusienne ne soit plus perçue que par des sociologues encore capables d'une vision *critique* des rapports sociaux, c'est-à-dire des gens qui – tout en étant en mesure d'expliquer rationnellement comment il se fait que ces rapports soient ce qu'ils sont, en engendrant tant de souffrances pour tant d'humains dont ils broient matériellement et moralement l'existence – ne trouvent pas *normal* qu'il en soit ainsi et ne se croient pas tenus, au nom d'un commode devoir de « neutralité », de se taire. Des gens aussi qui, sans nier la réalité du processus d'« individualisation » à l'œuvre dans notre société et censé aller dans le sens de l'émergence d'un « sujet » plus libre, plus intelligent, plus créateur, aux dires de ses partisans (proclamés ou tacites), ne surestiment pas l'ampleur de ce processus et pensent qu'il est abusif d'universaliser un modèle qui n'est finalement que la théorisation savante du mode de vie hédoniste et du « rêve de vol social » d'une *upper middle class* occidentale que sa griserie narcissique empêche de voir de quel prix le reste de l'humanité paie les privilèges dont elle jouit. Qu'est-ce qui permet de généraliser à l'ensemble de la société humaine un constat valable à la rigueur pour sa fraction minoritaire, celle qui a réussi historiquement, en recourant le plus souvent à une violence barbare, à concentrer à son bénéfice et au détriment des autres populations l'essentiel des ressources de la planète dont elle a tiré et tire toujours les nombreux avantages lui permettant de desserrer l'étau de la nécessité économique et de s'encoconner bourgeoisement ? Pourquoi les sociologues, qui interprètent avec tant de subtile « compréhension » les moindres fluctuations de la subjectivité individuelle comme des expressions de sa liberté et de sa créativité, sont-ils si peu loquaces sur la formidable entreprise de conditionnement et de manipulation de l'entendement et de la sensibilité poursuivie par le marketing commercial, politique et idéologique qui tend à transformer des millions d'« individus » – y compris en leur prêchant une « rébellion » sans conséquence, singulièrement dans nos petites bourgeoisies avides de distinction et de reconnaissance sociale – en marionnettes de la machine capitaliste à exacerber et exploiter les désirs solvables ? Qu'on nous explique en même temps comment il se fait qu'à l'intérieur même de notre société prétendument si propice à la « libération », si favorable à l'initiative, à la création, à l'épanouissement du moi individuel, il y ait tellement, et de plus en plus, de malheureux laissés pour compte, dont l'existence personnelle est implacablement vouée à la précarité et au naufrage. Que les experts en profitent pour nous dire en vertu de quelle logique indiscutable la promotion de l'individu-roi doit nécessairement s'accompagner du démantèlement des dispositifs de protection et de solidarité collectifs, et du retrait de l'État social. De telles questions seraient-elles triviales, ou indécentes, ou caduques pour la nouvelle sociologie « post-bourdieusienne » et les penseurs de la modernité ?

Parce qu'à ses yeux la cause fondamentale des misères humaines résidait dans les rapports de domination, Bourdieu considérait que le travail essentiel de la sociologie était de se livrer à l'analyse des mécanismes de toute nature qui assurent l'accomplissement des rapports de domination sous toutes leurs formes. Comme il aimait à le répéter, s'agissant de la vérité sur le monde social, sa seule « énonciation » équivaut à une « dénonciation » de ce que l'ordre social considéré peut receler d'arbitraire, d'inique et de meurtrier. On conçoit que les dominants, leurs auxiliaires et leurs clientèles n'aiment pas beaucoup cette sociologie-là. Ils préfèrent évidemment la sociologie académique, de bon ton et de bonne compagnie, qui s'est épanouie dans nombre d'universités où elle sert principalement à faire des carrières de sociologues formant des docteurs s'employant à devenir des mandarins qui rêvent – comble de l'accomplissement personnel ! – d'être appelés à conseiller le Prince. Comme tous ses homologues, le clergé universitaire, né de l'institutionnalisation et de la bureaucratisation du champ, n'a eu de cesse – à quelques exceptions notables près – d'évacuer la part originelle de message prophétique et subversif de la science sociale au profit d'un discours d'orthodoxie lénifiant, aussi mortellement ennuyeux qu'alambiqué et euphémisant, mais favorablement accueilli par les puissances sociales établies qui n'ont strictement rien à en redouter. Bourdieu n'appréciait que très modérément cette sociologie institutionnalisée, obligée de renier sa charge politique pour accéder à la considération universitaire, dont il lui est arrivé de dire, sous forme de boutade un peu cruelle, qu'elle était caractérisée par « le couple de la cuistrerie et de la mondanité, de la thèse et de la foutaise ». La sociologie universitaire ne trouvait grâce à ses yeux qu'autant que ses adeptes se montraient capables d'utiliser sa relative autonomie épistémologique pour contourner la demande officielle et produire une vérité qu'on ne leur demandait pas. Aussi n'avait-il pas la moindre considération pour les sociologues « jaunes », Diafoirus prétentieux qui, appelés par les décideurs publics et privés au chevet d'un corps social gangrené par les injustices, passent leur temps à préconiser doctement l'administration de cachets d'aspirine au malade. Il était convaincu que, si la sociologie n'était qu'une activité de sociologues destinée à entretenir la production et l'échange circulaire d'un discours d'institution, « elle ne mériterait pas une heure de peine ».

Force et faiblesse des idées vraies

On pourrait penser que son insistance à fixer à la sociologie la mission de mener un combat libérateur, en mettant en évidence les mécanismes cachés de la domination, s'inscrivait dans la tradition intellectualiste des Lumières. En fait, Bourdieu était bien un rationaliste, mais plutôt à la façon de Pascal que de Descartes ou Spinoza. S'il était convaincu que la production par la science sociale d'une connaissance vraie des rapports sociaux était une condition préalable, nécessaire à la libération des dominés, il n'y voyait pas une condition suffisante et ne considérait pas que la clarté jetée dans l'entendement entraînait *ipso facto* la mobilisation des énergies dans l'action. Bien que certaines de ses formulations aient pu donner parfois l'impression qu'il prêtait aux idées vraies une force révolutionnaire, il ne croyait pas que les idées étaient dotées d'une efficacité intrinsèque ni qu'un jugement éclairé était la garantie d'une action juste. Pour cette raison fondamentale que l'idée vraie est appréhendée non pas par un entendement pur mais par un *habitus* incorporé, à la fois cognitif et affectif, dont les inclinations invétérées et les intérêts inviscérés présentent une inertie plus ou moins difficile à surmonter. En bon pascalien, Bourdieu tendait à penser de plus en plus qu'il faut, pour se convertir, c'est-à-dire en l'occurrence pour s'arracher à l'ordre établi et se battre, non seulement avoir une idée vraie de la situation dans laquelle on se trouve mais encore avoir la « volonté de croire » et d'agir en conséquence. Et peut-être est-il plus difficile encore de susciter celle-ci que de répandre celle-là.

Quoi qu'il en soit des difficultés de la lutte, la réalité ne nous laisse pas d'autre alternative que de refuser la logique des rapports de domination ou de contribuer, ne serait-ce que passivement, à son accomplissement. Quelle que soit l'inertie du système, en nous et autour de nous, elle ne peut empêcher qu'il y ait de la lutte, et comme Bourdieu avait coutume de le dire : « Là où il y a de la lutte, il y a de l'espoir. »

Alors, gardons cette espérance et luttons, c'est le meilleur hommage que nous puissions lui rendre.

* *
*

Un journalisme de classes moyennes *

Février 2002

Évoquant dans un précédent ouvrage le rôle joué dans notre système social par ces trois institutions majeures que sont l'École, la Presse et le Parlement, je faisais à leur sujet la remarque que les personnels chargés de faire fonctionner ces grands appareils ont généralement bonne conscience de faire ce qu'ils font comme ils le font et protestent en toute occasion de leur indépendance et de leur impartialité dans l'accomplissement de leur tâche. S'agissant des médias d'information et des journalistes, j'y faisais allusion dans les termes suivants : « Quel crédit peut-on accorder à toutes ces protestations d'indépendance et d'impartialité quand elles proviennent de journalistes qui, dans leur grande majorité, font fonctionner avec zèle un système médiatique d'information dont ils trouvent normal qu'il soit tombé à peu près entièrement aux mains de grandes

* Conférence donnée au département « Information et communication » de l'université de Liège ; version revue pour publication *in* Pascal Durand (dir.) *Médias et Censure. Figures de l'orthodoxie*, université de Liège, 2004 – les intertitres ont été ajoutés pour cette réédition.

entreprises capitalistes et qui, du fait même de leur recrutement social, de leur formation et de leurs conditions de travail, sont prédisposés à véhiculer aveuglément le nouvel "esprit" du capitalisme, son apologie de la force, du fric et de la frime, transfigurée en culte de l'"efficacité", de la "créativité", de la "souplesse", etc. ? Quelle confiance peut-on faire à une corporation dont la caste dirigeante, spéculant tantôt sur l'inculture, tantôt sur la précarité matérielle et statutaire de la masse de ses subordonnés, a transformé les rédactions de la presse, tant écrite qu'audiovisuelle, à quelques rares et courageuses exceptions près, en officines de propagande et de publicité du néolibéralisme, de ses pompes et de ses œuvres ?[1] »

Si je reproduis ces propos, ce n'est pas pour le plaisir de l'autocitation mais par simple commodité : parce que ce court paragraphe résume en quelques lignes les principales critiques de fond qu'on peut adresser au journalisme, critiques qui ont été abondamment développées depuis une dizaine d'années, au point que certaines sont presque devenues des lieux communs, au moins aux yeux du public le plus attentif à ces questions. Tant de choses ont été déjà exprimées, et des plus pertinentes, qu'on peut avoir le sentiment que la messe est dite. Mais peut-être est-il encore utile d'insister sur certains aspects de la réalité ou certaines dimensions des problèmes qu'elle pose.

L'information comme marchandise et comme propagande

Il convient pour commencer de rappeler – car cela a son importance – que le monde journalistique lui-même a contribué au développement de cette critique du journalisme. Lorsque j'ai entrepris de m'intéresser

1. Alain Accardo, *De notre servitude involontaire*, Agone, p. 53-54.

pour mon enseignement aux pratiques journalistiques, il y a quelques lustres de cela, j'ai pu constater que certaines des critiques les plus saignantes du travail journalistique, on les trouvait encore sous la plume de journalistes qui étaient indignés ou écœurés par les évolutions des médias de presse. Il s'agissait presque exclusivement de journalistes de la presse écrite qui s'effrayaient de voir que l'explosion d'un audiovisuel commercialisé, gavé de « pub » et soumis à la tyrannie de l'audimat, entraînait l'ensemble de la presse dans des dérives détestables. Cette critique interne était relativement facile à analyser. Elle s'inscrivait dans la logique de la distinction ou, si l'on préfère, dans la structure des oppositions constitutives du champ journalistique : celui-ci présentait encore une séparation relativement étanche entre le sous-univers de la presse écrite, qui conservait un peu du prestige de la tradition lettrée et un parfum d'intellectualité, et le sous-univers de l'audiovisuel dont l'outrance de nouveau riche n'était pas encore devenue hégémonique.

Aujourd'hui c'est chose faite : l'évolution a suivi son cours en dépit de toutes les critiques. À l'exception de quelques poches de résistance, la presse française – et sans doute européenne dans son ensemble – est presque totalement passée sous la coupe des puissances financières et industrielles. Comme le titrait récemment *Le Canard enchaîné*, « la presse française est vendue aux marchands de canons ». En effet, les entreprises de presse sont désormais des entreprises commerciales parmi d'autres, appartenant à de grands groupes dont les actionnaires investissent non seulement dans l'armement mais aussi dans l'information et la communication comme ils investissent en même temps dans le bâtiment, l'automobile, ou l'électroménager, à la même condition fondamentale et *sine qua non* : que la marchandise produite, usinée et formatée pour un marché de masse, se fabrique au moindre coût possible, donc le plus rapidement possible et par le moins de salariés possible, pour rapporter un profit maximum dans le plus court terme.

À quoi il faut ajouter une précision d'importance : à savoir que la mainmise des grands groupes capitalistes sur la presse ne répond pas seulement à des motivations mercantiles mais obéit aussi à la nécessité pour les dominants d'orienter l'opinion et de contrôler au plus près les dispositifs qui concourent au maintien de l'ordre symbolique, tout particulièrement dans des sociétés qui se réclament de la démocratie, c'est-à-dire où chaque citoyen a en principe droit de regard sur la conduite des affaires et où il faut par conséquent compter avec l'opinion.

Il faudrait évidemment être très naïf pour s'étonner d'une telle évolution. La logique économique libérale étant ce qu'elle est, elle ne peut pas ne pas étendre indéfiniment le règne de la marchandise et corrélativement la soumission à l'argent. Il appartient aux membres de la société considérée de décider s'il y a, sur le plan de la vie collective comme sur celui de l'existence individuelle, des choses qu'il importe de ne pas transformer en marchandises, des choses qui ne sont pas à vendre, et il leur appartient, à eux-mêmes ou à leurs représentants, de mettre en œuvre la politique d'une telle philosophie.

Mais précisément, c'est là que le bât blesse : si à une certaine époque on pouvait espérer, non sans optimisme, voir au moins la presse écrite opposer une résistance à l'emprise grandissante du libéralisme économique, il a fallu bientôt déchanter. Non seulement la corporation journalistique, en dehors de courageuses minorités, n'a pas opposé de résistance à la transformation des entreprises de presse en entreprises commerciales, mais bien au contraire elle s'en est faite dans l'ensemble le promoteur actif. Au nom des valeurs et des impératifs de modernité qui, depuis un quart de siècle, servent officiellement d'alibi avouable à l'entreprise de démolition systématique de toutes les structures du monde social qui pourraient contrecarrer le mouvement de la mondialisation économique.

On voit le résultat aujourd'hui. Les critiques rituellement adressées à la presse dite « de caniveau » pourraient laisser croire que le reste de la presse se situe à un niveau plus relevé. Malheureusement ce n'est pas le cas. Toute la presse d'information, y compris écrite, a été, à des degrés divers, progressivement contaminée par le virus « tabloïd », tout simplement parce que c'est en visant au plus bas qu'on rassemble le plus de lecteurs et d'auditeurs, c'est-à-dire les meilleures cibles publicitaires, en excitant le voyeurisme par l'exhibitionnisme et réciproquement.

Dégradation du journalisme d'information

La dégradation du travail journalistique est un phénomène à peu près généralisé. C'est bien dans l'ensemble des rédactions qu'on se livre, oralement et par écrit, au massacre de la langue française, transformée, sous prétexte d'efficacité, en une variété de pidgin dont la misère lexicale s'allie à l'infirmité syntaxique. C'est aussi dans la plupart des rédactions qu'on a pris l'habitude de recopier à longueur de journée des dépêches AFP ; de pomper du publi-rédactionnel à jet continu dans les dossiers de presse généreusement distribués par les cellules de communication ministérielles, municipales et autres ; de confondre l'actualité avec les différents agendas institutionnels ; de réduire la politique aux stratégies opportunistes des politiciens, à la mise en scène de leurs « duels » et à leurs fausses confidences intéressées. C'est encore dans la plupart des rédactions qu'il est désormais de règle de parler avec assurance de livres qu'on n'a pas lus et de films qu'on n'a pas regardés, d'ouvrir des dossiers qu'on n'a pas préparés, et c'est dans la plupart des rédactions qu'on voit le journalisme à sensation et à émotion l'emporter sur le journalisme d'investigation et de réflexion parce que la règle dominante, pour ne pas dire exclusive, du journalisme, c'est de faire vite, toujours plus vite, quitte à bâcler ou bidonner sans scrupule un reportage, car le temps presse et que chaque minute gagnée sur l'info se revend très cher aux annonceurs et que c'est ça désormais la raison d'être du travail journalistique, du moins celui des petites mains de l'information : vendre du papier et vendre du temps d'antenne.

On m'excusera d'avoir passé au galop la revue, non exhaustive, des errements du journalisme d'information actuel. Tout cela est archiconnu, a été dit et redit depuis des années, y compris par certains journalistes, sans que ces critiques d'ailleurs aient entraîné la moindre amélioration. Autant chercher à arrêter un rouleau compresseur avec la main. On peut dire au contraire que les choses se sont aggravées au fil des années, ce qui n'empêche pas la profession d'emboucher en toute occasion la trompette de l'autocélébration.

Dire que la dégradation du journalisme d'information est liée à la mainmise des puissances financières sur les entreprises de presse n'est qu'une demi-vérité. L'autre moitié de la vérité, moins volontiers exprimée, c'est que cette transformation s'est opérée avec le concours enthousiaste des journalistes eux-mêmes. Pour être plus précis, avec l'adhésion active de la caste dirigeante, qui fonctionne en symbiose avec l'*establishment* économico-politique, et avec l'adhésion, passive pour le moins, ou la soumission conformiste de la masse des exécutants qui, pour des raisons depuis longtemps mises en évidence et touchant à l'âge, au type et au niveau de la formation initiale, aux méthodes de recrutement, aux modalités de la formation professionnelle et, encore plus fondamentalement selon moi, à l'origine sociale, constitue une main-d'œuvre docile et corvéable que même l'absence de considération de la part de l'encadrement et la précarisation galopante ne réussissent pas à mobiliser pour se battre, alors même que ses sujets de mécontentement sont nombreux.

La profession journalistique est probablement aujourd'hui l'une de celles où cet indispensable ingrédient de la vie sociale qu'est l'*amor fati*, l'amour de son destin social et la capacité de faire de nécessité vertu, est le plus aveuglant et le plus anesthésiant.

Cette adhésion ne serait sans doute pas aussi forte si le journalisme n'était pas l'une des voies d'accès à des positions de pouvoir parmi les moins coûteuses à emprunter pour les membres des classes moyennes. En effet, à investissement scolaire et universitaire égal, le rendement social d'un diplôme de niveau bac plus trois en moyenne est incomparablement plus important dans le journalisme que dans l'enseignement par exemple, où avec une licence on peut espérer avoir un poste d'instituteur de village et avec un CAPES être envoyé au casse-pipe dans un collège à problèmes. Le (ou la) jeune journaliste, même doté(e) d'un bagage culturel peu encombrant, est néanmoins assuré(e) de bénéficier d'un statut socialement gratifiant du seul fait de son appartenance à une corporation qui détient collectivement le monopole du contrôle de l'accès aux moyens d'expression publique, c'est-à-dire, dans une société où, plus que jamais, être socialement c'est être perçu, une sorte de droit de vie et de mort symbolique sur l'ensemble de ses concitoyens, droit exercé d'ailleurs de façon faussement impartiale et réellement léonine, au bénéfice des groupes et des individus dont les déclarations et les agissements sont les plus compatibles avec la préservation du consensus général.

Bien sûr, les jeunes journalistes qui débarquent dans une rédaction peuvent, à titre personnel, avoir une position extrêmement fragile, voire extrêmement pénible, comme ils finissent d'ailleurs par le découvrir plus ou moins rapidement. Mais, en tant que membres du collectif professionnel, ils partagent un pouvoir qui est en concurrence et en connivence à la fois avec les autres grands pouvoirs qui gouvernent l'ensemble de la société sur les plans économique, politique et culturel. Dans ces conditions, on comprend que le journalisme exerce une puissante attraction sur les familles de la petite bourgeoisie qui ont presque réussi à faire de cette profession une sorte de chasse gardée pour leurs enfants.

En fait, si les familles étaient suffisamment renseignées sur l'état du marché de l'emploi journalistique, elles se montreraient sans doute plus circonspectes dans leurs stratégies de placement. Comme cela se produit souvent lorsqu'un titre connaît une inflation rapide – doublée en l'occurrence d'une féminisation accentuée –, on assiste à un déphasage croissant entre le titre et le poste. Il y a de plus en plus de jeunes diplômé(e)s des écoles de journalisme, et corollairement une proportion de plus en plus grande – et inquiétante – de journalistes précaires, pigistes ou en CDD, dont l'existence quotidienne tourne souvent à la galère, au point que beaucoup finissent par abandonner le métier ou sombrer dans la déprime. Ces derniers ne sont pas les plus nombreux (pour les raisons que j'indiquais il y a un instant), mais on rencontre toujours davantage de jeunes journalistes qui ont fini par baisser les bras, accablés et vaincus par une adversité dont ils ne soupçonnaient pas le poids. Je ne poserai pas la question de savoir si quelqu'un a lu ou entendu dans les médias des enquêtes sur ce sujet. Les accidents du travail ne sont pas considérés dans les rédactions comme un sujet très vendeur, et les éclopés du travail journalistique encore moins que les autres. On peut parler, sans forcer les termes, de l'existence à l'heure actuelle d'un processus de prolétarisation rampante, touchant une fraction grandissante de la corporation, du fait du recours systématique du patronat de presse au travail précaire. À quoi il faut ajouter que la gestion des carrières est à peu près entièrement livrée au bon plaisir des grands et des petits chefs et que, si les perspectives de carrière sont prometteuses au départ, les carrières réelles tiennent rarement ces promesses. Mais la brillante vitrine du journalisme, avec ses stars narcissiques qui s'entrecongratulent et s'entredéchirent à longueur de temps, masque la précarité et l'insécurité de l'arrière-boutique et continue à séduire le chaland.

L'organisation du champ journalistique

Bien évidemment, le pouvoir journalistique n'est pas uniformément distribué entre tous les membres de la corporation. Il est pour l'essentiel concentré entre les mains de quelques groupes privilégiés de cadres supérieurs du journalisme qui fonctionnent en réseaux et qui constituent une sorte d'oligarchie limitée mais omniprésente dans les grands médias d'information générale et de grande notoriété où ils trustent les postes de confiance et d'autorité et se renvoient les uns aux autres l'ascenseur [1]. Cette aristocratie, qui pratique volontiers le népotisme et le copinage et qui ne cesse de travailler à sa propre gloire, se meut bien au-dessus de la piétaille qui peuple les rédactions. Ce sont ces grands et petits seigneurs apanagés qui sont les principaux auxiliaires de l'asservissement des médias aux intérêts des grands investisseurs. Ils sont parvenus aux postes de commandement qu'ils occupent parce que ce sont « de grands professionnels », comme on les appelle par euphémisme, c'est-à-dire précisément parce qu'ils ont su faire la démonstration qu'ils avaient le talent ou la docilité nécessaires pour travailler à faire une information telle que, sur toute question importante qui vienne à se poser, sur tout événement

1. Serge Halimi en a remarquablement brossé le tableau dans *Les Nouveaux Chiens de garde*, Raisons d'agir, (1997) 2005.

qui vienne à se produire, l'opinion publique soit orientée, dans la mesure du possible, vers des prises de position sinon toujours favorables aux thèses officielles, du moins compatibles en dernière analyse avec la défense et la reproduction de l'ordre établi.

Les effectifs de cette caste dominante sont très limités, ils se comptent en dizaines et se recrutent par cooptation dans la fraction des cadres du journalisme qui représente environ le tiers d'une corporation dépassant actuellement les trente mille personnes. La puissance de cette minorité dirigeante est inversement proportionnelle à son petit nombre. Elle repose non seulement sur sa réputation, plus ou moins autoproclamée, de constituer l'élite de la profession mais aussi sur le fait qu'elle occupe les postes les plus en vue, dans les médias les plus prestigieux, et enfin et peut-être surtout sur ses contacts permanents, étroits jusqu'à l'inceste, avec le pouvoir économique et politique. C'est cette aristocratie du journalisme d'information générale qui concentre entre ses mains le pouvoir journalistique proprement dit, la puissance de feu médiatique ; et c'est pour cette raison fondamentale qu'on pense à elle dès qu'il est question de journalisme et d'information, même s'il est injuste en toute rigueur d'oublier les milliers de journalistes qui travaillent avec et pour elle.

Entre d'une part ces journalistes qui sont en quelque sorte les officiers d'état-major de la presse et d'autre part les fantassins de deuxième classe à statut précaire, il y a place pour toute une hiérarchie de fonctions et de postes plus ou moins gratifiants, qui se sont d'ailleurs multipliés et diversifiés à mesure du développement des médias de presse au cours des dernières décennies. Mais cette hétérogénéité des compétences et cette inégalité des attributions et des prérogatives ne doivent pas masquer l'existence d'intérêts communs qui concourent à maintenir une mentalité étroitement corporatiste dans la profession malgré son éclatement statutaire.

En vérité – et c'est là un aspect des choses qui passe trop souvent inaperçu, peut-être parce que pour l'apercevoir il faut avoir l'œil sociologique –, le champ journalistique, dans son état actuel d'explosion morphologique et d'implosion structurelle, fonctionne dans deux logiques distinctes, qui combinent leurs effets destructeurs. En premier lieu, conformément à son principe d'autonomie, il s'est développé en amassant un capital spécifique considérable, capital symbolique bien sûr, mais avec une composante lucrative non négligeable pour sa fraction la plus privilégiée. Ainsi, les moyens finissant par se substituer aux fins, comme cela est arrivé à bien des champs sociaux (religieux, politiques et autres) dans l'histoire, la fin *principale* de l'activité déployée dans le champ a cessé d'être la production de l'information, en réponse à un besoin social de la collectivité, pour devenir la conquête de ce capital journalistique spécifique, et par conséquent la reproduction du champ lui-même, c'est-à-dire plus précisément la reproduction des structures de pouvoir qui le constituent et des rapports de domination qu'elles sous-tendent.

Dans cette perspective, la fin qui s'impose, de façon irrésistible et obsessionnelle, à l'activité journalistique, ce n'est pas de produire la meilleure information possible mais de (pour s'exprimer à la façon triviale des journalistes eux-mêmes) « baiser la gueule à TF1 » ou à tout autre concurrent direct. À la limite, et en forçant à peine le trait, on pourrait dire que le champ journalistique actuel est devenu un espace de jeu social déréalisé, factice, une sorte de vaste théâtre, avec ses premiers rôles et ses seconds couteaux, ses pères nobles, ses jeunes premiers, ses ingénues et ses soubrettes, où se déploient des stratégies de pouvoir obéissant à des règles et visant des enjeux ni plus ni moins arbitraires que ceux du football ou de la danse classique, et qui produit accessoirement, presque accidentellement et à la marge, un sous-produit symbolique qu'il est convenu d'appeler de l'information. De même que la fin essentielle de l'activité politicienne tend à devenir toujours davantage la reproduction de la classe politique, de même le but essentiel du champ journalistique, celui qui focalise toutes les énergies du champ, intentionnelles et plus encore non intentionnelles, c'est le journalisme lui-même en tant que force sociale autosuffisante, c'est la reproduction et si possible le renforcement de son espace de jeu spécifique, avec ses structures propres, ses règles, ses rites, ses carrières, ses profits, sa puissance, bref son État dans l'État, en concurrence avec les autres États dans l'État qui essaient, chacun pour son compte, de peser sur le fonctionnement de l'État.

Mais si, en se développant conformément à son principe d'autonomie, le champ est devenu à lui-même sa propre fin, il s'est aussi, d'autre part, en se commercialisant à outrance, en acceptant la marchandisation de l'information, soumis à une logique économique implacable qui entraîne que la concurrence entre les entreprises de presse, au lieu de les tirer vers le haut, aboutit à un nivellement de la qualité par le bas. Au lieu de rivaliser dans l'excellence, ce qui coûterait plus cher en temps, en argent et en énergie, on rivalise dans le vite fait, l'approximatif, le recyclé, le rentable à peu de frais. Des apprentis journalistes du CFJ (la grande école de journalisme de Paris) m'ont rapporté que, lorsque l'un d'eux s'étonne de faire aussi peu d'enquêtes dignes de ce nom, un responsable lui répond : « Tu comprends, des enquêtes, c'est très rare dans la profession. » Autant dire que la démission journalistique en matière d'information est devenue un fait accepté dans le milieu professionnel.

Ce qui entraîne un autre effet pervers : celui de privilégier dans la compétition interne du champ, qui a pour but la conquête du capital spécifique d'autorité et des postes lucratifs, les journalistes de l'espèce des gestionnaires, ceux qui plaisent aux actionnaires dont ils parlent le langage, au détriment de ceux qui, plus intellectuels, voudraient continuer à faire du bon journalisme et à qui on refuse les moyens de le faire. C'est la raison pour laquelle la quasi-totalité des postes de direction de la presse écrite et audiovisuelle, à quelques exceptions près, est aujourd'hui aux mains d'une génération de journalistes-managers qui ont épousé étroitement l'idéologie entrepreneuriale, moderniste et néolibérale, et qui rêvent de voir un jour leurs entreprises cotées en Bourse.

Mais la présence de ces hommes et de ces femmes-liges aux postes de commandement n'autorise pas à conclure qu'ils sont les seuls artisans de l'abaissement de la presse d'information. Ce serait faire bon marché de la collaboration efficace qu'ils reçoivent de leurs subordonnés.

Orchestration visible et invisible des pratiques sociales

En disant cela, j'ai conscience que mon propos risque d'être entendu conformément à l'idée explicite ou implicite qu'on a le plus souvent de la façon dont fonctionnent des collectifs organisés et hiérarchisés et de la façon dont ils accomplissent leur travail. Le schéma traditionnel de la transmission verticale du haut vers le bas à l'intérieur d'une pyramide de postes et de fonctions s'impose à peu près inévitablement. Un tel schéma, appliqué au travail journalistique, signifie qu'il y aurait au sommet de l'organigramme rédactionnel un petit nombre de personnes, elles-mêmes en rapport avec des instances de pouvoir extérieures, et ces personnes donneraient des ordres qui, fidèlement relayés de proche en proche aux différents niveaux de la hiérarchie, auraient pour effet d'actionner une masse d'exécutants de base auxquels il ne resterait qu'à obéir docilement. Ce schéma s'impose d'autant plus immédiatement qu'il sous-tend en permanence, dans la recherche des responsabilités, les enquêtes des policiers, les investigations des juges et même souvent le travail des historiens. Il va de pair avec une conception intellectualiste et finaliste de l'action, à savoir l'idée que, lorsqu'un agent agit, on ne peut lui imputer que ce qu'il a fait sciemment, intentionnellement. Quant au reste, il n'y est pour rien, il se contente de subir. Ce qui, d'un point de vue étroitement juridique, aurait pour conséquence d'exonérer le simple exécutant de toute espèce de responsabilité.

Je ne dis pas que ce schéma pyramidal est faux. Il colle plus ou moins étroitement, selon le cas, aux pratiques empiriquement observables. Le flux du pouvoir emprunte souvent cette voie hiérarchique cascadante, dans le journalisme comme ailleurs. Appelons ce schéma, par commodité, « schéma de l'orchestration visible », même si les chefs d'orchestre qui sont au sommet ont parfois intérêt à rester cachés, par exemple lorsqu'il s'agit de représentants du monde politique ou économique donnant des directives à leurs amis ou à leurs employés journalistes. C'est aussi de cette orchestration visible que relève l'habitude prise par les rédactions de « se marquer à la culotte » (comme on dit), en se copiant les unes les autres ; les plus prestigieuses, comme *Le Monde* en particulier, servant de diapason ou de déclencheur aux autres. L'ennui, c'est que, si le schéma de l'orchestration visible permet de rendre compte de nombreux aspects de la pratique journalistique, il n'en présente pas moins un grave défaut.

D'abord, il conduit à interpréter les phénomènes d'action simultanée, les pratiques collectives d'un groupe, les mouvements d'ensemble des agents, à peu près inévitablement en termes d'action concertée ou de conspiration. C'est la fameuse « théorie du complot » qui est l'âme de la sociologie de « café du Commerce » et qui aboutit à une vision réductrice de la pratique sociale.

Ensuite, le schéma de l'orchestration visible, en mettant de l'action concertée partout, masque un phénomène sociologiquement fondamental, autrement plus important pour la compréhension des faits sociaux que l'orchestration visible, parce qu'il conditionne l'orchestration visible elle-même : c'est l'existence d'une *orchestration invisible* des pratiques sociales. Cette orchestration est invisible en ce sens qu'elle est inconsciente et donc non intentionnelle. Elle est la conséquence du fait que les individus partageant les mêmes conditions objectives d'existence et les mêmes expériences subissent le même type de socialisation, et en conséquence intériorisent un même système de dispositions à percevoir, sentir, agir et penser de la même façon, avec des variations individuelles bien sûr mais autour d'un modèle commun. Certains sociologues donnent à cette structure interne d'origine externe le nom d'« habitus ». Quand un ensemble d'individus est porteur d'un même habitus, d'un même système de dispositions à faire spontanément les choses de la même façon, parce que cela leur semble aller de soi, être évident, être convenable, être logique, ils n'ont pas besoin de se concerter pour agir et pour collaborer. Un habitus commun entraîne une inspiration commune et là où il y a même inspiration, il est inutile de recourir à l'hypothèse de la conspiration. Les individus concernés ne seraient pas capables de faire spontanément autre chose, ni autrement. Comme on dit, « la question ne se pose même pas ». Ils sont accordés sans avoir besoin de se mettre expressément d'accord. Ils sont socialement « faits pour s'entendre ». Pour reprendre une métaphore célèbre, il n'est pas nécessaire que les horloges conspirent pour donner pratiquement la même heure en même temps, il suffit qu'au départ elles aient été mises à l'heure et dotées du même type de mouvement, de sorte qu'en suivant son propre mouvement chacune d'elles s'accordera grosso modo avec toutes les autres. La similitude de mécanisme exclut toute machination.

C'est cette orchestration invisible de la pratique par les dispositions qui rend la vie sociale possible. Si les membres d'une collectivité donnée devaient à tout instant se concerter pour savoir ce que ça veut dire, ce qu'il convient de faire ou de dire, il n'y aurait plus de vie collective possible. C'est vrai pour les groupes professionnels comme pour tous les autres. D'où la nécessité de veiller au recrutement du groupe et au façonnement de ses membres, des jeunes en particuliers.

En conséquence, s'agissant de la population journalistique, ses membres partagent dans leur très grande majorité un habitus spécifique qui se traduit non pas par une totale et rigoureuse identité de vue sur tous les sujets mais par des affinités, une parenté, une proximité, une ressemblance suffisante pour assurer une relative cohésion des points de vue, une relative compatibilité des initiatives et une relative harmonie des intérêts. Il règne ainsi dans les rédactions, au-delà, ou en deçà des ordres, des consignes, des exhortations, ou des menaces explicitement proférés, un accord profond et tacite sur ce qu'est le journalisme et plus largement sur le monde et sur ce qu'il doit être. Quels que soient leurs conflits catégoriels, leurs divergences de chapelle, ou leurs querelles de boutique, les journalistes sont très majoritairement et très solidairement soudés par un consensus d'autant plus profond qu'il a moins fait l'objet d'une délibération explicite ou d'un enseignement méthodique. Ce consensus s'exprime, au plan de la sensibilité idéologico-politique, dans une gamme de prises de position allant du néoconservatisme modérément réformiste de la droite dite classique au néoréformisme foncièrement conservateur de la gauche dite moderne, ce qu'il y a quelques années le journaliste Noël Copin appelait le « consensus giscardo-socialiste », appellation qu'on pourrait réactualiser selon les époques en « consensus rocardo-centriste » ou « jospino-chiraquien ». C'est là le soubassement impensé de ce que l'on a appelé le « journalisme de marché ».

Quand on a affaire à une population ainsi conditionnée, on peut lui faire confiance et la laisser agir selon son inspiration. On peut être assuré que ses membres sauront rester sur les rails où on les a placés d'autant plus sûrement que ces rails sont dans leur entendement et leur sensibilité. La probabilité est faible par conséquent qu'un déraillement se produise, non seulement du fait de la vigilance des cadres toujours prêts à intervenir et à recadrer, mais aussi du fait de l'action pédagogique diffuse exercée en permanence par le milieu et de la pression conformiste que les uns et les autres ont intériorisée jusqu'à l'autocensure et à l'automystification. Pour ne donner qu'un exemple, mais qui illustre particulièrement bien le degré d'*homogénéité du rapport spontané* que les journalistes peuvent avoir avec la réalité, je me bornerai à évoquer la façon dont le monde journalistique a appréhendé le mouvement social de décembre 1995 en France.

Le journalisme de marché et « Décembre 95 »

Dès les premiers jours, alors que le mouvement ne faisait que commencer et qu'on ne soupçonnait pas encore la grande puissance qu'il allait prendre, l'ensemble des rédactions s'est mobilisé contre le mouvement, perçu et présenté comme une démarche corporatiste de salariés privilégiés, de nantis défendant sans vergogne des acquis exorbitants par rapport à d'autres beaucoup moins bien lotis, comme un combat d'arrière-garde de ringards enfermés dans leur archaïsme. Bref, comme un mouvement à la fois injustifié objectivement et indécent moralement.

On aurait tort de penser que ce beau chœur médiatique était le produit d'une conspiration organisée d'en haut. Certes, je n'aurai pas la naïveté de prétendre que cette presque unanimité ne devait rien à des coups de fil entre rédactions, entre rédactions et cabinets ministériels, à des dîners en ville, à des pressions amicales, à des recommandations ou à des rappels à l'ordre. Mais il est sociologiquement inconcevable de réduire à une action concertée le fonctionnement d'une institution médiatique d'une diversité et d'une complexité extrêmes, avec ses innombrables appareils et ses légions d'intervenants. C'est comme si on voulait rendre compte du fonctionnement de l'Église catholique en France uniquement par les ordres émanant d'un épiscopat lui-même actionné par la Curie romaine. Non pas que les évêques ne soient pas de bons surveillants, comme leur nom l'indique, mais pour que les évêques soient entendus il faut qu'ils aient autour d'eux des fidèles dûment préparés à les entendre et partageant les mêmes prédispositions à croire et à se soumettre. Il n'en va pas autrement dans l'Église médiatique.

Et l'hostilité sourde ou grinçante de la plupart des journalistes au mouvement social de 1995, comme d'ailleurs à la plupart des mouvements sociaux, s'explique fondamentalement par leurs propriétés sociologiques et, entre autres propriétés, par leur méfiance spontanée, irréfléchie, typique de l'individualisme petit-bourgeois envers toutes les formes d'action collective organisée et singulièrement d'action politique et syndicale marquée à gauche.

Dans ces conditions, il y a à la fois un manque de justesse théorique et une injustice morale à faire le procès de l'ensemble de la corporation et à accuser tous les journalistes d'être des auxiliaires zélés du système en sous-entendant qu'ils passent leur temps à obéir sciemment à des ordres explicites venus d'en haut et à se demander ce qu'ils pourraient bien faire pour servir l'ordre établi et les intérêts des puissants. Dire que le travail journalistique dans son ensemble remplit de façon sinon exclusive, du moins largement prévalente, une fonction décisive dans la reproduction du système, c'est une chose ; c'en est une autre de dire que tous les journalistes travaillent *intentionnellement* à la défense du système capitaliste, même si c'est effectivement le cas pour certains d'entre eux dans certaines situations.

À cet égard les journalistes sont logés à la même enseigne que les autres groupes et catégories qu'il est convenu de ranger sous l'appellation de « classes moyennes » et qui sont, dans l'ensemble, avec des nuances diverses, impliqués dans la reproduction d'un ordre établi qui est leur élément vital. Les journalistes sont pour la plupart issus des différentes fractions des classes moyennes et ils s'intègrent, en tant que corporation, à la nouvelle petite bourgeoisie salariée.

Certes, ce qui fait la force du système capitaliste, c'est d'abord le capital économique et celui-ci est concentré pour l'essentiel entre les mains des classes possédantes. Mais, comme tout système de domination, le système capitaliste a besoin d'un autre pilier pour se soutenir : celui du capital symbolique, c'est-à-dire de la légitimité que lui confère la reconnaissance massive (au double sens du mot reconnaissance) dont les possédants et leurs possessions sont l'objet de la part du reste de la population, et particulièrement de la part des classes moyennes que leur position intermédiaire incline à contester le système de domination dans certaines de ses modalités sans cesser de l'accepter dans son principe.

Inconscient social et connivence avec l'environnement objectif

Quand on parle de soutien ou d'adhésion au système, on a tellement l'habitude d'adopter spontanément le point de vue intellectualiste et finaliste dont je parlais plus haut qu'on n'imagine pas qu'on puisse adhérer et soutenir autrement que de façon délibérée, lucide et volontaire. L'idée qu'on se fait généralement de l'adhésion des agents sociaux au monde social environnant est déformée par ce qu'on pourrait appeler le « biais politiciste ». Ce biais, particulièrement fort dans les sociétés où règne la démocratie politique et qui de surcroît sont atteintes de sondagite aiguë, consiste à penser que tout accord, ou tout désaccord, avec l'ordre établi est affaire d'opinion réfléchie pouvant s'exprimer de façon explicite. On peut voir le paradigme de cette conception intellectualiste-finaliste dans la campagne électorale s'achevant par un vote.

Sans vouloir diminuer si peu que ce soit l'importance du suffrage universel pour le fonctionnement de la société, il faut quand même avoir conscience qu'il s'en faut et de beaucoup pour que le fonctionnement d'une formation sociale puisse se ramener à des interactions délibérées entre des agents prenant des décisions réfléchies pour atteindre des objectifs concertés. Mais l'intérêt presque exclusif et médiatiquement entretenu pour le jeu politique et pour ce type d'adhésion démocratique empêche de s'interroger sur des mécanismes plus fondamentaux et plus dissimulés par lesquels toute formation sociale s'assure l'adhésion durable de sa population.

Le concept de « socialisation » recouvre l'ensemble des processus d'inculcation et de façonnement par lesquels les individus sont conduits à intérioriser sous forme de structures de la subjectivité personnelle les structures objectives externes qui leur préexistent dans tous les domaines de la pratique. Le travail de socialisation a ainsi pour résultat d'instaurer une sorte d'isomorphisme très stable entre les propriétés objectives d'un système et les dispositions subjectives des agents conditionnés par ce système, de sorte que ces agents sont désormais en mesure de réagir de façon appropriée et en toute spontanéité aux situations qu'ils rencontrent dans leurs divers domaines d'activité, en n'ayant qu'exceptionnellement besoin de réfléchir. Nous savons au moins depuis Leibniz que nous sommes des automates dans les trois quarts de nos actions. Notre rapport aux différents aspects de notre environnement social est le plus souvent non intentionnel, non délibéré et non explicite. La socialisation instaure entre le monde extérieur et la subjectivité interne, au moins initialement, une sorte d'adéquation qui permet au sujet d'être en *connivence* spontanée avec son environnement objectif. Ce qui revient à dire que la socialisation a pour effet d'inscrire en chaque individu un *inconscient social* qui est le principal auteur, et souvent le seul, de ses pratiques.

En conséquence, plus les individus sont conduits par les circonstances à réfléchir à ce qu'ils étaient et à ce qu'ils faisaient jusque-là sans y réfléchir expressément, et plus la réponse automatique appropriée risque de devenir problématique, voire impossible à la limite. Pour continuer à fonctionner de façon optimale, un système social a intérêt à ne pas avoir dans sa population trop d'agents enclins à s'informer sur le système et à réfléchir sur son fonctionnement. Le clair-obscur, la pénombre, la demi-teinte à défaut d'obscurité totale, c'est l'ambiance qui convient au bon accomplissement des automatismes de reproduction des rapports sociaux.

À cet égard le champ journalistique est plutôt bien protégé. Du fait des critères de recrutement utilisés et de la minceur voire de l'absence totale de formation en sciences sociales, les journalistes sont pour la plupart assez mal outillés théoriquement pour penser les structures sociales et leurs modes de fonctionnement. En conséquence, les pratiques journalistiques font l'objet chez la plupart d'une maîtrise pratique bien plus que théorique et restent livrées pour l'essentiel aux dispositions acquises qui sont en l'occurrence fondamentalement conformistes et conservatrices. Cela ne signifie pas que les journalistes se comportent comme de purs robots sans états d'âme. On voit s'effectuer çà et là des prises de conscience, on entend des critiques s'élever, mais il est extrêmement rare que ces velléités réflexives critiques dépassent le stade de l'accès de mauvaise humeur, du doute passager, ou au pire du malaise personnel durable et de la conscience malheureuse. Toutes ces réactions restent individualisées, sporadiques, circonstancielles, et non seulement elles ne sont pas de nature à provoquer des mobilisations contre le système mais elles sont incapables d'en remettre en question la vision enchantée et de faire cesser la connivence profonde de l'habitus journalistique avec le système qui l'a façonné.

Le rôle des classes moyennes

Cette attitude est typique des groupes sociaux appartenant aux classes moyennes. La population journalistique constitue à cet égard un microcosme particulièrement intéressant à observer car elle présente la plupart des propriétés liées à la gamme des positions sociales intermédiaires, où les capitaux accumulés sont sans commune mesure aussi bien avec ceux – surabondants – du pôle dominant qu'avec ceux – plus qu'insuffisants – du pôle dominé.

La socialisation des agents dans cet entre-deux social – entre deux pôles, entre deux univers et entre deux chaises – entraîne une structuration caractéristique de la personnalité chez les membres de ces populations. À la différence des classes dominantes ou, à l'opposé, des classes populaires – qui évoluent globalement dans un espace unidimensionnel et univoque où elles se définissent soit comme celles qui dominent tous les autres, soit comme celles qui sont dominées par tous les autres –, les classes moyennes, toutes fractions confondues, évoluent dans un espace bidimensionnel où elles doivent en permanence se définir par leur double rapport à ceux qui les dominent et à ceux qu'elles dominent. Telle la chauve-souris de la fable, les membres des classes moyennes peuvent s'écrier : « Je suis oiseau, voyez mes ailes / Je suis souris, vivent les rats ! »

D'où le caractère fondamentalement équivoque, *ambivalent* comme dirait la psychanalyse, de leurs rapports avec la bourgeoisie d'une part et avec les classes populaires d'autre part. Dans les deux cas on peut observer un rapport complexe d'attraction/répulsion qui se manifeste dans des stratégies contrastées de séduction ou au contraire de rejet, de rapprochement ou de mise à distance. C'est ainsi que les membres des classes moyennes, qui sont souvent issus des classes populaires ou qui redoutent d'y replonger, sont tiraillés entre d'une part l'inclination à consommer une rupture distinctive irréversible avec la masse indistincte et d'autre part la tendance à éprouver solidarité et compassion envers les petites gens. La composition de ces deux tendances spontanées trouve sa résultante dans les nombreuses pratiques de condescendance qui consistent à se pencher avec bienveillance sur le sort des « gens du peuple » pour les instruire, les animer, les insérer, les soigner, les conseiller, s'en faire les porte-parole, en particulier sur le plan politique, et utiliser à son profit la force de l'alliance avec les plus dominés dans la compétition avec les plus dominants.

On observe la même ambivalence dans le rapport à la bourgeoisie. Celle-ci fascine littéralement les classes moyennes, qui rêvent d'accéder au style de vie grand-bourgeois, tel qu'elles l'imaginent dans leur cinéma intérieur. Mais, faute d'en avoir les moyens effectifs, les petits-bourgeois vivent la relation à leur modèle sur le mode du dépit amoureux, dépit qui, en réponse à la morgue et à la condescendance des puissants, peut se transformer en ressentiment agressif, voire en haine maladive.

D'une façon plus générale, l'ambivalence des classes moyennes est à la racine de leur rapport au monde social existant. Elles tirent de celui-ci tous les bénéfices et même tous les privilèges dont elles jouissent, et peut-être plus encore que les bénéfices réels, forcément limités, provenant de la relative redistribution des biens matériels et symboliques, l'espoir de bénéfices futurs liés à leur possible promotion ou à celle de leurs enfants.

Mais en même temps et inséparablement, les petits-bourgeois qui aspirent à entrer en grande bourgeoisie ne cessent de buter de mille façons sur les obstacles le plus souvent insurmontables qui s'y opposent, car la mobilité sociale, qu'on a fortement tendance à surestimer en démocratie, n'est pas de nature à entraîner une redistribution générale des capitaux à chaque génération ni à enrayer les mécanismes de reproduction sociale.

Les classes moyennes sont donc structuralement destinées à vivre entre espérance et déception, entre adhésion et désenchantement, dans un système qui par nature ne peut qu'engendrer et exacerber des attentes qu'il ne peut satisfaire totalement. La logique objective de leur condition conduit les petits-bourgeois à développer deux sortes d'attentes : les unes, proportionnées aux capitaux dont ils disposent réellement, les attentes orthodoxes si l'on peut dire, ont toutes chances de recevoir satisfaction, ce qui a pour effet de renforcer l'adhésion et d'alimenter le consensus. Les autres, les attentes hérétiques, celles qui sont exorbitantes par rapport à la position réelle, ont toutes chances d'apparaître comme d'irrecevables prétentions et d'être rejetées, ce qui a pour effet d'attiser la frustration et d'alimenter la contestation.

Ce schéma de base est valable pour toutes les fractions de la petite bourgeoisie. Selon la nature et le volume des capitaux qu'ils détiennent, selon leur situation actuelle et leur histoire sociale, chaque fraction des classes moyennes et, à l'intérieur de chaque fraction, chaque groupe ou catégorie développent à un moment donné des stratégies spécifiques caractérisées par des doses variables d'adhésion et de contestation. Par exemple, on a une forte probabilité de trouver chez les enseignants, et chez les enseignants du second degré plus que chez ceux du supérieur, une forme de contestation de l'ordre social beaucoup plus critique que chez les journalistes, ou *a fortiori* que chez les commerçants. Le capital culturel et le rôle historique des uns et des autres y est évidemment pour beaucoup.

Mais indépendamment de ces variations, il semble difficile d'imaginer que les composantes des classes moyennes, en dehors de minorités radicales à certains moments et pour des raisons particulières, puissent se mobiliser contre le système au point de mettre son existence en péril. La contestation qui peut se faire jour et qui peut s'exprimer parfois sous une forme violente est en général une contestation *dans* le système et non une contestation *du* système. D'où le succès que rencontrent dans ces populations les différentes variantes de la pensée réformiste qui ont en commun de considérer que tous les aspects du fonctionnement du système peuvent être légitimement discutés mais que le principe même de son existence doit rester en dehors des limites de la discussion légitime, comme si ce sujet était frappé d'un tabou.

En d'autres termes, les classes moyennes peuvent se battre pour modifier certaines règles du jeu établi, mais sans cesser de jouer le jeu, dont elles n'imaginent même pas qu'il puisse s'interrompre. Les dissensions sur les règles du jeu entraînent parfois, dans la fièvre des combats, des affrontements spectaculaires qui peuvent faire illusion sur la nature et la force des oppositions. Mais *la dissension n'est pas la dissidence*, et moyennant quelques concessions arrachées aux dominants tout finit par rentrer dans l'ordre. Les classes possédantes et dirigeantes ont depuis longtemps appris à gérer les soubresauts et les ruades des populations qu'elles ont attelées au char de leur domination. Elles savent non seulement manier la carotte et le bâton mais aussi mettre en œuvre, quand la situation l'exige, des stratégies d'union sacrée qui, sous couvert de défense des valeurs universelles, rangent les classes moyennes sous la bannière de l'ordre établi, qu'il importe de défendre contre un ennemi forcément barbare et diabolique. Aujourd'hui, elles savent même le faire à l'échelle internationale, sous une bannière étoilée de préférence.

Le maintien de l'ordre « démocratique »

Si d'aventure une critique parvenait quand même à se développer pour mettre en cause l'essence même du système, elle serait immédiatement stigmatisée et invalidée comme étant une lamentable manifestation d'archaïsme idéologique ou pis encore un appel intolérable à la lutte des classes et une menace totalitaire. À cet égard il faut bannir tout angélisme : les puissances socialement dominantes, les seigneuries des temps modernes, les féodalités du marché mondial ne sont pas des troupes d'enfants de chœur mais des groupes prêts à tout, absolument, pour conserver leur suprématie et faire passer toutes les populations de la planète sous le joug de leur domination.

Dans cette optique, les médias jouent bien évidemment un rôle irremplaçable pour établir et entretenir le cordon sanitaire permettant de rassembler le troupeau et de le préserver de la tentation ou de la contagion de la révolte. Et force est malheureusement de constater que les journalistes accomplissent avec conviction, pour la plupart, ce travail de maintien de l'ordre idéologique et politique déguisé en défense de la civilisation, qu'il s'agisse de stigmatiser l'« égoïsme » de ces fonctionnaires « nantis » qui osent faire grève alors qu'ils ont « le privilège d'avoir la sécurité de l'emploi » ; qu'il s'agisse de créer ou d'amplifier un sentiment d'insécurité et d'ethniciser l'augmentation de la délinquance ; qu'il s'agisse de masquer ou d'atténuer les crimes des puissants pour mieux culpabiliser les victimes, de justifier la primauté du droit des actionnaires sur le droit des salariés ; de pousser à la roue de l'Europe des banquiers, de faire le blocus de l'Irak, d'observer un silence pudique sur les responsabilités des pays occidentaux dans l'asphyxie du tiers-monde par la dette financière ; de mettre en scène les pantalonnades par lesquelles nombre de gouvernants européens cherchent à faire oublier qu'ils obéissent à la Commission européenne qui obéit au FMI et à la Banque mondiale ; ou qu'il s'agisse d'inciter à un agenouillement idolâtre devant le modèle américain, etc.

Il faut insister sur cet aspect des choses, à savoir qu'en faisant ce travail de maintien de l'ordre symbolique, favorable aux intérêts des puissants, les journalistes sont pour la plupart sincèrement convaincus de défendre vraiment des valeurs universelles de liberté, de justice et d'humanité. C'est pourquoi ils sont ulcérés de s'entendre traiter de « laquais » ou de « chiens de garde » du capital. Ils n'ont pas – sauf cas particulier de cynisme – le sentiment, ni *a fortiori* la volonté, de servir un système d'exploitation et d'oppression puisqu'à leurs yeux ce système, pour autant qu'il fasse l'objet d'une réflexion explicite, est globalement bénéfique, conformément au credo du catéchisme néolibéral dont ils sont imprégnés. Comme l'ensemble des classes moyennes, conditionnées dans et par le système lui-même, ils n'arrivent pas à en concevoir clairement la nature. Leurs propres investissements dans le système font écran à sa perception objective. Ils ne peuvent le percevoir et le penser qu'à travers des clichés et des stéréotypes enchanteurs, tels que celui, extrêmement vivace, de la « liberté de la presse ». Tout observateur informé et lucide sait ce qu'il en est de cette fameuse liberté aujourd'hui. Comme je le rappelais en commençant, à l'exception de quelques titres qui jouissent encore d'une indépendance relative et précaire, les entreprises de presse appartiennent désormais à des puissances financières et industrielles qui les soumettent à la loi du profit et de la rentabilité, aux diktats du marketing, de la communication et des stratégies publicitaires. Comme le disait crûment à Jean-François Lacan, ex-chef de service au journal *Le Monde*, la directrice de communication d'un grand groupe industriel : « Les journalistes ne sont que des intermédiaires et les médias des supports de communication dans une campagne de promotion permanente. »

Les journalistes doivent s'accommoder de ce carcan ou renoncer à travailler. La plupart s'en accommodent, mais pour pouvoir s'en accommoder sans devenir schizophrènes ils s'accrochent obstinément à la vieille mythologie qui sert à ennoblir le journalisme, comme ce mythe de la « liberté de la presse » qui n'a plus de fondement objectif mais qui permet toujours, aujourd'hui comme hier, de rassurer la profession et de la mobiliser contre toute proposition de réglementer si peu que ce soit une activité dont les règles déontologiques ne sont plus qu'une pieuse invocation rituelle. Il est clair que la liberté de la presse aujourd'hui est essentiellement la liberté pour les puissances d'argent d'accaparer les entreprises de presse et pour les journalistes la liberté de faire carrière en gérant cette confiscation de la parole publique. Mais les lunettes de l'intégration au système posées sur le nez de la plupart des journalistes – entre autres salariés – les empêchent de voir ce qui est et de comprendre que, si dans le principe il est vrai qu'il n'y a pas de vie démocratique possible sans liberté de l'information, *dans son état actuel la presse est devenue plus un obstacle qu'une aide à une véritable vie démocratique*. La liberté de la presse est une conquête qui reste à faire.

Ce qui fait la force de l'ordre établi, c'est précisément qu'il n'est pas seulement établi à l'extérieur des individus mais qu'il est établi en même temps dans leurs têtes, dans leurs tripes, inviscéré, incorporé, devenu chair et sang, conscience et surtout inconscient. De sorte que, pour servir l'ordre établi, il n'est pas nécessaire de le mettre à distance pour y réfléchir, il suffit au contraire de se laisser porter par la spontanéité de ses habitudes et la logique de ses investissements. Ce qui demande un effort pénible, ce n'est pas de penser dans et avec la logique du système mais de penser contre. Ce qui est difficile, c'est d'arrêter cette mécanique, de suspendre l'adhésion, de mettre entre parenthèses ses intérêts existentiels immédiats pour adopter la posture réflexive et se demander ce qu'on fait exactement en faisant ce qu'on fait comme on le fait, à quoi on sert et qui on sert, bref pour porter la lumière de l'entendement dans tous les coins, les plis et les replis obscurs de ce moi que nous avons la faiblesse de croire surgissant dans le monde tout fait, tout armé et divinement libre d'agir à sa guise (telle Minerve surgissant de la tête de Jupiter), alors qu'il est de A à Z, de part en part, une construction socialement conditionnée, tout spécialement conditionnée à ignorer ses propres conditionnements. Un tel travail – par commodité, appelons-le une « socioanalyse » – est assez difficile à effectuer. Peu de gens l'entreprennent et, parmi ceux qui l'entreprennent, peu ont la constance de le poursuivre. Sans doute parce qu'il change peu ou prou la vie de l'intéressé, qu'il dérange les petits accommodements qu'on a passés avec le monde et que, comme j'y ai fait allusion un peu plus haut, la plupart des gens sont conduits à aimer leur vie, à aimer leur destin social et que, comme Narcisse, ils s'aiment eux-mêmes tels qu'ils sont devenus.

En tout cas, cette hypothèse a toute probabilité d'être vérifiée dans les classes moyennes dont les membres à la fois aiment leur condition pour ce qu'elle leur procure et la détestent pour tout ce dont elle les frustre ; et ce par quoi ils se sentent le plus frustrés, ce n'est peut-être pas, contrairement à une idée reçue, de ne pas pouvoir consommer plus mais *de ne plus avoir d'autre horizon que celui de vivre pour consommer*.

Quoi qu'il en soit, peu de journalistes, à ma connaissance, pratiquent la socioanalyse, du moins sous une forme méthodique et théoriquement étayée. Ils se contentent de penser leurs pratiques professionnelles en particulier et le monde en général au moindre coût intellectuel et affectif, au moyen d'une panoplie idéologique de mythes, d'idées toutes faites et de lieux communs qu'ils contribuent à revivifier et à réactualiser sans cesse par leurs questions autant que par leurs réponses.

Cela dit, je m'empresse d'ajouter que là encore ils sont assez représentatifs de l'ahurissant bricolage intellectuel, à la fois hétéroclite et paresseux, qui caractérise la culture des classes moyennes et qui fait d'elles, dans leur ensemble, la proie rêvée de tous les marchands d'orviétan et de tous les faiseurs de mirages. La culture des classes moyennes, dont la presse, quotidienne et magazine, se nourrit tout en la véhiculant et en la thématisant, fournit une espèce de prêt-à-penser qui témoigne en fait de la démission d'une pensée qui prend acte de ce que le monde est devenu, comme si l'histoire avait atteint son stade terminal et qu'il n'y avait plus rien d'autre à faire qu'à aménager et gérer l'existant, ici et maintenant. La vacuité théorique et l'indigence philosophique de la vision journalistique de l'histoire, tant passée qu'à venir, n'ont d'égales que la vacuité et l'indigence de la vision de l'*establishment* politique dans son ensemble. Ce qu'expriment tous ces leaders d'opinion, ce n'est rien d'autre que leur inconscient social ou, si l'on préfère, l'« esprit du système » qui les possède, qui pense en eux et qui parle par leur bouche. Il est sûr qu'avec de tels maîtres à penser les classes moyennes ne sont guère menacées d'extra-lucidité ni d'hérésie. Mais on peut dire aussi que les classes moyennes ont les shamans et les féticheurs qu'elles méritent, qu'elles tirent de leur propre sein et qui sont leurs dignes *représentants*.

Pour conclure, je voudrais dire que j'aimerais pouvoir – comme il serait bienséant de le faire en bonne rhétorique – tempérer cet examen un peu sévère et cette vision plutôt sombre de la réalité par des perspectives plus riantes, des propos réconfortants sur les riches potentialités positives de la situation, qui laisseraient subsister l'espoir de corriger les erreurs et de remédier aux dérives dans l'avenir. Malheureusement il ne me paraît pas possible d'atténuer davantage la noirceur d'un tableau que j'ai déjà éclairci à l'excès, sans doute à cause d'un vieil ethos universitaire qui inclinerait à euphémiser même la description d'une apocalypse. En vérité je crains que les dégâts causés par « l'esprit du système » dans les consciences, dans les pratiques et dans les mœurs, non pas seulement des journalistes mais de toute la population des sociétés de classes moyennes, soient pires que ce que j'ai pu en dire. Pour en parler comme il conviendrait aujourd'hui il faudrait un nouveau Karl Kraus, qui avait déjà, à son époque, discerné les germes de décomposition sociale dont le journalisme de son temps était porteur.

Dans un ouvrage récent, Jacques Bouveresse, analysant la critique impitoyable développée par Kraus, souligne à juste raison que l'évolution des choses a à la fois justifié l'extrême sévérité de Kraus et confirmé ses pires craintes dans la mesure où la presse n'a cessé d'accroître son pouvoir et où le « processus de "journalisation" (au double sens de "journalier" et de "journalistique") de la pensée et de la vie » est maintenant parvenu à son comble [1]. En d'autres termes, le type de rapport biaisé à la réalité, de vision en miettes, kaléidoscopique, instantanée et versatile, sans recul et sans mémoire, qui se bricole hâtivement dans les rédactions est devenu aussi le type de rapport qui tend à prévaloir spontanément chez

1. Jacques Bouveresse, *Schmock ou le Triomphe du journalisme*, Seuil, 2001, p. 85-86.

la plupart des gens, encouragés dès le plus jeune âge à se comporter partout en zappeurs amnésiques et impressionnistes. Pour parodier un mot de journaliste qui a eu récemment un franc succès, je dirais que nous, classes moyennes, « nous sommes tous des journalistes ». Ou en tout cas que nous y tendons. Ce qui n'est pas tout à fait une boutade quand on voit, comme je l'ai vu il y a quelque temps à la télé, un reportage, d'ailleurs bâclé, dans des établissements scolaires où des enseignants transformaient leurs classes en salles de rédaction et faisaient jouer leurs élèves aux journalistes. Le commentaire le plus charitable que ce genre d'initiative m'inspire, c'est que ces collègues ont une vision assez lointaine de ce qu'est une rédaction de presse et qu'ils surestiment passablement les vertus formatrices du journalisme réel. Le danger de ce genre de vision enchantée de la réalité, c'est de paver de bonnes intentions les chemins de l'enfer.

Je ne crois pas que ce soit en jouant aux journalistes, sérieusement ou non, que les citoyens d'aujourd'hui peuvent prendre la mesure du danger dont les esprits les plus lucides de notre époque s'accordent à dénoncer la menace. Tout le monde a évidemment à l'esprit les analyses désormais classiques – et toujours actuelles – de Pierre Bourdieu sur l'emprise des médias. Il faudrait avoir l'autorité de la grande voix qui vient malheureusement de s'éteindre pour demander aux journalistes et aussi à tous ceux qui leur font crédit, comme Bourdieu lui-même osait le demander dans un forum international, à des grands managers qui l'écoutaient : « Savez-vous bien ce que vous faites ? [1] » Mais c'est à Claudio Magris que j'emprunterai pour finir quelques mots tirés de sa pénétrante réflexion sur *Utopie et désenchantement* : « La défaite des totalitarismes politiques, du moins dans

1. Pierre Bourdieu, « Questions aux vrais maîtres du monde », Journées Canal+/MTR, Paris, 11 octobre 1999, *in* Pierre Bourdieu, *Interventions…*, *op. cit.*, p. 417 *sq.*

beaucoup de pays, n'exclut pas la possible victoire d'un totalitarisme *soft* et gélatineux en mesure de promouvoir – par le biais de mythes, de rites, de formules de rappel, de représentations et de figures symboliques – l'auto-identification des masses, faisant en sorte que "le peuple croie vouloir ce que ses dirigeants considèrent à chaque fois comme le plus opportun". Le totalitarisme ne repose plus désormais sur les idéologies fortes, qui ont sombré, mais sur les idéologies molles, promues par le pouvoir des moyens de communication. [1] »

Que le journalisme actuel puisse contribuer, en dépit des apparences, non pas à l'émancipation du genre humain mais au contraire à la victoire d'un nouveau totalitarisme, même fardé de phraséologie libertaire, déjà à l'œuvre un peu partout, voilà un beau sujet de réflexion qu'il faudrait donner à méditer à tout le monde en général et à ceux qui se proposent de devenir journalistes en particulier.

* *
*

Succession Lagardère : la norme ou l'énorme *

Été 2003

Comme tout un chacun, j'ai depuis longtemps ma petite idée sur ce qui, dans le monde actuel, est normal et sur ce qui ne l'est pas. Invité à exposer mon point de vue, je cherchais un angle pour aborder mon propos

1. Claudio Magris, *Utopie et désenchantement*, Gallimard, 2001, p. 13.
* Article paru dans la revue *Le Passant ordinaire* (2003, n° 4).

quand l'actualité est venue opportunément m'en offrir un : la disparition de Jean-Luc Lagardère.

Cet événement a le mérite de mettre en pleine lumière quelque chose qui constitue, à mes yeux du moins, un aspect de notre monde à la fois essentiel et profondément anormal.

Ce qui en l'occurrence m'a particulièrement frappé, une fois de plus, ce n'est évidemment pas l'unanimité dans la louange qui est montée de toutes les sphères dirigeantes, amplifiée comme il se doit par les grands médias qu'elles contrôlent financièrement et idéologiquement. Tout ce monde de l'argent, du pouvoir et du pouvoir de l'argent rendait hommage à l'un de ses membres les plus représentatifs et les plus puissants, une incarnation exemplaire du système capitaliste en France. Ce ne sont pas non plus les commentaires relatifs à la succession, à la tête de « l'empire » Lagardère, du jeune Arnaud, héritier désigné du trône à son tour couronné, à propos duquel on sentait poindre, sous la couche onctueuse des éloges, comme une interrogation un peu inquiète, peut-être plus rhétorique que réelle, quant à sa capacité personnelle et à sa volonté de marcher dans les pas de son père.

Non, ce qui m'a frappé, c'est qu'à aucun moment, pas plus dans les commérages de boutique que dans les bavardages médiatiques, je n'ai entendu la moindre réflexion sur la légitimité même de cette passation de pouvoir d'un magnat de notre temps à son fils.

Car enfin, voilà un jeune homme qui, jusqu'ici, ne s'est, comme on dit, donné que la peine de naître, et qui n'a jamais, que l'on sache, œuvré au bonheur de l'humanité ni fait preuve d'un génie personnel hors du commun, en tout cas pas plus que quelques millions d'hommes et de femmes de sa génération ; et qui se trouve placé soudainement, du seul fait de sa naissance, en position de décider du sort d'une foule d'humains, de peser de tout le poids de ses possessions, de ses milliards et de ses réseaux d'influence, sur leur existence et sur le fonctionnement de l'État, comme le ferait un dieu tout-puissant. Et personne, ou presque, ne trouve cela énorme, fou, aberrant, arbitraire, exorbitant, inique ; personne ou presque ne semble y voir un défi au bon sens et au bon droit, un scandale au regard de la raison ni une injure à la morale ! Nulle protestation officielle des syndicats, du mouvement associatif, des partis de gauche ou soi-disant tels, des Églises, des professionnels du droit-de-l'hommisme, nulle manifestation de rue ou de campus, rien qui dénote la moindre indignation dans le corps social ni la moindre révolte.

Au contraire, il semble qu'aux yeux de la plupart cette succession automatique paraisse tout à la fois légitime, juste, logique, rationnelle, saine, conforme à la règle, bref, en un mot qui contient tous les autres, « normale ». En conséquence, ceux qui, comme moi, voient dans cette opération un injustifiable et intolérable coup de force sont conduits à se demander s'ils ne sont pas des archaïques : atypiques / attardés / bornés / irrationnels / débiles / insanes ; bref, des « anormaux » – comme on ne se prive d'ailleurs pas de les en persuader.

Mais, au risque de décevoir certains et d'en irriter d'autres, je persiste à penser que c'est la réaction des gens comme moi qui est la « bonne ». J'entends par là non pas qu'elle serait conforme aux lois universelles de la Nature, ni aux décrets éternels de la Providence, ni aux leçons objectives de l'Histoire ; mais simplement qu'elle est la seule cohérente et digne, la seule en accord avec l'idéal républicain démocratique et avec les valeurs de civilisation auxquels notre société prétend par ailleurs rester attachée. Comment peut-on encore, de nos jours, s'affirmer démocrate et se réclamer de la devise républicaine en continuant à trouver normal qu'il y ait des « empires » économiques, dont les souverains par la grâce de Dieu (ou de Mammon) seraient des individus nommés Lagardère (ou de tout autre nom) et dont les sujets soumis et obéissants seraient les millions de citoyen(ne)s formant le reste d'un peuple prétendument souverain ?

Le vieux Micromégas, passant de nouveau sur notre planète, ne manquerait pas de relever cette évidente contradiction et de remarquer qu'elle vicie et pervertit de façon rédhibitoire le modèle de la démocratie bourgeoise qui sert de façade présentable au monde occidental moderne. « Eh quoi, dirait-il, voilà des gens, des Français, Allemands, Anglais, Italiens, Espagnols et autres grands civilisés qui, en toute occasion, ont plein la bouche des mots "Liberté", "Égalité", "Fraternité", "Solidarité", "Justice", et qui trouvent normal que l'immense majorité des humains, de leur pays et d'ailleurs, soient dépossédés au profit de minorités de privilégiés qu'une légalité truquée, habillage mensonger de la force, autorise à s'approprier privativement les biens et les ressources appartenant à tous et les richesses matérielles et symboliques créées par le travail collectif. En vérité, ces soi-disant civilisés le sont bien moins qu'ils ne le croient, puisqu'en ce début du XXIe siècle de leur civilisation ils n'en finissent toujours pas d'émerger de la féodalité et acceptent sans trop d'états d'âme de sacrifier des myriades d'êtres humains au Moloch capitaliste, à l'appétit de leurs entreprises privées, de leurs grands patrons, de leurs grands investisseurs et autres actionnaires avides autant qu'insatiables. Ils ont beau protester, tous ces humanistes, de leur infini respect pour la personne humaine, ils respectent la propriété bien davantage encore. Que dis-je, ils la respectent ? Ils la vénèrent, ils l'encensent, ils se prosternent à ses pieds, lui édifient des autels et des palais, ils en ont fait leur fétiche, leur divinité, ils lui appartiennent corps et âme, ils sont possédés par elle. »

Ce Micromégas-là aurait raison : notre société libérale est aliénée et la racine objective de son aliénation est le développement monstrueux de la propriété privée, véritable cancer social qui est en train de tuer la planète et son humanité. Ne faisons pas à notre visiteur l'injure de croire que ce qu'il met en cause, c'est la petite propriété personnelle, fruit du travail honnête et de l'épargne non spéculative. Cette forme d'appropriation, liée à la satisfaction de besoins individuels légitimes en rapport avec le niveau de développement historiquement atteint, n'a jamais mis en péril le genre humain, au contraire.

Ce qu'il faudra bien qu'on finisse par remettre en question, avant qu'elle n'ait achevé son œuvre de destruction, c'est évidemment la propriété privée capitaliste, celle des grands moyens de production qui, en l'espace de quelques générations, a mené la Terre tout entière au bord du chaos physique et moral ; et dont on veut nous faire croire, par la voix de nos politiciens et de nos économistes les plus autorisés, qu'elle est la condition même du bonheur généralisé et « mondialisé ».

Le fait qu'on ne puisse plus aujourd'hui critiquer la propriété capitaliste sans donner l'impression de proférer une énorme incongruité, voire un horrible blasphème, témoigne de la profondeur à laquelle l'idéologie dominante s'est incorporée chez les agents sociaux, du degré auquel ils sont façonnés, dans leur sensibilité et leur entendement, par le système où nous vivons. Toute société doit sa cohésion et sa stabilité relatives au fait que la socialisation de ses membres a pour effet (recherché ou non) de faire intérioriser en profondeur, par chaque individu, bien au-delà de la conscience immédiate qu'il peut en prendre, l'ensemble spécifique des propriétés physiques et psychologiques, intellectuelles et morales dont le système a besoin pour reproduire globalement, d'une génération à l'autre, ses structures et sa logique de fonctionnement. Le système social capitaliste cesserait de se soutenir s'il ne parvenait, par une action pédagogique permanente, tant diffuse qu'institutionnalisée, à installer et à réactiver continûment chez chaque individu des structures de personnalité adéquates, adaptées à l'ordre établi et en particulier au fonctionnement de ses structures économiques : ce qu'il est convenu d'appeler un *Homo œconomicus capitalisticus*, c'est-à-dire un type d'humain qui trouve spontanément normal de consacrer tous ses efforts, tout au long de sa vie, à être en compétition avec tous les autres, dans tous les domaines, pour accumuler des richesses et des biens matériels et symboliques, sans aucune garantie d'ailleurs d'y parvenir, et qui a le sentiment de gâcher sa vie quand il n'y parvient pas.

Ce conditionnement structurel est plus ou moins profond et achevé selon l'origine et la trajectoire personnelles de chaque individu, mais peu ou prou il touche tout le monde et on peut en observer les manifestations plus ou moins caractérisées, y compris chez ceux que des circonstances diverses ont conduits à adopter un rapport partiellement critique avec certains aspects du système dont ils ont pris conscience – c'est le cas de la plupart des gens « de gauche ».

Jusqu'à une époque relativement récente historiquement, le façonnement de l'*Homo capitalisticus* rencontrait dans le corps social davantage d'obstacles pour une raison fondamentale : la socialisation des générations nouvelles s'effectuait dans le cadre de rapports sociaux infiniment plus conflictuels qu'aujourd'hui. Il existait, pratiquement jusqu'à la fin des années 1970, ce que l'on appelait une « lutte des classes » déclarée et consciente d'elle-même depuis que les socialistes et les sociologues de la fin du XIXe siècle avaient commencé à la théoriser, ouvrant ainsi la voie à un mouvement politique et social « de classe », organisé et vigoureux. Dans ces conditions, une partie au moins de la population, rendue réceptive par ses conditions objectives d'existence et de travail (et tout particulièrement les ouvriers), parvenait à acquérir la capacité de penser l'ensemble de la société, et elle-même au sein de cette société, en termes de rapports de domination et d'exploitation entre classes dominantes (dont la bourgeoisie possédante formait le pôle dominant) et classes dominées (dont la classe ouvrière formait le pôle de résistance).

Pour les raisons historiques que l'on sait, ce mouvement politique et social « de classe », à visée révolutionnaire, a périclité. Du coup, l'idéologie dominante, spécialement l'ultra-individualisme libéral, a pu se donner libre cours sans plus rencontrer de résistance, et avec d'autant plus d'efficacité que, par suite des retombées de la croissance, des transformations technologiques et de la division du travail dans la société industrielle avancée, des fractions nouvelles de petite bourgeoisie se développaient et renforçaient quantitativement et qualitativement la tendance structurelle des classes moyennes à la collaboration et au consensus dans la société « sans classes » de l'ère « postmoderne ».

Dans une société où les individus sont socialement conditionnés à prendre conscience d'eux-mêmes, non pas comme de membres d'une classe sociale déterminée, et singulièrement d'une classe exploitée, dépossédée et dominée de diverses façons, mais seulement comme d'individus parmi d'autres, de monades réduites à leurs seules forces individuelles et condamnées à une compétition sans fin – faussement soumise à des règles démocratiques – pour exister distinctement, il est facile de faire apparaître tel ou tel concurrent, un Lagardère en l'occurrence, comme le modèle exemplaire de l'individu accompli, qui a su porter au comble de l'épanouissement le lot de qualités intrinsèques dont il était doté au départ par la Nature, le Destin et la Providence, comme tout le monde, et qui a connu une réussite sociale à la mesure de ses efforts et de ses mérites strictement personnels. Il « s'est fait lui-même », avec éventuellement l'aide du Ciel. Et l'organisation de la société n'y est pour rien. Ce qui signifie *a contrario* que ceux qui ne connaissent pas la même réussite ne doivent s'en prendre qu'à eux-mêmes. Il ne tenait qu'à eux de se bâtir ou non un « empire ».

Le verdict du marché est censé désigner infailliblement et impartialement les vainqueurs et les vaincus de la compétition. Dans une telle société réduite à un nuage d'« électrons libres », animés du mouvement brownien de la concurrence généralisée, les seuls critères en vertu desquels peuvent éventuellement s'opérer des regroupements et des mobilisations identitaires sont des critères apparemment sans rapport immédiat avec la condition de classe, tels que les caractères ethniques, culturels ou sexuels qui permettent à la rigueur de dénoncer des inégalités et des injustices réelles et de développer des luttes bien ciblées mais qui n'entraînent aucune remise en cause explicite des rapports de domination inhérents à la structure des classes puisque ces luttes ne visent qu'à rétablir une égalité des droits (entre hommes et femmes, jeunes et vieux, Blancs et gens de couleur, hétéros et homos, etc.) à l'intérieur d'un système de pouvoirs reposant sur une distribution parfaitement arbitraire du capital qu'on a cessé de contester dans son principe même.

Ces luttes sont évidemment nécessaires, mais en faire une fin en soi, comme le font désormais les « réformistes » de gauche et de droite, c'est finalement renoncer à se battre contre la domination du capital sur l'ensemble de la société. Il est important par exemple de combattre les discriminations sexistes dont les femmes sont victimes dans le monde du travail. Ce serait mieux encore de connecter cette lutte avec un mouvement plus ample et plus radical de contestation du pouvoir patronal dans les entreprises où les travailleurs de tout âge, de toute extraction, de toute confession, de toute couleur, et de quelque sexe que ce soit, sont tou(te)s traité(e)s comme de la « mauvaise graisse » ou des « kleenex », au mépris des principes démocratiques et en vertu du droit prépondérant de la propriété des actionnaires et de la supériorité du capital sur le travail.

Dans la lutte pour changer le monde, il faut revenir aux « fondamentaux », comme disent les sportifs, c'est-à-dire en l'occurrence à une analyse des rapports sociaux en termes de classes. Non pas à celle qui a trop longtemps prévalu dans le mouvement ouvrier et qui avait fini, à force d'objectivisme, par verser dans une forme de théodicée messianiste d'un prolétariat plus mythique que réel, mais à une analyse qui, tenant compte des évolutions propres à la société actuelle et aussi des avancées de la science sociale, permette aux salariés d'aujourd'hui, et tout particulièrement à ceux des classes moyennes, de voir clairement comment le système capitaliste non seulement les exploite mais encore les manipule et finalement les aliène par le biais de leurs propres investissements dans un jeu social concurrentiel, en proie aux mirages de la réussite individuelle.

* *
*

Un spectacle déchirant *

Printemps 2006

La grande bataille du CPE [1] aura eu nombre d'effets positifs que les observateurs de tous bords n'ont pas

* Texte inédit.

1. Projet de loi adopté par le Parlement français en mars 2006, le « Contrat première embauche » entraîne un important mouvement d'abord étudiant et lycéen, puis beaucoup plus large, qui débouche sur l'abrogation d'une mesure pourtant déjà votée par le Parlement. [nde]

manqué de commenter, les uns pour s'en féliciter, les autres pour les déplorer, comme par exemple le fait que cette période d'intense mobilisation a réveillé et fortifié chez les jeunes une conscience civique dont il semblait que la télé et les jeux vidéo les avaient débarrassés.

Mais il est un enseignement qui semble avoir échappé à la plupart, bien qu'il soit des plus importants, peut-être même le principal à certains égards : c'est le fait que, contrairement à ce que nous ont répété tant de fois tant de bons apôtres de gauche comme de droite, prosélytes inlassables de l'unanimisme de marché et zélateurs patentés du consensus euro-libéral, la lutte des classes n'est pas éteinte dans notre société en voie de mondialisation.

On la disait étouffée par les évolutions de la modernité capitaliste, reléguée au rayon des ringardises idéologiques par l'aggiornamento des gauches réformistes si éprises de dialogue raisonnable et d'ouverture ; et voici qu'elle flambe à nouveau, suscitant par tout le pays la fureur, la crainte et la haine des puissants.

À vrai dire, nous étions quelques-uns à nous douter que les braises de la réalité étaient encore ardentes sous la cendre des discours, et même quelques-uns à n'en avoir jamais douté, tout au long de ces derniers lustres jalonnés d'affrontements politiques et sociaux et de mobilisations populaires de grande envergure, comme ceux de décembre 1995 ou du référendum sur la constitution européenne.

Aucun mérite à cette lucidité : il suffit de se souvenir de ce que l'histoire et la sociologie nous ont expressément appris depuis au moins la fin du XIXe siècle, à savoir que nous sommes dans une société de classes, les unes possédantes et exploiteuses, les autres dépossédées et exploitées ; et que la logique profonde de leurs rapports ne peut que les faire entrer en lutte, même si cette lutte ne prend pas en permanence un tour explicite ni une allure explosive et s'exprime souvent au quotidien dans les registres les plus divers sous forme de luttes pour les classements et les distributions.

Bien entendu, chez nous comme ailleurs, l'une des constantes de la lutte des classes, c'est que les dominants déploient les plus grands efforts pour la faire oublier, pour la masquer en évitant d'en parler et de l'appeler par son nom, procédé magique qui peut donner l'illusion d'être efficace pendant quelque temps mais se révèle inopérant à la longue. Il est à souligner à cet égard que les représentants de la gauche institutionnelle eux-mêmes se sont bien gardés d'utiliser cette expression qu'ils trouvent sans doute désuète et blasphématoire. Une fois de plus, par conséquent, les cabinets ministériels, les salles de rédaction, les bureaux politiques et autres officines du PPA [I] se sont évertués à sauver le prétendu « consensus républicain » ; une fois de plus le flot montant et irrésistible de la protestation, renversant les faux-semblants du « dialogue social » et les simulacres du « débat démocratique », a montré avec évidence que le fossé restait béant entre la république respectable qui campe dans les palais et celle qui – *horribile dictu* – manifeste dans « la rue », lieu infâme hanté par la « racaille », la « canaille » et les SDF.

Ainsi donc pendant des mois, voire des années, le monde du travail, c'est-à-dire du métro-boulot-dodo-JO [II], supporte sa condition sans joie et sans horizon, accepte les mauvais coups qui lui sont portés par des politiques systématiques de précarisation et de régression sociale, suit docilement les mots d'ordre collaborationnistes que lui adressent, au nom du pragmatisme et de l'efficacité, la plupart de ses soi-disant représentants

I. « Parti de la presse et de l'argent », formule qui appartient au vocabulaire « sardonique » du journal de critique (radicale) des médias *PLPL. Pour lire pas lu* <www.plpl.org/>. [nde]

II. « JO » est l'abréviation du *Journal officiel de la République française. Lois & décrets*, quotidien édité par l'État français où sont consignés événements, règlements, déclarations officielles et publications légales. [nde]

politiques et syndicaux, fait don quotidiennement de son « temps de cerveau disponible » aux bonimenteurs de la télé, bref, finit par perdre de vue ce qui fait le socle de la vie sociale et la trame de son fonctionnement ; et voilà que, par impatience, imprudence ou incompétence, ou tout cela à la fois, le pouvoir prend une mesure de trop, celle qui fait déborder la coupe et « ressurgir les vieux démons », comme disent les éditorialistes du PPA épouvantés et furieux.

Alors on voit réapparaître avec un relief saisissant la véritable structure des rapports sociaux, celle des classes sociales et des antagonismes fondamentaux et irréductibles, ordinairement brouillés, surtout aux yeux des plus jeunes, par le verbiage fumigène de l'idéologie dominante et médiatique, et on réalise que, partout, des campus aux entreprises, du fond des campagnes au cœur des cités, des banlieues aux beaux quartiers, du monde de la boutique à celui des bureaux ou des ateliers, deux populations (aux contours et aux composantes variables) se côtoient, prêtes à se dresser l'une contre l'autre et parfois à en découdre : d'une part celle constituée par les innombrables groupes et catégories qui ont intérêt à (ou croient de leur intérêt de) maintenir, préserver, fortifier et célébrer l'ordre établi parce qu'il leur est, ou pourrait leur être, profitable (les grands et moyens possédants, leurs managers et leurs zélés auxiliaires petits-bourgeois) ; et d'autre part la population constituée par l'immense masse de ceux sur le dos desquels repose l'ordre établi et qui pâtissent tout particulièrement de ses aberrations et de ses iniquités (les ouvriers, les employés, les petits salariés des classes moyennes, etc.). Ces deux populations, malgré la grande diversité de leurs propriétés constitutives, ne sont pas interchangeables et leurs intérêts respectifs restent pour l'essentiel aussi diamétralement opposés que pouvaient l'être ceux des communards et ceux des versaillais, dont elles réactualisent l'éternel et universel affrontement. Une fois de plus on peut voir et entendre, dans les réactions brutales et les critiques acerbes à l'encontre des grévistes et des manifestants, brûler la flamme inextinguible et meurtrière de la haine et du mépris de classe, auxquels répondent, avec non moins de conviction, la sympathie et la solidarité de ceux qui s'identifient aux travailleurs en lutte. Une fois encore deux républiques se font face : celle des « gros » et celle des « maigres », qui n'ont cessé d'être aux prises tout au long de l'histoire, de l'époque des Gracques aux Montagnards et de Babeuf à nos jours.

Du coup, les druides laïques des ouailles de gauche montent en chaire à l'Assemblée nationale pour adjurer le gouvernement, avec des trémolos dans les sermons de M. Ayrault ou de M. Hollande, de « réconcilier les Français » en retirant le CPE. Chers socialistes, dont le brave petit cœur saigne au spectacle de la République déchirée, s'il vous restait encore moitié autant de rigueur doctrinale que vous affichez de bons sentiments, ce n'est pas seulement du CPE que vous réclameriez l'abrogation mais vous demanderiez aussi, en toutes circonstances, celle de la propriété privée des grands moyens de production et d'échange dans laquelle quelques-uns de vos pères fondateurs, et non des moindres, ont vu avec raison l'une des plus solides racines objectives de la division en classes et des maux qui en découlent. Mais vous avez depuis longtemps chassé cela de votre entendement et de votre mémoire. Vous êtes désormais pour l'« apaisement » social par le mariage de la chèvre et du chou, l'association du capital et du travail et la « réconciliation » de tous les Français, exploiteurs et exploités, patriciens et plébéiens enfin ressoudés dans une immense accolade fraternelle…

Ah, si tous les grands actionnaires et tous les salariés jetables du monde voulaient se donner la main… Allons, trêve de jérémiades pharisiennes, et attendez-vous à d'autres déchirures !

* *
*

Le cœlacanthe et le politologue *

Décembre 2006

En zappant sur les ondes, je suis tombé sur une de ces émissions de la radio « de service public » comme celle-ci en fabrique tant : des journalistes réputés éclairés y accueillent des spécialistes réputés savants et sans autre parti pris que celui de la science désintéressée ; ensemble ils nous prodiguent leurs lumières pour nous expliquer avec objectivité le monde social tel qu'il va. Bien souvent, au-delà des thèmes d'actualité traités, ces échanges de bon ton entre experts de bonne compagnie contiennent un message implicite selon lequel si nous ne pouvons affirmer, en toute rigueur, que nous vivons dans le meilleur des mondes possibles, du moins l'expérience et la raison nous commandent-elles d'admettre honnêtement que nous vivons dans le moins mauvais ; patience et modération valent mieux que révolte ou rébellion ; l'intelligence consiste à comprendre et mériter la chance ou le privilège qui sont les nôtres, et à l'inverse la bêtise et l'ingratitude consistent à en douter.

Bien qu'ayant pris l'émission en cours de route, je pus constater très vite qu'elle restait dans le registre usuel. Cette fois encore, sous la baguette empressée de deux journalistes, un quartette d'éminents spécialistes universitaires, des politologues plus précisément – la science politique, c'est connu, surtout celle enseignée dans les IEP [1], prédispose tout particulièrement ses adeptes à la

* Chronique parue dans *La Décroissance* (2006, n° 35).

1. Instituts d'études politiques, dit aussi Sciences-po, où se forment une bonne partie des futurs dirigeants politiques, économiques et médiatiques. [nde]

compréhension du monde réel –, faisaient avec virtuosité aux auditeurs une démonstration d'improvisation concertante sur le thème « Mais à quoi peut bien servir la gauche radicale ? » Par « gauche radicale » – qu'ils qualifiaient aussi d'« extrême », de « critique », de « gauchiste » et même d'« altermondialiste » –, ils désignaient apparemment tout ce qui se trouve « à gauche de la gauche de gouvernement », c'est-à-dire du parti socialiste essentiellement. Il ressortait clairement de leurs doctes propos que cette gauche ne possédait aucune des propriétés permettant à une force politique d'exercer légitimement le pouvoir. Réduite à quelques minorités trublionnes et râleuses, divisée en groupuscules sans doctrine ni projet communs, elle ne trouvait un semblant d'unité que dans une humeur anticapitaliste, un ressentiment anti-élitiste et une opposition antigouvernementale de principe. J'étais frappé par le fait que ces politologues parlaient de la gauche, ou plutôt des deux gauches, comme des paléontologistes évoquant les rapports entre les mammifères supérieurs et les poissons paléozoïques qui les ont précédés de quelques millions d'années. Au fond, à les entendre, on aurait pu penser que la gauche de gauche était à la gauche de droite ce que le cœlacanthe est à l'*Homo sapiens* : un fossile vivant témoignant du lointain passé de l'espèce, une ébauche rudimentaire condamnée par l'évolution du vivant.

Pour la politologie en effet, non seulement cette « gauche radicale » est archaïque, vestigiale et donc inutile à la « gauche gouvernementale », mais encore elle lui est nuisible, vu que, par sa seule présence, elle entretient et cristallise dans notre société une atmosphère persistante de rogne et de grogne, un climat de nostalgie bornée et grinçante, une attitude immature d'hostilité à la modernité en marche. La « gauche radicale » est donc un facteur de régression, une de ces « exceptions françaises » dont la mission historique de la gauche de gouvernement est de débarrasser la France pour lui permettre de rejoindre le chœur des nations capitalistes civilisées. Bref, rien qu'on n'ait entendu cent fois déjà.

Mais ce qui m'a paru le plus significatif dans cette avalanche de poncifs dédaigneux, déversée en toute neutralité scientifique bien sûr, c'est la remarque, faite comme en passant par un des augures présents, que cette calamiteuse gauche radicale « tient un discours qui se veut très *moral* ». Cette remarque, dans la bouche d'un(e) politologue, loin d'être un compliment, tient plutôt du constat d'imbécillité rédhibitoire. En effet, de même que Monsieur Jourdain avait à choisir la prose ou les vers, de même pour les têtes pensantes des IEP, qui préfèrent Machiavel à Platon, il faut choisir entre la politique et la morale.

En foi de quoi, il convient de laisser les illuminés de la gauche « gauchiste » s'abîmer dans leurs rêves creux, leurs utopies stériles et leurs grands idéaux abstraits, et de laisser la gauche gouvernementale sérieuse et responsable, c'est-à-dire le parti socialiste, cogérer concrètement, avec la « droite républicaine », le monde réel, dont la bonne « gouvernance » demande beaucoup de compétence technique et n'a que faire de ruminations éthiques.

Je me disais en les écoutant pontifier que c'est bien là que passe, aujourd'hui plus que jamais, la ligne de partage entre ceux qui, ayant fétichisé le règne des moyens (les pouvoirs politique, économique, technologique, etc.), en ont fait des fins en soi et ont réduit la culture au culte des idoles ; et ceux qui s'obstinent à considérer que ce qui met notre espèce au-dessus du cœlacanthe, du dinosaure et même des éléphants roses, c'est précisément sa capacité de poser en toutes circonstances des questions inséparablement politiques et morales, comme par exemple celle – que les médias et les IEP ont bien perdue de vue – de savoir au nom de quoi des minorités possédantes exploitent les masses humaines et s'approprient ce qui appartient à tous, ou bien encore celle de savoir si le FMI, la BM, l'OMC [1], etc. vont continuer longtemps encore, sous couvert de croissance et de développement, à ruiner l'avenir de l'humanité.

La gauche radicale ne servirait-elle qu'à réactiver de telles interrogations, qu'elle serait encore indispensable, n'en déplaise aux sommités de la politologie.

* *
*

Bestiaire 2007 *

Bachen, 1er janvier 2007

Tout récemment, Daniel Mermet a publié sur le site de son émission « Là-bas si j'y suis » un texte où, avec beaucoup d'humour, il opposait, pour caractériser les deux formes d'action qui lui paraissaient avoir la faveur des gens de gauche, d'un côté le colibri « pimpant » et un peu exhibitionniste, qui volette frénétiquement pour ne déverser finalement qu'une goutte d'eau sur le terrifiant incendie capitaliste ; de l'autre la taupe souterraine qui creuse silencieusement et ronge patiemment « les pilotis » de l'édifice.

Cette allégorie m'a de prime abord amusé. Je trouvais qu'elle pointait avec à-propos la tendance effectivement assez répandue à gauche à se donner bonne conscience à moindres frais, en développant une critique du bout du bec. Et puis, à la réflexion, il m'est apparu que la métaphore du colibri était sinon trompeuse, du moins

I. Fonds monétaire international ; Banque mondiale ; Organisation mondiale du commerce. [nde]

* Texte inédit.

ambiguë et qu'il convenait de préciser la nature des réserves suscitées par la chétive et remuante bestiole. Ce qu'on peut lui reprocher, me semble-t-il, ce n'est pas de s'accommoder d'un bec minuscule qui ne peut transporter qu'une seule goutte d'eau à la fois. C'est plutôt de n'avoir pas suffisamment réfléchi aux moyens de dépasser ses limites objectives personnelles et de n'avoir pas compris que le seul moyen de surmonter la faiblesse de l'action individuelle, si bien intentionnée soit-elle, c'est la force du nombre et de l'organisation collective, comme l'avaient fort bien vu Marx, Lénine et les prolétaires de leur époque, les seuls qui aient jamais réussi à ébranler vraiment la forteresse capitaliste.

La métaphore astucieuse de Mermet pourrait donner à croire que ce qui importe dans les moyens d'action, c'est la modalité ou le style de l'intervention et que là où l'agitation pointilliste du colibri se révèle dérisoire, le travail souterrain et obstiné de la taupe fera merveille. Outre qu'on ne sait pas très bien finalement en quoi consiste concrètement le travail de taupe en matière de lutte révolutionnaire (celle-ci n'est pas clandestine par essence), il faut bien voir que si la taupe est seule à creuser, elle ne minera pas plus l'édifice avec sa galerie que le colibri n'éteindra l'incendie avec sa goutte d'eau, à moins qu'ils n'aient l'éternité devant eux… et encore ! Ce qu'il faut, ce sont des millions de colibris et des millions de taupes, qui ne fassent pas n'importe quoi, chacun(e) selon son humeur et ses fantasmes du moment, mais qui se constituent en une véritable armée politique et économique, avec ses structures, ses objectifs et ses stratégies. Naguère encore on appelait cela un parti. Hélas, à force de nationalisme chauvin, de parlementarisme bourgeois, de réformisme social-libéral et d'électoralisme boutiquier, ils sont devenus les ectoplasmes que nous voyons aujourd'hui. Il faut reconstruire à gauche un grand parti de masse et de classe(s) explicitement révolutionnaire, dans sa philosophie comme dans son organisation, dans ses moyens comme dans ses fins.

Malheureusement la pente actuellement dominante ne va pas dans ce sens, si on en juge par le gâchis auquel a abouti la « gauche antilibérale » en France, rassemblement semi-spontané à forte teneur petite-bourgeoise. Les colibris préfèrent continuer à papillonner de fleur en fleur et les taupes à creuser isolément des galeries terminées en cul-de-sac. Ils sont tous assez contents d'eux-mêmes et fort mécontents de leurs concurrents. Tout le monde comprend bien qu'il faut s'unir. Mais en même temps chacun(e) reste jalousement sur son quant-à-soi plus ou moins narcissique. Le résultat de cette dialectique de l'union dans la distinction et vice-versa, c'est le foisonnement des groupes et des tribus, et des clans dans les tribus, et des sectes dans les clans, et des chapelles dans les sectes, et des coteries dans les chapelles, et des cliques dans les coteries, etc., à l'infini, c'est-à-dire jusqu'à l'atomisation individualiste, le ballet médiatiquement orchestré des « personnalités ». Chacun(e) y va de sa petite ambition personnelle ou groupusculaire. Le déclin mérité (malheureusement) des partis politiques fait ainsi la fortune du mouvement associatif – c'est encore un aspect révélateur, mais pas toujours bien perçu, de l'américanisation de la société occidentale. Et par une de ces ruses constantes de la raison sociologique, on en arrive à ce résultat paradoxal que l'un des meilleurs moyens de défendre l'ordre établi, c'est de l'attaquer en ordre dispersé, comme ces « méchants » incroyablement bornés qui, dans les films d'action, s'arrangent toujours pour ne bondir sur l'insubmersible héros que les uns *après* les autres, *jamais tous ensemble*, transformant ainsi leurs chances d'imposer la force écrasante de leur nombre en certitude d'être balayés dans une succession de petits duels perdus d'avance.

Bien entendu, je ne dénie ni leur part de légitimité ni leur utilité relative et circonstancielle à tous ces groupes, mouvements, associations, courants, cénacles et autres cercles toujours plus nombreux et le plus souvent étiques. Je dis seulement que leur utilité n'est pas inconditionnelle et qu'ils ne sont pas suffisamment attentifs au fait que, dans la logique structurelle du champ politique et idéologique, ils risquent constamment de devenir à eux-mêmes leur propre fin. Privilégiant leur autoreproduction, ils entretiennent une poussière d'unités en compétition stérile là où il faudrait constituer un front de lutte unitaire et cohérent. Marx qualifiait peu charitablement cette démarche de « crétinisme parlementaire ». Notre gauche institutionnelle, syndicale et politique y a quasiment succombé (le crétinisme n'a pas été le seul facteur d'effondrement, bien sûr). L'obsession de la différence distinctive et identitaire (voire communautaire) conduit *in fine* à « peser des œufs de mouche dans des balances de toile d'araignée », comme ricanait déjà Voltaire. On pense faire ainsi la démonstration de son intelligence et de sa liberté. Mais trop souvent on ne fait que sacrifier l'essentiel à l'accessoire. Ce dont notre système éminemment « démocratique », « parlementaire » et médiababélisant ne peut que se féliciter.

C'est pourquoi, à la réflexion, s'il fallait absolument adopter un totem, je ne choisirais ni le colibri ni la taupe mais le criquet. Quand il y en a un, il y en a des millions, qui se soutiennent en volant serrés dans la même direction ; et comme une mâchoire géante faite de myriades de petites mandibules inlassables, là où s'abat le nuage compact il fait place nette.

Toutes ces considérations zoologiques m'amènent d'ailleurs à me demander s'il ne nous faudrait pas un nouveau Buffon plutôt qu'un nouveau Marx pour théoriser correctement la lutte des classes actuelle. Et je m'interroge pour finir sur la pertinence du choix éventuel du termite comme animal-fétiche de la gauche de gauche. Plus efficace que la taupe qui slalome entre les piliers sans les ronger (quoi qu'en dise Mermet), il peut, grâce à la force du nombre et sans proclamation tapageuse ni effet d'annonce, désintégrer effectivement l'édifice qu'il attaque. Toutefois, le termite étant, comme la taupe d'ailleurs, un animal lucifuge, on peut comprendre qu'un amoureux des Lumières répugne à en faire un emblème.

En tout cas, cher(e)s ami(e)s, quel que soit le mode d'action que chacun(e) d'entre nous, faisant de nécessité vertu, a choisi pour son compte, ne cessons pas de voleter, creuser, ronger, miner autant que nous pourrons au cours de cette année 2007, mais sans perdre de vue le nécessaire rassemblement sans lequel colibris et taupes resteront également voués à l'impuissance, pour le plus grand bonheur des ténias sarkoléniens et ségozistes qui prospèrent dans les entrailles du système.

* *
*

Un vrai problème *

Février 2007

On apprenait récemment qu'un chanteur français célèbre, abondamment enrichi dans le show-biz, avait décidé de prendre la nationalité suisse à seule fin d'échapper au fisc français [1]. Que ce chanteur, plus prompt à vocaliser qu'à analyser, n'ait manifestement pas compris en quoi consiste le civisme en régime

* Chronique parue dans *La Décroissance* (2007, n° 36).

1. Il s'agit en l'occurrence de Johnny Hallyday, qui entretiendrait de longue date des relations amicales avec Nicolas Sarkozy, lui ayant apporté son soutien durant la campagne présidentielle. [nde]

républicain, la nécessité démocratique d'opérer une forme de redistribution par l'impôt et le devoir de solidarité des plus riches envers les autres, et qu'il déclare de surcroît se moquer de ce qu'on en pense, c'est évidemment consternant ; mais hélas, on sait que certains entendements sont hermétiques à ce genre de considérations.

Comprendre l'esprit des lois n'empêche d'ailleurs pas de critiquer et combattre très légitimement une loi fiscale infiniment plus clémente pour le capital que pour le travail. Mais précisément, ce que veut notre chanteur, ce n'est pas alléger la fiscalité qui pèse à l'excès sur les revenus des travailleurs. De cela il n'a cure. Ce qu'il veut, c'est supprimer les contributions prélevées sur les gros bénéfices. Il veut bien jouir des droits du citoyen français, à condition d'en esquiver les devoirs.

Que là-dessus une foule de gagne-petit, influencés par l'exemple de leur « idole » et enhardis par son cynisme, proclament d'un ton provocant que le récalcitrant a raison et qu'ils en feraient bien tout autant, s'ils en avaient les moyens, voilà qui est non seulement consternant mais encore extrêmement inquiétant pour ce qui est du niveau de l'esprit public et de la moralité qu'on peut en attendre. Qu'à cette occasion enfin des personnalités politiques parmi les plus éminentes, dont un candidat à la magistrature suprême ayant des prétentions à incarner dans sa personne la République tout entière, déclarent, sans s'émouvoir davantage de la dérobade de leur ami chanteur, que le comportement de celui-ci est compréhensible et ne fait que révéler l'existence d'« un vrai problème », ce n'est pas seulement consternant, ce n'est pas seulement très inquiétant, c'est aussi proprement révoltant et cela en dit long sur le degré de décomposition intellectuelle et morale de nos élites dirigeantes. Se contenter de concéder qu'un fait, quel qu'il soit, « pose un problème », c'est trop souvent en effet une façon hypocrite d'éviter de prendre clairement position sur sa signification morale. Un meurtre, un viol, un incendie volontaire, des sévices à un enfant, etc., sont assurément les indices de problèmes sérieux appelant des solutions. Ça n'empêche pas de les qualifier de crimes et de les condamner moralement. Alors pourquoi euphémiser quand un chanteur cousu d'or, suppôt notoire du pouvoir en place, refuse de remplir ses obligations civiques ? C'est qu'en réalité le problème auquel nos politiciens font allusion, sans en expliciter la nature, peut se formuler ainsi : que faire pour aider les riches à être encore plus riches ? Et la solution de ce « vrai problème » consiste, on le devine, à les exonérer de tout impôt sur la fortune, en faisant payer les autres à leur place.

À ceux qui l'auraient oublié, rappelons qu'il s'agit là d'un « problème » vieux comme les sociétés de classes et que sa solution fut celle de tous les régimes féodaux. Entendre des représentants de l'État républicain et démocratique réactiver, même à mots couverts, cette conception scélérate et inique, cela assurément, c'est l'indice qu'« il y a un vrai problème ». Et il est même arrivé que sa solution s'appelle « révolution ».

* *
*

La connivence *

Mars 2007

On a pu lire dans la presse que des familles de déportés ont attaqué la SNCF en justice pour avoir accepté d'organiser, sous le régime de Vichy, des convois vers les

* Chronique parue dans *La Décroissance* (2007, n° 37).

camps de concentration. Le fait qu'il ait fallu attendre plus d'un demi-siècle pour qu'une telle démarche soit effectuée témoigne de la force d'inertie des mentalités en général et en l'occurrence des représentations touchant à l'implication des acteurs sociaux dans le fonctionnement d'un système de pouvoir hiérarchisé (État, institutions, administrations, entreprises, etc.).

Pendant très longtemps l'idée a prévalu, jusque dans la loi écrite, que, en dehors de la poignée de dirigeants au sommet qui disposent de tous les moyens de s'informer et surtout de se faire obéir, tous les autres ne sont que de simples exécutants tenus de se conformer aux ordres *perinde ac cadaver* – « sans plus de réaction qu'un cadavre », comme disait la règle des jésuites. Le monde n'étant qu'un vaste champ de bataille et la discipline faisant la force des armées de toute obédience, il y allait du salut de tous que chacun se comporte en « bon petit soldat » sans états d'âme. Ainsi des millions de « braves » gens ont-ils prêté la main, sans sourciller, à des millions d'abominables crimes sur lesquels ils ne s'interrogeaient pas. Il semblerait qu'après les sommets atteints dans l'horreur contemporaine les esprits commencent enfin à évoluer et à approfondir leur réflexion sur ce que c'est qu'« être responsable ».

Peut-être que, sur cette voie escarpée où cahote la civilisation, des foules de gens qui ne se préoccupent que d'accomplir « en toute innocence » leur devoir dans leurs bureaux, leurs ateliers, leurs boutiques, leurs labos, etc. finiront par réaliser que la conscience d'un individu ne se limite pas à l'impeccabilité professionnelle et qu'elle lui impose de se demander si parfois, à trop bien remplir sa fonction, il ne bafoue pas l'humain, en lui-même et en autrui. Pour une raison sociologique fondamentale : aucun système de domination ne fonctionnerait si les dominés, à la fois victimes et bourreaux, ne collaboraient à leur propre asservissement et à celui des autres, ne fût-ce qu'en y jouant un rôle subalterne.

S'agissant du système dans lequel vit notre société, on sait bien aujourd'hui de quel prix terrible il a fait payer l'établissement de sa puissance arbitraire à des peuples entiers qu'il n'a cessé, à ce jour encore, d'exploiter, opprimer et spolier de mille façons, en pillant et saccageant la planète au nom de l'efficacité et du rendement, pour le plus grand profit de castes privilégiées. Certes, on sait qui et où sont les grands responsables, honorés et décorés, de ces crimes. Il arrive même qu'on les dénonce. Mais on constate encore bien des réticences à admettre que ces chefs maffieux seraient voués à l'impuissance sans la connivence, au moins passive, de légions de « collaborateurs » de tous grades, de gens ordinaires qui ont en commun de laisser leur tâche immédiate faire écran à toute considération au-delà, de sorte qu'ils pourront toujours resservir la vieille excuse absolutoire : « Désolé(e), je n'y suis pour rien, je n'ai fait que mon boulot. » Ce système qui prône officiellement l'initiative et la responsabilité est en réalité une machine à déresponsabiliser et donc à déshumaniser.

C'est pourquoi on peut se réjouir d'entendre grandir la protestation des justes, la voix de ceux qui, sortant de leur sommeil, posent à eux-mêmes et à tous leurs semblables la question toujours actuelle : « Caïn, qu'as-tu fait de ton frère ? »

* *
*

Exhortation à une refondation de la gauche anticapitaliste *

Bachen, le 17 mars 2007

Cher(e)s camarades,

Je ne sais comment vous avez vécu le lamentable fiasco auquel a abouti la tentative de donner à la « gauche antilibérale » une candidature unique pour l'élection présidentielle. En ce qui me concerne, cet échec m'a accablé, même s'il ne m'a pas vraiment surpris. Par un reste d'inextinguible naïveté idéaliste, j'espérais que les organisations de la gauche de gauche avaient tiré les enseignements de tout ce qui s'est passé au cours de ces dernières années et que, sur la lancée de la magnifique bataille contre le projet de traité constitutionnel européen qui a fait mettre un genou à terre à nos adversaires, les différentes organisations de notre gauche avaient enfin compris qu'il n'y a de salut que par l'union de toutes nos forces. Hélas, elles n'avaient pas encore vraiment compris, aveuglées qu'elles sont par leur esprit de boutique, leur propension à fétichiser leur secte, leur logique d'appareil et un appétit quasi sarkozien de pouvoir chez quelques-un(e)s de leurs représentant(e)s.

Mais l'heure n'est pas aux jérémiades. Je n'épiloguerai pas davantage sur les responsabilités des uns et des autres dans ce dernier mauvais coup porté à nos espérances. Ce serait prolonger un débat devenu d'autant plus inutile qu'il y a moins de chances de voir ces organisations s'amender. Allons plutôt à l'essentiel et faisons le constat qui s'impose à tous ceux qui n'ont pas d'œillères partisanes : les organisations de la gauche radicale,

* Texte inédit.

devenues groupusculaires, sont arrivées au bout du bout de leurs forces et ont perdu leurs raisons d'être, en dépit de la foi qui peut encore animer leurs rangs clairsemés. Mais par cette sorte de mouvement inertiel qui porte tout organisme social à se conserver aussi loin que possible au-delà des conditions qui l'ont engendré, désormais elles ne vivent plus, elles se contentent de survivre, engluées dans leurs routines et leurs rituels, piégées par les leurres de l'électoralisme bourgeois, et ce qui leur reste d'énergie se consume à faire de la figuration au fond de la scène politique où se déroule l'opéra bouffe politico-médiatique qu'on ose encore qualifier de débat démocratique.

Certes, on doit leur être reconnaissant d'avoir longtemps œuvré à entretenir l'esprit de résistance à l'oppression capitaliste, mais on ne peut plus se satisfaire aujourd'hui de ranimer pieusement la flamme du souvenir et de cultiver la mémoire des luttes anciennes. Nous avons à poursuivre la lutte au présent, ce qui est la meilleure façon de rester fidèles à l'idéal révolutionnaire des grands anciens. De ce point de vue, force est de constater que nos groupuscules, se prenant eux-mêmes pour leur propre fin, ne sont plus en état d'impulser la lutte, ni théoriquement ni pratiquement. Ils ne font plus que marquer en creux la place occupée par la gauche anticapitaliste, dans un état antérieur du champ politique, avant le reniement socialiste et la recomposition des forces de droite qu'il a favorisée.

À cet égard, plus de vingt ans de « recentrage », c'est-à-dire de droitisation, de la gauche politique et syndicale ont eu des effets délétères, même dans la gauche radicale. Par un lent et insidieux processus qui a progressivement délité et remodelé la vision de la réalité, les organisations révolutionnaires ont parlé de moins en moins de « lutte des classes », de « classe ouvrière », de « changement révolutionnaire », etc. ; elles ont de moins en moins utilisé ce vocabulaire hautement significatif et forgé dans les luttes, qui véhiculait toute une philosophie historique, politique et sociale, sans se rendre compte que cette évolution lexicale et rhétorique était l'indice et l'instrument à la fois d'une ringardisation par défaut de l'idée de révolution et d'une pénétration de l'idéologie dominante là même où elle aurait dû se heurter à la plus intransigeante résistance, au foyer même de la conscience de classe. On en arriva ainsi à ce paradoxe que des organisations qui conservaient la référence au communisme dans leur dénomination officielle en évacuaient totalement la notion de leur discours. Et ce n'est là qu'une des manifestations de l'abandon des positions de principe sous la formidable pression idéologique visant à discréditer la conception révolutionnaire de la lutte des classes et à ostraciser ses partisans.

En même temps que s'accomplissait cette évacuation des mots de la lutte révolutionnaire, et sans doute par un effet de *compensation*, on a vu les organisations de la gauche anticapitaliste, de plus en plus groupusculaires, recourir de plus en plus à un langage syndical et se situer de fait beaucoup plus sur le terrain de la revendication économique et sociale que sur celui de la contestation politique et de la critique idéologique ; tandis que les syndicats, de leur côté, tournant le dos à toute perspective de lutte des classes, adoptaient la langue de bois de la concertation et de la négociation chères aux « partenaires sociaux » et aux cogestionnaires de l'économie capitaliste, parachevant de la sorte, dans les mots comme dans les faits, la translation à droite de toute la structure du champ des luttes politiques. C'est aussi de cette façon que s'est actualisée l'hégémonie de ce que l'on a appelé « le nouvel esprit du capitalisme ».

On en est là aujourd'hui. Non seulement les groupuscules, organisations vestigiales et quasi folkloriques, ne sont plus utiles au peuple de gauche, mais ils lui sont même devenus nuisibles, dans la mesure où, comme on vient de le vérifier encore, leurs stratégies d'autoreproduction à perpétuité, leur concurrence obsédante et stérile, leurs querelles d'héritage, leurs anathèmes mutuels et leurs contentieux insurmontables les ont enfermés dans une forme de cécité structurale, obstruant littéralement toute perspective politique et plombant toute tentative de sortir de l'impasse. Le vrai problème que posent les groupuscules aujourd'hui n'est même plus celui de leur faiblesse irrémédiable ; c'est celui de leur existence même, et il faut avoir la franchise de dire, même si on est triste de devoir le dire, que le dernier service, éminent entre tous, qu'ils pourraient rendre à la gauche, ce serait de décréter enfin leur propre disparition et de l'organiser en se fondant dans une grande formation unitaire, un vrai parti de masse et de classe(s) où ils retrouveraient leur souffle révolutionnaire et les moyens réels d'assumer leur mission. Seul un grand parti regroupant toutes les composantes de la gauche anticapitaliste, et capable par là même de créer une dynamique nouvelle agrégeant toutes ces forces éparses – en déshérence ou en apesanteur dans le vide politique, voire tentées en désespoir de cause par le parti socialiste –, serait en mesure de mener comme il convient la bataille contre le système et d'établir un rapport favorable des forces [I]. En conséquence, pour les membres de la gauche anticapitaliste, la seule démarche responsable est maintenant de dire aux organisations, comme ont commencé à le faire les plus lucides : « Groupuscules, dissolvez-vous ! » [II]

Il est évidemment très peu probable que les dirigeants de groupuscules acharnés à survivre pour survivre acceptent d'entendre ce conseil de sagesse. Il est au

I. Il conviendrait de donner toute son importance au fait *sans précédent* qu'interrogés sur ce qu'ils pensent du capitalisme plus de 60 % des Français expriment une opinion négative.

II. C'est par exemple la prise de position du sociologue Gérard Mauger, « Groupuscules, dissolvez-vous ! », *Libération*, du 1er février 2007.

contraire à prévoir que chaque organisation, conformément au pli pris depuis des décennies, continuera à voter et vivoter au gré de l'agenda électoral officiel, en cherchant dans le pourcentage symbolique de suffrages que lui apporte chaque consultation électorale la preuve de la justesse de sa démarche, la confirmation de son destin messianique, l'injonction à persévérer dans son être et l'espoir renouvelé de faire mieux la prochaine fois. Si on ne veut pas qu'ils s'obstinent à poursuivre leur existence fantomatique, élections après élections, année après année, génération après génération, *in saecula saeculorum*, alors il faut se décider à *signifier* sans ambiguïté aux groupuscules qu'ils n'ont plus rien à attendre de nous puisque nous n'avons plus rien à attendre d'eux, sauf l'abnégation d'eux-mêmes au bénéfice d'un grand parti de la gauche anticapitaliste réunifiée [1]. Ce qui signifie très concrètement qu'il faut cesser de leur donner par nos bulletins de vote des raisons de continuer. C'est ce que je vais faire en votant *blanc* aux prochaines élections et aux suivantes, et que je ferai aussi longtemps que je ne pourrai pas donner ma voix à un(e) candidat(e) du parti que j'appelle de mes vœux.

Je vois déjà les haussements d'épaules, j'entends déjà les objections, goguenardes ou agacées de quelques-uns qui me reprocheront pêle-mêle d'être idéaliste, donc politiquement irréaliste, confus, impatient, prétentieux, infidèle, injuste, de faire le jeu de la réaction, etc. Sifflez beaux merles, je connais la chanson !… Si ma prise de position peut paraître choquante, c'est seulement parce qu'elle touche au sacré, parce que beaucoup de gens de gauche, en dépit de leurs convictions laïques et rationalistes, cédant au besoin obscur de réenchanter leur microcosme, ont sacralisé ce dans quoi ils s'investissent

1. Il va de soi à mes yeux qu'un anticapitalisme conséquent est nécessairement écologiste dans la mesure où on ne saurait dissocier la lutte contre l'exploitation des humains de la lutte contre l'exploitation insensée et le pillage de la planète.

et par exemple leur organisation politique, retombant ainsi dans une forme sournoise de rapport religieux à la réalité, à la manière des supporters des équipes de football. Car enfin, peut-on me donner une seule bonne raison, rationnellement acceptable, de s'obstiner à ériger inconditionnellement en fin en soi ce qui n'est qu'un simple moyen, et de surcroît un moyen qui a perdu toute efficacité ? Une organisation politique ne pourrait-elle fonctionner que comme une Église ?

Personnellement, j'estime avoir suffisamment donné dans ce panneau durant près d'un demi-siècle de vie politique. J'ai été fidèle, discipliné et réaliste au-delà du raisonnable. J'ai dépensé, avec des milliers d'autres, une énergie colossale. J'allais dire qu'elle n'a servi à rien, mais ce serait faux. Elle n'a servi en rien mon idéal révolutionnaire, mon aspiration à une société socialiste digne de ce nom. En revanche elle a bien servi, directement ou indirectement, les intérêts d'un parti socialiste qui a abjuré tout idéal révolutionnaire et les intérêts conjoints de tous ceux qui, tout en se réclamant encore, occasionnellement, du combat anticapitaliste, sans trop entrer dans les détails, se sont accommodés de la société du consensus « républicain » et de l'alternance « démocratique », et servent de caution de gauche à la cogestion du système. C'est pourquoi je tiens à éviter que, dans une vingtaine d'années, les enfants de mes enfants, ébahis et consternés de découvrir à leur tour une gauche toujours aussi atomisée, palabreuse et impuissante, s'écrient : « Mais pourquoi notre grand-père et ses amis ont-ils laissé pourrir la situation comme ça ? Étaient-ils bornés à ce point ? N'y avait-il vraiment rien d'autre à faire ? »

Qu'on ne se méprenne pas sur ma position. Je ne nourris aucune animosité particulière contre les groupuscules. Au contraire, la persistance d'un vieux fond de bons sentiments m'inclinerait spontanément à leur être encore favorable, à faire encore confiance, à espérer encore et toujours. Mais ces bons sentiments-là font, je le crains, de la mauvaise politique. On ne peut pas se proposer de faire reculer, et *a fortiori* de battre la domination du capital, en restant entre soi, pelotonnés à l'intérieur de ces petits cocons de camaraderie privés de tout véritable impact politique, de tout rayonnement idéologique d'envergure, et dont l'action ressortit plus au registre de la lutte syndicale, voire du travail social, qu'à celui de la lutte politique. Individuellement, on peut certainement y trouver son compte mais, sur le plan de la lutte des classes, le manque à gagner est évident. Il est légitime que l'engagement politique contribue à l'accomplissement personnel. Mais là n'est pas sa finalité essentielle. Et on doit se garder de l'égoïsme individualiste qui n'a déjà que trop pénétré les mœurs.

Le déclin de la gauche anticapitaliste est-il inéluctable, son affaiblissement est-il irrémédiable, la généreuse utopie socialiste, la belle et grande idée communiste, ont-elles vécu définitivement ? Si on le croit, alors les groupuscules n'ont plus aucune importance. Qu'ils durent ou qu'ils disparaissent, c'est égal. De toute façon ils ne peuvent que participer à la mascarade démocratique de la Ve République. Mais si on est convaincu, comme je le suis, que la gauche radicale conserve sa raison d'être, sa mission historique, alors il faut travailler à sa réunification et son élargissement, qui sont devenus le préalable indispensable à toute lutte sérieuse pour un changement démocratique digne de ce nom. Dans un pays comme la France, la distribution des capitaux et propriétés économiques, politiques et culturels justifierait que la ligne de partage principale passe entre les tenants de l'ordre capitaliste et les partisans d'un socialisme véritable au lieu de passer entre des fractions concurrentes des classes possédantes et dirigeantes. C'est une grande et difficile entreprise de mettre fin à cette imposture, et qui suppose de détacher du pôle actuel de la domination capitaliste les importantes fractions des classes moyennes et même des classes populaires qui s'y sont agglutinées, en position de supplétifs et de comparses, par intérêt mal compris. Comment imaginer un seul instant que nos groupuscules actuels suffiraient à cette tâche ? La démonstration est faite depuis longtemps que celle-ci excède leurs forces. Par conséquent, la sagesse et la dignité consisteraient pour eux à orchestrer leur propre disparition et à entreprendre de façon déterminée et volontariste, sans arrière-pensée ni calcul boutiquier, d'appeler à un grand congrès de refondation.

C'est là un processus qui demandera évidemment, même sans manœuvres dilatoires, un certain temps pendant lequel le capitalisme continuera, de son côté, à se mondialiser, à renforcer son emprise planétaire, à détruire ce qui le gêne ou lui résiste. Raison de plus pour cesser de perdre du temps, pour ne pas s'enliser dans des querelles de clocher et des procès en sorcellerie. L'urgence en la matière est aussi grande qu'en matière de sauvegarde de l'environnement. Les deux problématiques sont liées d'ailleurs, et c'est toujours du sort de l'humanité qu'il s'agit. Mais les groupuscules n'iront pas spontanément sur cette voie. Ils ouvriront d'autant plus vite et d'autant plus volontiers le chantier de la refondation qu'ils en sentiront davantage monter l'exigence dans leurs publics respectifs et leurs relais syndicaux ou associatifs, et plus largement dans l'ensemble du monde du travail.

C'est pourquoi il faut qu'à partir de maintenant quiconque a tant soit peu le sentiment d'une responsabilité personnelle dans l'évolution des choses fasse de ce projet de refondation sa préoccupation permanente et ne cesse d'en populariser le principe par tous les moyens en son pouvoir. En tout état de cause, nous, gens de la gauche anticapitaliste, aurons les lendemains que nous aurons préparés.

Dans l'immédiat, pour tirer les groupuscules de leur torpeur et de leur fausse sécurité, il faut se servir de ces élections présidentielles pour frapper un premier grand coup en votant blanc ou en s'abstenant – ce qui *en pratique* et en l'occurrence revient au même. Qu'on me fasse l'honneur de croire que je ne préconise pas cela de gaieté de cœur. Pour quelqu'un qui, depuis sa première inscription sur les listes électorales, n'a pas manqué une seule fois d'aller voter pour un(e) candidat(e) de gauche, y compris parfois pour un(e) socialiste – prétendument « pour battre la droite », ô ironie, ô dérision ! –, c'est une démarche assurément difficile. Mais je n'en vois pas d'autre, et apparemment personne n'est en mesure de m'en proposer une autre qui permette d'interrompre vraiment notre descente aux enfers.

Est-il besoin de souligner que ce refus de soutenir les groupuscules de gauche est en même temps le seul moyen de priver le parti socialiste de la possibilité qu'ils lui offrent de ratisser loin sur sa gauche, pour les seconds tours électoraux, au nom du réalisme invertébré qui commande le report des voix de gauche sur le candidat socialiste. Cette lamentable inconséquence dans le comportement de la gauche anticapitaliste est l'un des plus sûrs moyens de dédouaner le parti socialiste, devenu depuis longtemps la roue gauche du char de l'État capitaliste, qui écrase le monde du travail aussi bien, sinon mieux, que sa roue droite. En volant systématiquement à la rescousse du PS, sous le fallacieux prétexte que le choléra vaut mieux que la peste, la gauche accrédite la croyance que le PS est toujours à gauche *quand même*. Si les groupuscules ne pouvaient plus inciter leurs électeurs à reporter leurs suffrages sur le PS, celui-ci ne pourrait plus se prévaloir du soutien de la gauche anticapitaliste dont il ne cesse de trahir sans vergogne les attentes dès lors qu'il arrive au pouvoir. Tout le monde verrait alors avec évidence qu'il n'est plus qu'un des multiples fers au feu des classes possédantes et dominantes.

S'agissant des présidentielles de 2007, il est encore plus clair que précédemment qu'il ne faut pas attendre de la candidate socialiste, si d'aventure elle devenait chef de l'État, une politique anticapitaliste cohérente et déterminée. On aurait pu croire qu'avec Jospin les socialistes avaient atteint le bout de la logique sociale-démocrate de soumission aux forces du marché et d'abandon de souveraineté face aux diktats du libéralisme européen. Eh bien non, ils pouvaient descendre d'un cran encore : le tandem Hollande-Royal a réussi à parfaire l'entreprise, que Mitterrand lui-même n'avait pas réussi à porter à un tel point de perfection, de domestiquer entièrement le PS et de l'abaisser jusqu'à en faire un simple marchepied pour servir des ambitions personnelles qui n'ont même plus besoin de feindre le respect de la charte du parti.

Que l'illusionniste Bayrou ait réussi à imposer sur la scène du music-hall médiatico-politique un tour de passe-passe inattendu ne change rien à l'affaire. La logique structurale du champ politique ou, en d'autres termes, la loi de l'alternance au pouvoir des deux grandes fractions de la bourgeoisie capitaliste, l'une un peu plus réformiste, l'autre un peu plus conservatrice, assigne une place et une seule à prendre en face de l'UMP sarkozienne. Cette place était occupée par le PS. Si Bayrou devait damer le pion à Royal, c'est son parti qui deviendrait le parti dominant et l'UMP serait le nouvel outsider. Sinon, la victoire de Ségolène Royal sera l'apogée de l'imposture socialiste et aura pour effet de consolider encore le règne du faux-semblant et de la confusion où est plongée la gauche française, y compris la gauche anticapitaliste. Pour y mettre fin celle-ci n'a qu'une seule voie, celle de la refondation.

Encore une fois, je n'appelle pas à la croisade contre les groupuscules. À mes yeux ils ne sont pas des ennemis. Mais ils sont des obstacles institutionnels qui empêchent la gauche anticapitaliste d'avancer. Et comme malheureusement ils semblent devenus incapables de le réaliser et d'en tirer les conséquences, il importe de le leur faire comprendre en utilisant le seul argument qui les intéresse : nos bulletins de vote. C'est le début d'une longue route, encore faut-il s'y engager par un acte décisif[1].

* *
*

Courage, camarades ! *

Avril 2007

Le 7 février dernier, un groupe de journalistes de l'audiovisuel public a mis en ligne un appel adressé à leurs collègues et à leurs directions pour protester contre la mauvaise couverture de la campagne électorale par les chaînes et les radios du service public (accusées de partialité, bipolarisation, méconnaissance des vrais problèmes, etc.) et pour demander qu'on y remédie sans plus tarder, sous peine de voir « le fossé se creuser encore un peu plus entre (eux) et les citoyens qui (les) financent ».

Les signataires de cet appel estiment que les « directions n'ont pas tiré tous les enseignements, non seulement en regard de 2002 mais aussi des dérives constatées lors du référendum sur le traité constitutionnel ou encore plus loin lors de la candidature de Balladur en 1995 ».

---

1. Cette élection ne fut pas l'occasion d'une refondation, ni avant ni après la victoire de Nicolas Sarkozy sur Ségolène Royal. Lors du premier tour, les différents groupuscules d'extrême gauche en lice ont réalisé les scores suivants : LCR (Olivier Besancenot) 4,08 %, PCF (Marie-George Buffet) 1,93 %, Lutte ouvrière (Arlette Laguiller) 1,33 %, José Bové 1,32 %, PT (Gérard Schivardi) 0,34 %. [nde]

* Chronique parue dans *La Décroissance* (2007, n° 38).

Sans minimiser les risques qu'il fait courir à ses courageux signataires, du fait de l'arbitraire directorial régnant dans leurs rédactions, il est permis de formuler quelques remarques sur ce texte :
— la première, c'est que son objet n'a rien d'un scoop. Tout le monde, ou presque, sait depuis longtemps que les grands médias audiovisuels, publics et privés confondus, sont globalement du côté du pouvoir politico-économique et de l'ordre établi. Pas seulement parce qu'ils appartiennent à des groupes industriels et financiers ou qu'ils sont les otages des annonceurs publicitaires mais plus fondamentalement encore parce que les professionnels qui les font fonctionner (quelques milliers d'hommes et de femmes) constituent dans l'ensemble, et plus encore dans leur fraction dirigeante, un corps relativement homogène sociologiquement, dont le recrutement et la formation impliquent l'adhésion consciente et inconsciente au système existant et à la même vision du monde, avec les diverses variantes réformistes à la mode. De sorte qu'en toutes circonstances, sur tous les sujets importants, la grande presse tombe du côté où l'emporte sa propre pesanteur : celui du maintien de l'ordre capitaliste ;
— la seconde, c'est que, dans ces conditions, il y a quelque naïveté, pour le moins, à se laisser aller épisodiquement à ces mouvements d'humeur contre le fonctionnement prévisible d'un système cadenassé qu'on ne remet jamais vraiment en cause le reste du temps, et à admonester des directions dont il est clair qu'elles ne peuvent ni ne veulent faire le contraire de ce pour quoi elles ont été mises en place. Ces petites mutineries rituelles sont sympathiques mais condamnées à demeurer parfaitement inopérantes, sauf pour se donner bonne conscience ;
— la troisième, c'est que, même naïves, ces protestations seraient les bienvenues si elles préludaient à une mobilisation durable, énergique et lucide pour développer à

l'intérieur même de la sphère journalistique le combat, réduit aujourd'hui à des gestes symboliques, contre l'esprit de soumission aux institutions dominantes et aux puissances établies, contre le despotisme des chefs, l'égoïsme carriériste, la précarisation croissante du travail et l'exploitation des plus jeunes, la dégradation de l'information, l'enseignement de la servilité ; bref contre tout ce qui fait de ce journalisme-là, *volens nolens*, non pas le « pilier essentiel de la démocratie » évoqué dans l'appel mais le complice du néoféodalisme capitaliste et l'instrument de sa propagande socialo-libérale.

Bien que l'abaissement actuel des grands médias semble hélas ne laisser subsister aucun espoir en ce sens, on a envie de crier à cette poignée de frondeurs : « Courage, camarades, encore un effort !… »

* *
*

Vive le changement ! *

Mai 2007

Parmi les vertus les plus prisées par le néolibéralisme, chez les individus comme dans les institutions, il y a la « flexibilité » qui permet de s'adapter, l'« ouverture » qui permet de changer, la « mobilité » qui permet de « bouger », etc. ; et on considère tous ceux qui ne possèdent pas suffisamment ces ressorts de mouvement perpétuel comme des attardés, des infirmes ou, pis encore, comme des ennemis du progrès humain.

* Chronique parue dans *La Décroissance* (2007, n° 39).

On sait d'expérience ce que recouvre en fait cette apologie du « bougisme » généralisé : d'une part une incitation permanente à la consommation de produits « nouveaux », d'autre part une offensive contre les acquis sociaux et le droit du travail, accusés de « bloquer » les nécessaires changements.

Si nos « postmodernistes » s'intéressaient encore aux œuvres des Anciens, nul doute qu'ils invoqueraient à l'appui de leur philosophie mobiliste l'autorité du célèbre Héraclite d'Éphèse, qui fut le premier à formuler, de façon imagée, cette grande loi du devenir historique : « Tout coule. Tout se transforme. On ne se baigne jamais deux fois dans le même fleuve, on ne respire jamais deux fois la même rose. »

Ne rouvrons pas ici la vieille querelle entre Héraclite et Parménide, qui soutenait la thèse exactement opposée. La réalité donne à la fois raison et tort à l'un comme à l'autre. Mais prenons plutôt nos mobilistes au mot : « Vous voulez que tout change ? Vous prétendez que c'est la loi de notre monde ? Que quiconque y résiste est un ringard passéiste ? Eh bien, chiche, changeons tout, mais vraiment *tout !* Pas seulement le code du travail, la sécurité sociale, les retraites, les services publics et autres dispositifs imposés ou arrachés de haute lutte aux classes dominantes par les travailleurs, mais aussi tous les dispositifs, toutes les barrières, toutes les protections que le capital a dressés pour perpétuer sa domination depuis des siècles. Mettons fin aux inégalités scandaleuses, aux discriminations indécentes et aux humiliations insupportables que la loi prétendument républicaine inflige, génération après génération, aux classes populaires, aux Français au rabais ; faisons enfin entrer dans les entreprises la démocratie qui s'est arrêtée pile à leurs portes depuis au moins la loi Le Chapelier de 1791 ; faisons-la aussi entrer vraiment dans les assemblées parlementaires, dans les grands corps de l'État, dans les tribunaux, dans les grandes écoles et les universités, dans la législation fiscale, dans la loi électorale, etc., partout où elle est oubliée, bafouée, contournée et niée, avec une inlassable constance, par ceux qui accaparent tous les pouvoirs.

» Tant que nous y sommes, faisons bonne mesure et supprimons une fois pour toutes ce droit de propriété archaïque grâce auquel les riches, enrichis par l'exploitation du grand nombre, privatisent les ressources et les biens qui, produits par la nature et le travail collectif, devraient appartenir à la collectivité. Mettons enfin un terme à la séculaire mascarade politique qui déshonore la République en la livrant aux puissants. À bas l'ancestrale tyrannie de la marchandise et de l'argent-roi. Il faut changer tout ça. Vive le Devenir et vive la Révolution !

» Qu'en dites-vous chers partisans du changement, n'est-ce pas là un sacrément beau programme de transformation de la société ?

» Mais quoi, voilà que vous tordez le nez, vous faites la moue, vous regardez ailleurs. On se disait bien aussi que votre culte du changement, ce n'était rien qu'un vulgaire slogan publicitaire… »

* *
*

Médiocratie *

Juillet 2007

Par la grâce des médias, les élections sont devenues dans nos démocraties de véritables opéras, orchestrés et mis en scène par un recours intensif à tout l'arsenal

* Chronique parue dans *La Décroissance* (2007, n° 41).

de la publicité et de la propagande déguisées en information. Dans une chorégraphie minutieusement réglée par leurs conseillers en communication, les « grands » candidats sont venus faire leur numéro de danse du nombril, en mobilisant autour d'eux un ballet de faire-valoir appartenant à ce qu'il est convenu d'appeler les « élites de la nation ».

On a pu voir ainsi se presser sur les tréteaux, bombant le torse et se bousculant pour mieux entrer dans le champ des caméras, de « grands » intellectuels, pêle-mêle avec de « grands » acteurs, de « grands » chanteurs, de « grands » champions sportifs, et un tas d'autres « grands » qui sont censés faire la grandeur de la France, si l'on en croit les « grands » journalistes qui animent ces « grandes » cérémonies rituelles.

Nul doute que cet exhibitionnisme de la « grandeur » doit impressionner nombre de citoyens enclins à se prosterner devant l'étalage de l'importance sociale, ce que Pascal appelait justement les « grandeurs d'établissement ». Mais il en est d'autres, dont je m'honore de faire partie, qui dans tout ce déploiement de grandeur ont été surtout frappés par l'insigne médiocrité du spectacle et de tous ses acteurs, y compris des candidats eux-mêmes. Et on voudrait nous faire croire que l'élite, ce serait *ça* ! On ne peut pas dire honnêtement de tout ce beau monde que c'est un ramassis de nullités, dans la mesure où la plupart ont fait preuve, à un moment donné, d'un peu de talent dans un domaine ou un autre. Mais on ne peut pas dire non plus que cela suffise à leur assurer une gloire immortelle. Ni tout à fait nuls, ni véritablement grands, ils sont simplement médiocres, et sans la complaisance intéressée des marchands de la presse *people* et de leurs annonceurs, qui font trafic de ces fétiches et leur fabriquent du « charisme » à grands renforts de pub et de com, ils ne seraient jamais devenus des « stars » ni des « idoles » ; tout au plus, dans les meilleurs des cas, aurait-on pu parler de ces étoiles filantes dont l'éclat fugace annonce le retour au néant.

Et toutes ces marionnettes, enflées de vent et rayonnantes de médiocrité satisfaite, s'adressaient à nous pour nous dire, par leur seule présence : « Allons braves gens, regardez-vous, vous les humbles, la piétaille, les minus, la roture, et puis regardez-nous, nous le sel de la France, le champagne de la droite, le caviar de la gauche, l'incarnation de l'aristocratie républicaine, les précieuses élites, la noblesse *new look*, les nouvelles altesses et éminences ; bref, les grands de ce monde, nous qui venons féalement mettre notre grandeur au service des meilleurs d'entre nous, les "grands" candidats à la majesté présidentielle. »

Ravis et subjugués par tant de m'as-tu-vuisme tapageur, les électeurs de base applaudissaient à tout rompre. À l'exception de quelques-uns, qui avaient remarqué que, pour mieux faire illusion, tous ces prétentieux bateleurs s'étaient, à l'instar de leur « grand » candidat préféré, juchés sur des talonnettes.

* *
*

Quelle refondation ? *

Septembre 2007

Si à quelque chose malheur est bon, alors peut-être pouvons-nous espérer que la défaite de la gauche aux dernières élections aura marqué la fin d'un long processus de dégénérescence et le début d'un renouveau.

* Texte paru dans *Le Sarkophage* (2007, n° 2).

D'ores et déjà les appels à la refondation se multiplient et l'idée que le combat anticapitaliste a besoin d'une grande organisation politique puissante et stable semble faire son chemin. Dans cette perspective, il paraît utile de formuler quelques réflexions qui, même dépourvues d'originalité, demandent une insistance particulière.

Refonder la gauche n'a de sens que s'il s'agit de reconstituer une force de rupture avec le capitalisme, visant à lui substituer un régime, historiquement inédit, de démocratie inséparablement politique-économique-sociale, sans écarter *a priori* aucune des méthodes ni des voies (consultations électorales, débats parlementaires, manifestations de rue, grèves, désobéissance civile, etc.) qui pourraient être utilisées successivement ou simultanément pour redonner à l'ensemble du peuple la souveraineté confisquée par la ploutocratie bourgeoise.

S'il ne s'agit en effet que d'adapter/réformer le système capitaliste actuel, il est inutile de refonder quoi que ce soit, à moins que l'on n'entende par là faire ce que le parti socialiste a déjà entrepris de faire depuis des années et qu'il se propose de parfaire en mettant désormais sa rhétorique encore vaguement gauchisante (surtout en période électorale) en accord avec sa vision politique de droite. C'est ce que le PS appelle une « refondation » et qui est en fait une imposture, tendant une fois de plus à obtenir le soutien le plus large des salariés à l'ordre établi. (Le fait que, chez les socialistes de base, une partie des adhérents – et des électeurs – n'aient pas encore deviné à quoi ni à qui on les fait servir et confondent encore Hollande, Royal et Cie avec Jaurès et Guesde ne change rien à la réalité de la mystification opérée en leur nom.)

Cela dit, ne chargeons pas de tous les péchés l'appareil dirigeant qui a fait main basse sur le PS et son électorat. Il n'a réussi son mauvais coup que parce qu'une foule de circonstances objectives s'y prêtaient qui appelaient une expression politique de la « moyennisation » de la société française, c'est-à-dire de l'ensemble des changements liés à l'explosion des classes moyennes et à leur poids spécifique grandissant dans la structure des rapports de force. Le PS a été à la fois l'interprète et l'accélérateur de cette évolution. Avec Mitterrand et le retour de la gauche au pouvoir en 1981, il a entrepris de *moyenniser* la vie politique à l'image du reste de la société.

Ce n'est pas le lieu ici de retracer dans le détail le processus de la moyennisation dont les grandes lignes sont bien connues. Rappelons seulement que l'une des caractéristiques essentielles de ce processus, sur le plan théorico-politique, est l'abandon du concept de « lutte des classes », qui était jusque-là la clef principale de la compréhension des faits sociaux et singulièrement de tous les affrontements entre travail et capital. Tout s'est passé comme si l'expansion des classes moyennes dans le corps social abolissait les classes et leurs affrontements irréductibles. Dans la vision nouvelle de la diversité sociale, il semblait qu'il n'y eût plus que des différences d'intérêt *spécifique*, liées à la pluralité des fractions (traditionnelles ou nouvelles) d'une petite bourgeoisie globalement en ascension, qu'un même intérêt *générique* rendait plus que jamais solidaire d'un système économico-politique où il s'agissait seulement d'optimiser sa position sans remettre en question la logique profonde des rapports de domination. C'est là la racine du mal qui a plus qu'à demi tué la gauche française : un besoin de légitimité, de distinction et de reconnaissance de ses mérites animant une petite bourgeoisie aux dents aiguisées ; en particulier par l'accroissement de son capital culturel, l'amélioration de son niveau de vie grâce aux retombées de la croissance et, corollairement, l'émancipation libertaire de ses mœurs. Le rôle quantitativement et qualitativement grandissant qu'elle jouait dans le fonctionnement du système fondait à la fois et contradictoirement sa disposition à la collaboration empressée avec la grande bourgeoisie et sa tendance à en contester la domination sans partage. Telle fut l'âme de la politique de « la gauche de gouvernement » pendant plus de vingt ans.

On est ainsi passé, en l'espace d'une génération, de la vision « archaïque » d'une société déchirée par d'incessants et parfois sanglants conflits de classes, qui prévalait encore dans les années 1960, à celle, « moderne » et d'un irénisme largement fantasmé, d'une société où les représentants hautement distingués et diplômés des populations discutent, entre « partenaires sociaux » de bon ton et de même culture, de la meilleure façon de maximiser, au bénéfice du capital, la privatisation des richesses créées par le travail collectif, en évitant de provoquer des remous majeurs. Le consensus régnait massivement, la lutte des classes était morte. C'était du moins ce que voulaient croire un grand nombre de Français moyens, ivres de leur hégémonie proclamée. Le parti socialiste a bâti sa prospérité en se faisant le héraut de ces prétendants au *partage de la domination* bourgeoise et, le plus logiquement du monde, c'est sa fraction la plus embourgeoisée (la « gauche caviar ») qui s'est emparée de l'appareil pour en faire sa machine à fabriquer de l'offre politique sur le nouveau marché des classes moyennes.

Et pendant tout ce temps que devenaient les classes populaires, et en particulier la classe ouvrière ? La lutte des classes se serait-elle éteinte faute de combattants ? Oui et non. Non, dans la mesure où non seulement les effectifs des classes populaires n'ont pas diminué mais ils ont même augmenté – contrairement à une croyance alimentée par la croissance spectaculaire du secteur tertiaire qui faisait penser que la « moyennisation » était en train d'assécher les classes populaires. Mais malgré leur importance démographique persistante, les classes populaires n'ont pas pesé lourd en face du processus de moyennisation. Pourquoi ? Pour dire les choses simplement, parce qu'elles sont devenues invisibles, inaudibles et donc quasiment inexistantes. En effet, pour exister socialement (et en particulier politiquement), il ne suffit pas d'exister physiquement, il faut s'imposer à l'attention et au respect des autres, en se battant sous son propre drapeau. Une classe sociale *en soi* n'est rien, en tout cas pas une force réelle. Elle ne le devient que si elle parvient à se mobiliser, à prendre conscience d'elle-même, à se constituer en classe *pour soi*, ayant une histoire et un projet originaux. Ce qui demande un travail énorme et continu, car les générations se succèdent, se fatiguent et s'effacent, et que rien n'est jamais acquis.

Tant que les classes populaires, en particulier la classe ouvrière, ont disposé de leurs propres organisations politiques et syndicales, ou plus exactement tant que leurs organisations ont analysé les conflits sociaux en termes de lutte des classes et d'exploitation, c'est-à-dire d'opposition entre des intérêts fondamentalement antagonistes, les classes populaires ont existé socialement. Le rôle joué dans l'histoire de la nation et dans les luttes, en temps de paix comme en temps de guerre, leur conférait un poids social et une autorité politique qui les rendaient redoutables et s'imposaient à leurs adversaires, comme à leurs alliés. La perspective révolutionnaire, c'est-à-dire la possibilité d'un rejet du système capitaliste par les masses laborieuses, demeurait ouverte. Mais le recentrage du PS a entraîné dans son sillage celui du parti communiste et des grandes centrales syndicales, de plus en plus enlisés dans la logique électoraliste de l'« union du peuple de gauche » et d'une conception réformiste-légaliste du changement conduisant en fait à la cogestion du capitalisme par la voie parlementaire et la négociation. Dans l'esprit des « élites », de gauche comme de droite, l'ère des révolutions était définitivement close. Les classes populaires et même une fraction très minoritaire mais combative des classes moyennes avaient beau conserver un potentiel de rébellion dont la mobilisation inattendue, voire l'explosion un peu sauvage de temps à autre, sur un terrain ou un autre, prenaient de court les organisations politiques et syndicales, aux yeux de leurs « élus », de leurs soi-disant représentants et porte-parole, elles n'existaient plus que comme une réserve de voix qu'on sollicite pour un scrutin et qu'on oublie ensuite. Rien d'étonnant dans ces conditions si le taux d'abstention s'est accru dans cet électorat cyniquement traité comme une simple force d'appoint. Sans compter ceux que le ressentiment a jetés dans les bras de la droite.

Faute de trouver un prolongement adéquat de leurs aspirations et intérêts dans le champ politique institutionnalisé, les classes populaires ont disparu de la représentation légitime de la société, d'autant plus totalement que l'institution médiatique, qui assure et contrôle désormais l'accès à la visibilité sociale, était davantage colonisée par les fractions les plus culottées des classes moyennes, tout occupées à se mettre en scène en utilisant l'arsenal symbolique des médias au service de leur volonté de collaboration avec les classes supérieures et de leur vision hédoniste et consensuelle d'une société sans histoire(s). Pendant que les classes moyennes se « boboïsaient », les classes populaires se ghettoïsaient. À force d'être relégué au fond de son ghetto banlieusard, où il était visité par plus de policiers que de journalistes, et condamné au décervelage par exposition intensive à l'ordure audiovisuelle, le « peuple » est devenu virtuel. Et lorsqu'une « émotion populaire » le faisait inopinément ressurgir sur la scène, la force conjuguée des flics de commissariat et de salles de rédaction, des cars de CRS et des cars de reportage, le renfonçait dans son néant symbolique.

On sait où ce processus d'escamotage et de laminage des forces progressistes populaires et de négation des luttes de classes a conduit : le triomphe du sarkozysme comme synthèse logique de la brutalité répressive de droite et de la condescendance humanitariste de gauche, énième version historique de « la main de fer dans un gant de velours ».

Si donc on veut refonder la gauche, cela ne peut signifier qu'une réintégration des classes populaires dans le « peuple de gauche » et dans son combat politique, non pas pour les cantonner dans une fallacieuse figuration, à la façon d'une émission de télé-poubelle, mais pour leur permettre d'exprimer en leur nom propre leurs véritables intérêts et de se battre pour mettre un terme, par tous les moyens concevables, à l'exploitation et à l'oppression dont elles sont l'objet. Tout le reste n'est que bavardage, alibi et faux-fuyant. Il appartient aux classes moyennes de mettre leurs actes en accord avec leur humanisme claironné. L'erreur en l'occurrence serait de croire que la refondation de la gauche pourrait servir à regrouper sous une même bannière toutes les forces, tous les courants, toutes les personnes qui se réclament de « la gauche », nébuleuse vague, molle et faisandée, contenant tout et son contraire. Cette appellation non contrôlée est aujourd'hui usurpée par une foule de petits-bourgeois opportunistes qui ont choisi de lier leur sort à celui des classes possédantes et dirigeantes, parce qu'ils se sentent bien, matériellement et moralement, dans un système capitaliste dont ils ont épousé la philosophie consumériste et productiviste et parce qu'ils supportent sans trop de peine les dégâts et les souffrances qu'il inflige aux autres, en particulier aux petites gens d'ici et d'ailleurs. Avec la mondialisation, les dangers que le capitalisme fait courir à l'humanité tendent à prendre une autre dimension. On peut d'ailleurs, sans être grand clerc, prévoir que les avanies et dommages croissants que l'évolution de la mondialisation capitaliste a commencé d'infliger aux classes moyennes, y compris à leurs fractions jusqu'ici plutôt favorisées, vont donner à réfléchir à plus d'un partisan de la libre entreprise et l'amener à mesurer d'un autre œil l'écart qui le sépare des plus exploités.

Quoi qu'il en soit, une gauche digne de ce nom, chez nous, ne doit plus chercher à concilier l'eau et le feu, le travail et le capital. Sans préjuger les nécessaires alliances et rapprochements tactiques, sur le plan national et *international*, que les luttes contre le système peuvent commander dans une conjoncture particulière (celle de la mondialisation), il doit être bien clair, si la notion de refondation a un sens, qu'il n'y a de gauche qu'à gauche, du côté des classes populaires, des dépossédés, des intérêts des travailleurs, de « la misère du monde », à l'exact opposé des classes possédantes et jouisseuses, des exploiteurs et des intérêts du capital. Non pas, comme d'aucuns feront mine de le croire, par « populisme », « ouvriérisme », « misérabilisme » ou quelque autre forme de sentimentalisme que ce soit. Il n'y a pas lieu évidemment d'idéaliser les classes populaires. Mais parce qu'en politique, à la différence de l'esthétique, le mélange des genres, le métissage des registres et l'hybridation des styles, loin de produire de l'innovation créatrice, n'ont jamais favorisé que les révolutions conservatrices.

Il faut cesser de moyenniser la politique, de la laisser dégénérer en ce vaudeville mondain, ce simulacre d'affrontement entre compères, ce bonneteau médiatico-électoral. Le moment est venu d'en finir avec la gauche en trompe-l'œil, la gauche esthétisante, la gauche de communication, la gauche salonnarde et tartuffarde, bref, la gauche des petits-bourgeois gentilshommes.

* *
*

Bas les masques ! *

Septembre 2007

La ruée de quelques-uns des cracks du PS au paddock élyséen et leur enrôlement dans le haras gouvernemental sarkozyste a soulevé une émotion intense, avec l'aide des médias, bien sûr, jamais en retard quand il s'agit d'accoucher d'une montagne à propos de souriceaux [1].

Et les bonimenteurs de la presse à reluire de crier au génie présidentiel et de s'émerveiller devant le stratège machiavélien qui, à la différence d'Ulysse faisant entrer par ruse le cheval de Troie chez l'adversaire, a ouvert lui-même les portes de sa citadelle aux vieux chevaux de retour du parti adverse, alléchés par l'odeur du picotin. Et les éditorialistes bien en cour de s'apitoyer, avec des trémolos hypocrites, sur le calamiteux destin d'une « gauche » décapitée, en voie d'implosion, dont le char, désormais privé de ses meilleurs attelages, est manifestement condamné à verser bientôt aux fossés de l'histoire.

Du calme, du calme, la journaille ! Essayons, si vous le pouvez, de redonner aux choses leurs justes proportions.

D'abord, ce n'est pas d'aujourd'hui qu'on assiste aux palinodies et reniements de politiciens carriéristes et opportunistes toujours prêts à se rallier au plus offrant. Avec un peu d'aplomb et moins encore de scrupules, on peut faire longue carrière en politique. Fouché et

---

* Chronique parue dans *La Décroissance* (2007, n° 42).

1. Les ministres et secrétaires d'État dits d'« ouverture » du gouvernement Fillon de juin 2007 (jusque-là plus ou moins proches du PS ou de la « gauche ») sont Bernard Kouchner, Éric Besson, Jean-Marie Bockel, Fadela Amara, ainsi que le « haut-commissaire » Martin Hirsch, ancien membre des cabinets ministériels socialistes. Par ailleurs, on peut mentionner les diverses « missions » confiées par Nicolas Sarkozy à Jack Lang, son soutien actif à l'élection de Dominique Strauss-Kahn à la tête du FMI, ou encore les rumeurs de ralliement concernant Claude Allègre. [nde]

Talleyrand ont eu beaucoup d'émules. Quand les idées se brouillent, que les convictions s'attiédissent, que le sens de l'honneur vacille, l'intérêt personnel reste une boussole sûre et « un bon tiens vaut mieux que deux tu l'auras ».

Ensuite, s'agissant des politiciens professionnels du PS, on est en droit de se demander où est vraiment la trahison : chez ceux qui partent ou chez ceux qui restent ? Car enfin, nous sommes quelques-uns à gauche à nous sentir abominablement trahis, et depuis longtemps, par un PS qui a opté définitivement pour une « gestion loyale » du système et abandonné officiellement le combat anticapitaliste. L'impérieuse nécessité de ce combat était encore réaffirmée avec force (au moins dans les mots) par les socialistes d'après la Libération, qui aimaient à rappeler, par la voix de Léon Blum (discours de 1946), la formule clairvoyante du grand Jaurès : « Au fond du capitalisme, il y a la négation de l'homme. »

Depuis maintenant plus de vingt-cinq ans, le PS a tourné le dos à toute perspective de rupture avec le capitalisme. Bien plus, ses distingués hiérarques n'ont cessé de prêcher au monde du travail – et du chômage – l'évangile de la pensée unique, le dogme néolibéral de la soumission aux lois du réel tel qu'il est, et la morale de la réussite individuelle à tout prix. Bref, les socialistes sont devenus des sociaux-libéraux, c'est-à-dire l'avatar petit-bourgeois de la droite bourgeoise. Dans ces conditions, la prétention des socialistes à constituer la force principale sinon exclusive de la gauche n'est-elle pas devenue une imposture, un mensonge éhonté, une trahison pure et simple de l'idéal originel et un abus de la confiance des travailleurs ? Toutes les contorsions rhétoriques n'y changeront rien.

Sans doute est-il déshonorant de quitter le navire quand il prend l'eau. Du moins doit-on reconnaître aux transfuges qui ont préféré monter à bord de la nef amirale qu'ils font preuve d'une certaine cohérence : tant qu'à faire la politique de la droite, autant que ce soit sous son pavillon. Leur départ pour la Sarkozie équivaut à dire à leurs camarades : « Pour une fois soyons honnêtes, c'est-à-dire logiques ; nous ne passons pas à l'ennemi, nous rejoignons notre tribu, nous rentrons à la maison. Nous ne trahissons pas la gauche (c'est de l'histoire ancienne), nous manifestons ouvertement notre appartenance à la droite. Ce n'est pas un vil reniement, au contraire c'est un méritoire *coming out.* »

* *
*

Néotaylorisme *

Octobre 2007

La ministre de l'Économie et des Finances, Mme Christine Lagarde, s'est livrée, le 10 juillet dernier, devant un parterre de députés UMP charmés par son intervention, à une charge virulente contre tout ce qui constitue, d'un point de vue sarkozien orthodoxe, un obstacle à la libéralisation totale du monde en général et de la France en particulier. Entre autres propos édifiants, elle a déclaré ceci : « C'est une vieille habitude nationale : la France est un pays qui pense. Il n'y a guère une idéologie dont nous n'avons fait la théorie. Nous possédons dans nos bibliothèques de quoi discuter pour les siècles à venir. C'est pourquoi j'aimerais vous dire : assez pensé maintenant, retroussons nos manches. »

S'il nous fallait un indice supplémentaire que la démarche sarkozienne se situe non pas en rupture avec

* Chronique parue dans *La Décroissance* (2007, n° 43).

mais dans le droit fil de la politique qui est depuis toujours celle de la droite capitaliste, nous le trouverions dans cette injonction comminatoire : « Assez pensé maintenant », qui fait suite à la fière revendication de Nicolas Sarkozy : « Moi, je ne suis pas un intellectuel ! » À ceux que pourraient étonner de telles déclarations, il convient de rappeler que, depuis le XIXe siècle, la fraction dominante de la droite française, la droite de gouvernement, celle qui s'est trouvée le plus souvent et le plus longtemps « aux affaires », ne s'est jamais distinguée par un attachement immodéré aux valeurs autres que boursières et entrepreneuriales, qu'elle a toujours apprécié les spéculations financières infiniment plus que les spéculations philosophiques, et que la seule culture qui n'ait jamais provoqué sa défiance, c'est la « culture d'entreprise ». À telle enseigne que l'opposition structurale entre le monde économique et le monde intellectuel et artistique, déclinée classiquement en oppositions entre le boutiquier et l'artiste, le patron et le professeur, le financier et le chercheur, le gestionnaire et le saltimbanque, etc., est devenue une constante de l'analyse sociologique.

Avec une bonne conscience inébranlable, les représentants de cette droite des privilèges, de l'accaparement et du gaspillage n'ont cessé d'exhorter les classes laborieuses à faire de nouveaux efforts et à endurer stoïquement l'austérité. Cette bourgeoisie affairiste et réactionnaire, qui pleurait ces jours-ci en Raymond Barre l'un de ses meilleurs commis, n'a cessé de « se retrousser les manches » sur les bras des travailleurs, en adressant à ces derniers le reproche récurrent d'être trop enclins à la paresse, à la rêvasserie utopique et à la contestation. C'est que, pour fonctionner de façon optimale, le système capitaliste a besoin de séparer le plus rigoureusement possible les fonctions d'exécution et les fonctions de conception, quoi qu'en disent les théoriciens du néomanagement. Penser est un droit de propriétaire, réservé aux patrons, parfois délégué à leurs acolytes cadres, et aux intellectuels « jaunes ». Quant à la piétaille des ouvriers et employés des entreprises, il lui revient de travailler sans relâche et sans murmure, conformément à l'avertissement que F.W. Taylor, l'inventeur de l'organisation « scientifique » du travail, lançait aux ouvriers qu'il mettait à la chaîne : « Vous n'êtes pas ici pour penser ! »

Une poignée de têtes pensantes commandant à une armée d'ilotes lobotomisés et muets, telle est l'organisation idéale à laquelle vise un système qui prétend s'identifier avec la démocratie et l'intérêt général, si on en croit ses propagandistes des salles de rédaction, des IEP et des facs de sciences économiques. À plus d'un siècle de distance, l'interdiction de penser lancée par la sarkozienne Lagarde fait très exactement écho à la mise en garde de Taylor, grand serviteur du capitalisme américain.

Vous parlez d'une rupture !…

* *
*

La fabrique des humanoïdes *

Novembre 2007

Qu'on me permette d'ajouter mon grain de sel aux propos avisés des intervenants du mois dernier [1] sur le thème : « La morale est-elle réactionnaire ? »

* Chronique parue dans *La Décroissance* (2007, n° 44).

1. Il s'agissait du débat organisé dans le numéro de *La Décroissance* d'octobre 2007 sur le thème « Toute morale est-elle réactionnaire ? » avec la participation de Jean-Claude Guillebaud, Véronique Hervouët, Michel Cornu et Fabrice Flipo. [nde]

Les historiens futurs qui étudieront l'évolution de la société française (et plus largement occidentale) aux alentours de l'an 2000 seront certainement attentifs au processus de démoralisation qui s'est produit au cours de cette période et qui s'est caractérisé par un tel affaissement du sentiment moral, un tel affaiblissement de la capacité de distinguer entre le bien et le mal, qu'une partie des populations des pays les plus développés de la planète en est arrivée à considérer la morale comme caduque, voire comme une forme de « réaction » à l'émancipation du genre humain.

Malgré la grande complexité du sujet, un accord se fera sans doute sur quelques aspects essentiels, comme par exemple sur le fait que cette anesthésie morale tenait par certaines de ses racines les plus profondes aux changements structurels intervenus dans le mode de production occidental à partir de la fin de la Seconde Guerre mondiale. Sur le plan matériel, et plus précisément économique, l'Occident, subjugué par le modèle américain, est entré dans l'ère de la production et de la consommation de masse. La reconstruction dynamisant l'investissement et la croissance, le capitalisme industriel a démultiplié sa productivité en même temps que l'accumulation colossale des profits renforçait sa financiarisation.

Mais dans une économie capitaliste de marché, il ne suffit pas d'accroître l'offre pour gagner beaucoup d'argent, il faut aussi augmenter la demande correspondante et pousser les clients à consommer toujours davantage, au-delà même de leurs besoins et de leurs moyens réels. Cette tendance de fond au gavage forcé du public se heurtait, au début, à la culture des vieilles générations, aux habitudes et attitudes héritées du passé, transmises par des instances éducatives valorisant traditionnellement la décence, la modération, la réserve, l'épargne, la crainte de l'endettement, la retenue, la frugalité, voire l'ascétisme. Ces modèles ancestraux, à mesure que les nouvelles générations remplaçaient les anciennes, ne résistèrent pas à la formidable poussée consumériste suscitée par le plein emploi, l'augmentation du niveau de vie, l'allongement des études, l'urbanisation accélérée, la tertiarisation, l'extension des loisirs, etc., tous ces facteurs structurels permissifs étant eux-mêmes accompagnés par la mise en œuvre de tout un arsenal symbolique. Par le biais en particulier d'une publicité agressive et obsédante et d'une propagande massive portée par l'explosion des médias audiovisuels et de la presse magazine, le productivisme capitaliste entreprit de favoriser l'émergence dans chaque individu d'un *Homo œconomicus* dont les structures de subjectivité personnelle présentaient toujours davantage d'homologie avec les structures objectives de l'économie de marché. Tout ce qui, d'un point de vue intellectuel et moral, pouvait mettre un frein au gaspillage et à la prolifération des désirs insatiables, excités en permanence, fut critiqué, attaqué et finalement disloqué. Il n'y eut pas un seul domaine de la pratique où, au nom de l'innovation et de la modernité, on ne s'attaquât aux préceptes et aux règles de vie antérieurs, dénoncés comme des contraintes archaïques, ridicules et insupportables. Toutes les barrières s'effondrant, le flot naguère plus ou moins contenu de la convoitise, de la concupiscence et de la vanité ostentatoire prit un cours impétueux, sous l'apparence d'une « révolution » des mœurs. Cette « critique artiste » (comme dirait Luc Boltanski) préconisant un nouvel art de vivre pouvait d'autant plus facilement se réclamer d'un idéal de libération et d'émancipation que sur bien des points la morale traditionnelle était effectivement dépassée et réactionnaire. Mais on échangea un cheval borgne contre un cheval aveugle en avalisant l'idéologie individualiste et hédoniste, éminemment congruente à la logique du marché, selon laquelle le seul accomplissement personnel qui vaille, c'est d'être un gagneur que rien ni personne ne doit empêcher de se faire plaisir, c'est-à-dire finalement de consommer encore et encore, sans délai et sans mesure. Ce qui au demeurant est bien une forme de morale, mais aliénée et d'ailleurs pas vraiment nouvelle.

Ainsi le capitalisme a-t-il implanté partout sa fabrique de pantins humanoïdes qui, selon le mot de George Steiner, « se croient émancipés quand ils ne sont que déboutonnés ».

* *
*

Insurrection *

Novembre 2007

Le mouvement inertiel des structures sociales persiste bien au-delà des conditions objectives qui les ont historiquement engendrées. On peut le vérifier dans tous les domaines, surtout les plus institutionnalisés et stabilisés, tel le champ politique.

L'un des plus récents exemples est la création d'un « comité de riposte à la politique de Sarkozy » [*sic*] décidée conjointement par le PS, le PCF, la LCR et les Verts en manière de prélude à une hypothétique relance de l'union de la gauche et en vue, bien évidemment, des prochaines élections. Cette gauche institutionnelle (dans la galère de laquelle la LCR semble vouloir aussi se laisser embarquer) n'a décidément rien appris, sinon à manipuler indéfiniment ses partisans. Ses représentants nous annonçaient qu'ils étaient résolus à prendre un nouveau départ, du bon pied cette

* Texte paru dans *Le Sarkophage* (2007, n° 3).

fois, pour « refonder » la gauche, rien de moins ! En conséquence, on aurait pu penser qu'ils allaient revenir à une vision du changement social caractérisée par la volonté de rupture avec le capitalisme, par la proposition d'un socialisme digne de ce nom, etc. Au lieu de quoi on a vu surgir une sorte de nouveau « comité Théodule » qui se préoccupe de « riposter à la politique de Sarkozy ». Autant dire que cette gauche exsangue et comateuse n'a rigoureusement rien d'autre à proposer que la poursuite à l'infini de la comédie politicienne de l'« alternance républicaine » dans la cogestion du système capitaliste, avec comme seules différences, entre deux variantes d'une même politique, des nuances dans le rythme et les formes du démantèlement de l'État-providence, de la casse des acquis sociaux et des services publics, de l'exploitation des petits et moyens salariés, de la gestion du chômage de masse, de la répression sécuritaire, de la privatisation des profits et de la socialisation des pertes, bref, de toutes les démolitions méthodiquement programmées qu'on appelle aujourd'hui des « réformes », sarkoziennes ou autres.

« Riposter à la politique de Sarkozy », c'est bien le moins, quand même ! C'est, si l'on ose dire, le minimum syndical qu'une gauche digne de ce nom est tenue de fournir. Mais ça ne suffit pas pour se refaire une virginité et regagner le crédit perdu. Après tout, une foule de gens qui ne sont pas précisément de gauche peuvent s'opposer à la politique de Sarkozy sur un point ou sur un autre. Même Bayrou en est capable ! Le travail politique *essentiel* de la gauche ne consiste pas seulement à mobiliser par à-coups les citoyens sur des « causes » ponctuelles, si légitime moralement et utile politiquement que soit la riposte ; ni à pilorier tel ou tel individu, si malfaisant soit-il. Car ces combats sporadiques et ces exécutions ciblées ne sont rien au bout du compte – voire peuvent servir de diversions – s'ils ne s'inscrivent pas dans une lutte d'envergure, permanente et sans concession, explicitement dirigée contre l'ennemi véritable, c'est-à-dire contre le système, *source* fondamentale de la plupart des maux qui minent matériellement et moralement notre société et la planète tout entière : la domination écrasante du capital (la grande propriété privée, industrielle et financière) et son cortège d'exactions, d'oppressions et de corruptions. C'est cette lutte-là qu'il faut mener et que la gauche institutionnelle a malheureusement abandonnée depuis longtemps. La seule chose qui l'intéresse est la poursuite, sous couvert de « dialogue démocratique » et d'« ouverture républicaine », du bonneteau politique visant au partage du pouvoir *dans* le système, jeu dont la logique implacable conduit ouvertement désormais, à force de démissions et de soumissions, de ralliements et de reniements, à une prostitution sans masque à l'ordre établi. Non, cette gauche de l'abandon et de la trahison, cette gauche de droite, cette gauche bourgeoise, nous n'en avons pas besoin. Elle peut crever, le peuple ne s'en portera pas plus mal.

En revanche, nous avons un besoin vital et urgent d'une gauche de gauche, populaire, généreuse, idéaliste, passionnée de justice et incorruptible, capable de porter un projet vraiment révolutionnaire, et de nous dire la vérité – et même nos quatre vérités – sans euphémisme ni flagornerie. Trêve de proclamations du style « Peuple français, tu es formidable, mais tu as de mauvais bergers ! » Ce genre de démagogie a surtout servi jusqu'ici à perpétuer l'alternance entre des bergers à peu près tous aussi mauvais les uns que les autres car tous sont des serviteurs zélés des maîtres qui tondent le troupeau et en font du chiche-kebab.

S'il y a refondation, celle-ci doit commencer par une phase de critique sans complaisance des errements qui ont conduit à la situation actuelle. Ce qu'il faut avoir l'honnêteté de dire aux Français, en particulier aux fractions des classes moyennes et populaires qui soutiennent traditionnellement la « gauche de gouvernement », pour commencer c'est ceci : « Nous sommes effectivement les légataires d'une histoire formidable, d'un héritage fabuleux glorieusement amassé par les luttes de nos prédécesseurs, mais nous, pour la plupart, nous ne sommes pas du tout formidables, car nous n'avons pas su nous hisser à la hauteur de notre patrimoine, nous l'avons laissé tomber en déshérence, nous l'avons troqué contre le vent dont nous abreuve la machine capitaliste, nous l'avons bradé contre la fumée du rôt sortant de la cuisine du château, que nous humons avec délices en mangeant notre croûton. Nous, classes moyennes qui rêvons d'entrer en bourgeoisie et nous, classes populaires qui aspirons à la petite bourgeoisie, s'il est vrai que chaque génération a mission de faire avancer la civilisation, et non de la faire régresser, alors nous avons failli collectivement à notre devoir. L'excuse qui consiste à incriminer l'incompétence, la malhonnêteté ou l'absence de combativité des leaders et responsables politiques et syndicaux est sans doute fondée, mais elle n'est pas absolutoire et ne nous exonère en rien de la responsabilité qui est la nôtre. S'ils ont pu se livrer si longtemps à leurs jeux endogamiques et mortifères, c'est parce que nous le leur avons permis, pas seulement en leur donnant aveuglément délégation et en légitimant dans les urnes leurs compromissions et renoncements, mais parce qu'en adoptant le *mode de vie* qui est le nôtre, aberrant à tous égards, nous avons laissé s'installer, en nous et autour de nous, un climat intellectuel et moral favorable à toutes les abdications. Nous sommes devenus un troupeau d'analphabètes spirituels, incapables de comprendre en quoi et pourquoi ils ont sombré dans une nouvelle barbarie. Nous croyons avoir inventé la liberté sans rivages quand nous n'avons fait que redorer les anciens servages et acquiescer aux infamies de nos nouveaux seigneurs. »

Car c'est bien de cela qu'il s'agit : au-delà des comédies électorales rituelles qui ne servent plus qu'à amuser le tapis et abuser les candides, le seul enjeu politique réel est celui de la poursuite ou de l'arrêt des politiques démentielles et suicidaires, dont les variantes successives, de « gauche » et de droite, nous ont conduits, chez nous comme ailleurs, à l'état catastrophique d'abaissement et de dégradation dans lequel se trouvent aujourd'hui la république et la démocratie. La république n'est plus qu'une abjecte ploutocratie et la démocratie est sa façade en trompe-l'œil. La richesse créée par le travail collectif sert moins à la recherche et à la santé, à l'éducation et à la justice, au logement social et à la culture, qu'à aller grossir les dividendes des grands actionnaires et les stock-options de leurs managers. Une bourgeoisie de l'argent et de la spéculation, où des parvenus arrogants, tels les féodaux de jadis, insultent à la misère des pauvres, des sans-le-sou, des sans-travail, des sans-logis, des sans-papiers, des sans-avenir, par un train de vie outrageusement fastueux et ostentatoire, s'est emparée non seulement du pouvoir d'État mais encore de l'esprit public, par l'intermédiaire de ses ateliers de propagande et des médias vendus à la finance, avec le concours d'une foule d'histrions et de gladiateurs ; et aussi, hélas, d'intellectuels aliénés aux médias, universitaires, enseignants, chercheurs, écrivains, publicistes petits-bourgeois, opportunistes et carriéristes, qui entretiennent des relations incestueuses avec les journalistes à gages du grand patronat, à seule fin d'être comptés au nombre des élites médiatiquement reconnues.

Le triomphe du capitalisme est peut-être plus dans ce ralliement des « élites » petites-bourgeoises aux puissances d'argent, dont le PS, parti de ralliés, a été aussi l'actif sergent recruteur, que dans des accomplissements économiques discutables dont les conséquences catastrophiques, tant humaines que matérielles, deviennent de plus en plus évidentes. De ces prétendues élites-là, il n'y a probablement plus rien à attendre que la poursuite du fantasme d'anoblissement qui leur masque leur propre déchéance.

S'il doit y avoir une résurrection de la gauche, elle implique nécessairement une rupture totale et définitive, de principe et de fait, avec la déshonorante collaboration de classes, avec la participation concertée au monde inhumain et démentiel que le capitalisme mondial a entrepris d'installer. Le temps n'est plus aux illusions sur la possibilité de réformer progressivement de l'intérieur un système pervers par essence. Être à gauche aujourd'hui, plus que jamais, c'est être convaincu qu'il faut que l'humanité torde le cou au capitalisme avant que celui-ci n'anéantisse et la nature et la culture. Il a d'ailleurs déjà largement avancé son œuvre de mort sur la planète. Ne lui facilitons plus la tâche ! La raison d'être et l'urgence de la gauche, aujourd'hui plus qu'hier, ce n'est pas la cogestion. C'est l'insurrection. Et d'abord celle de l'esprit.

* *
*

Incommunication *

Décembre 2007

Un de mes contradicteurs, cadre supérieur qui confond volontiers capitalisme et progrès du genre humain, croyant m'embarrasser par un argument sans réplique, m'a lancé : « Vous n'allez tout de même pas nier la fantastique amélioration, dans nos pays, du sort des petites gens par le capitalisme, et en particulier l'amélioration

* Chronique parue dans *La Décroissance* (2007, n° 45).

du sort des travailleurs : il vaut quand même mieux être ouvrier en 2007 qu'en 1907, non ? On ne peut le contester. »

J'aurais pu lui répondre d'abord que parler d'amélioration par le capitalisme est pur abus de langage, vu que le capitalisme n'a jamais cherché qu'à améliorer ses méthodes d'exploitation tandis que les travailleurs s'efforçaient de s'organiser et de se donner les moyens de lutter qui, seuls, leur ont permis d'inspirer à leurs exploiteurs la crainte de leur colère et les concessions nécessaires qui en découlaient. Ça aussi, c'est incontestable.

J'aurais pu ajouter ensuite, de façon plus polémique, que, puisque la condition des petits salariés était devenue si enviable, il était étrange que lui et ses pareils aient jusqu'ici envoyé si peu de leurs enfants dans l'enseignement technique pour un CAP de chaudronnerie ou de coiffure. Mais je m'abstins de faire cette réponse à mon interlocuteur. J'aurais eu le sentiment d'entrer dans une querelle stérile et de me laisser piéger dans une problématique fallacieuse.

La véritable question n'est pas en effet de savoir si, oui ou non et de combien, la part des biens, services et ressources, allouée aux classes populaires s'est accrue en un siècle ou en une décennie. On peut admettre sans barguigner inutilement que cette part a forcément augmenté, en valeur absolue. Ce qui pose problème, c'est que là où le système concède une augmentation x de la part dévolue aux besoins du plus grand nombre, il autorise une augmentation dix, vingt, cent fois, incomparablement plus grande de la part accordée à la rémunération du capital, de ses actionnaires et de ses grands managers, de sorte que non seulement il entretient mais il accroît continuellement l'insondable fossé séparant la minorité possédante de l'immense majorité des dépossédés d'ici et d'ailleurs ; et qu'il engendre une existence humaine à deux vitesses, ou plutôt deux conditions humaines incommensurables, au mépris des valeurs et des principes les plus fondamentaux de la République.

Il vaut encore mieux être un grand possédant en 2007 qu'en 1907. Tel est le propos que je lui ai tenu, en ajoutant : « C'est là le véritable problème que devrait se poser aujourd'hui toute conscience digne de ce nom, dans des pays qui se prétendent civilisés et ultramodernes mais qui maintiennent en fait, en en cachant l'arbitraire derrière une façade démocratique mensongère, des inégalités dignes des sociétés antiques et même pires encore. Toute autre façon d'aborder la question, en particulier celle qui consiste à focaliser le débat sur la mesure du poids de rogatons tombant de la table des maîtres dans la gamelle des serviteurs, revient à accepter, comme l'ont fait les sociaux-démocrates, les axiomes du capitalisme et donc l'aggravation des inégalités entre les maîtres, privilégiés intouchables, et la masse des serviteurs réduits à vendre leur âme pour un plat de lentilles. C'est cette iniquité, doublée d'une indignité, qu'il convient de supprimer à sa racine même en abolissant le droit des puissants et des grands possédants à accaparer, au nom des intérêts du capital, une part démesurée des ressources qui appartiennent à tous et des biens qui sont produits par le travail de la collectivité. »

À ces mots, mon interlocuteur s'est écrié, avec commisération : « Mon pauvre ami, vous êtes un incurable et archaïque partageux ! » À quoi j'ai rétorqué : « Et vous, un fieffé suppôt du néoféodalisme ! » Sur cet échange d'aménités, nous nous sommes séparés, en état de totale et définitive incommunication.

* *
*

Parlons net ! *

Février 2008

Le 11 novembre dernier, une manifestation de plusieurs centaines de personnes a eu lieu à Paris en faveur des mal-logés. Parmi les personnalités présentes à la manifestation, se trouvaient Josiane Balasko et Carole Bouquet. La première a dit, comme on a pu l'entendre à la télé : « Je me demande ce que foutent les mecs du parti socialiste, où est l'opposition. » Quant à la seconde, elle a déclaré : « Je demande au président de la République pourquoi il y a une telle différence de traitement dans un pays qui se dit de l'égalité entre les citoyens, quelles que soient leur couleur et leur origine. »

Mmes Balasko et Bouquet sont assurément de grandes comédiennes. En l'occurrence, elles jouent les ingénues en faisant semblant d'ignorer les réponses aux questions rhétoriques qu'elles posent. Toutefois, dans l'hypothèse improbable où cela leur aurait échappé, je me permets de leur rappeler que :

1. les « mecs » du PS ne « foutent » plus rien depuis longtemps, du moins en tant qu'opposants à la politique de droite. Parce que, en tant que comparses et attelage de rechange pour le char de l'État capitaliste, ils se démènent beaucoup, allant même jusqu'à rejoindre ouvertement la mangeoire sarkozienne. La soi-disant opposition socialiste est aux mains d'une troupe de bateleurs et de bonimenteurs qui font mine de critiquer le pouvoir sur des questions subalternes pour mieux le seconder sur l'essentiel. Cette collusion ne date pas d'hier. Nous étions déjà nombreux à la dénoncer au cours de toutes ces années où la plupart des vedettes du

* Chronique parue dans *La Décroissance* (2008, n° 46).

monde des arts et du spectacle avaient encore pour le PS les yeux de Chimène et agrémentaient de leur présence les raouts de la gauche caviar plutôt que les comités de soutien aux opprimés et les manifestations de rue des salariés en lutte. On peut féliciter Mmes Balasko et Bouquet de nous démontrer qu'elles ne font pas partie, quant à elles, des saltimbanques qui courent faire de la figuration au banquet des puissants ;

2. nous ne sommes pas, contrairement au discours rituel de célébration de la propagande officielle, dans un régime démocratique digne de ce nom, où le peuple serait véritablement souverain, où le souci constant de l'égalité irait de pair avec le goût de la liberté et la recherche de la fraternité. Nous sommes dans une société néoféodale, où une caste dominante s'octroie des privilèges exorbitants et impose sa loi tout en enrobant d'un verbiage pseudo démocratique une politique marquée par le culte inconditionnel et décomplexé de l'argent, le pouvoir arrogant des riches, la dévotion au patronat, la crainte haineuse de « la rue » – c'est-à-dire des mobilisations populaires –, le dégoût pour les parias et les exclus, le mépris pour le plébéien et le collectif. Une société où la démocratie n'est plus que faux-semblant et communication, façade bavarde et tartuffarde pour masquer la violence meurtrière des rapports de domination.

Voilà ce que je dirais à Mmes Balasko et Bouquet si j'avais l'honneur de leur parler. Mais je suis prêt à parier que, tout cela, elles le savent déjà. Aussi ajouterai-je une dernière réflexion.

Il est plus que temps, pour celles et ceux qui bénéficient de quelque notoriété, qui ont le privilège d'avoir une image publique plus ou moins prestigieuse et qui entendent lutter sérieusement contre l'injustice, d'en finir avec les prudences langagières et les euphémismes rhétoriques, de cesser de substituer l'action humanitaire au combat politique et de se décider à prendre position clairement en appelant « organisation criminelle » le système capitaliste, « gangs maffieux » ceux qui, de droite ou de gauche, le dirigent et en tirent bénéfice, et « complices » tous ceux qui ne le combattent pas ouvertement. Leur image en sera peut-être écornée, mais elle y gagnera en crédibilité.

* *
*

Jusqu'où tomberons-nous ? *

Mars 2008

Il ne m'appartient pas d'établir si Jérôme Kerviel, l'opérateur de la Société générale qui a reconnu avoir hasardé quelques milliards d'euros de sa banque dans des spéculations calamiteuses, a agi de sa propre initiative ou en service commandé (les deux démarches ne s'excluant d'ailleurs pas nécessairement).

En revanche, ce que la sociologie et le bon sens autorisent à dire, me semble-t-il, c'est que des faits aussi graves ne devraient pas focaliser l'attention, à la façon de la grande presse inculte et sous influence, sur les comportements de quelques individus isolés, qu'ils soient des chefs ou des exécutants, mais sur ce que ces comportements révèlent de la logique profonde d'un système global, celui du capitalisme financier en l'occurrence, qui tend à transformer tout être humain en serviteur inconditionnel de l'argent.

Ce que montre en effet l'affaire de la Société générale, au-delà de l'extrême perversité des technologies de la spéculation financière dont les mécanismes permettent

* Chronique parue dans *La Décroissance* (2008, n° 47).

aux grands investisseurs de s'enrichir davantage encore en dormant sur leur matelas d'actions et de titres, et aux petits porteurs de se ruiner, c'est le conditionnement psychologique et moral par lequel le système façonne l'entendement et la sensibilité de populations entières, PDG, cadres, actionnaires, employés et clients confondus, tous communiant dans le culte de la nouvelle Trinité : Capital, Bénéfices et Saint-Profit.

Que reproche-t-on en fait à Jérôme Kerviel, sinon d'avoir été un peu trop téméraire, ou pas assez chanceux, dans l'exercice d'une compétence hautement qualifiée et reconnue, pour l'acquisition de laquelle il a fait des études supérieures et obtenu des diplômes universitaires ? Si les placements qu'il a risqués avaient, comme espéré, rapporté d'autres millions d'euros à la Société générale, il aurait poursuivi, avec félicitations de ses employeurs et prime de rendement à la clef, sa tâche habituelle et grassement rétribuée qui consiste à expédier d'un judicieux clic de souris des ordres d'achat et de vente en Bourse.

Ils sont désormais légion un peu partout à faire fonctionner la machine à engraisser le capital, avec l'unique souci, tels d'invétérés joueurs de poker, de rafler le pot sur le tapis, sans jamais se préoccuper un seul instant de savoir combien d'êtres humains en chair et en os le clic de leur souris va condamner, quelque part dans le monde, au dénuement, voire à l'anéantissement, ni combien d'hommes, de femmes et d'enfants doivent croupir dans la misère pour faire un riche à milliards. Le crime qui consiste à pousser des pauvres au désespoir demeurera impuni, même pas imputé. Le seul crime inexpiable est d'avoir touché aux profits de la Banque, d'avoir lésé le capital. Que la planète crève s'il le faut, mais qu'on ne touche pas à notre fric ! C'est là le seul impératif moral.

Mais, que l'on sache, l'opinion publique des grands pays dits civilisés, dans sa très grande majorité, loin de s'insurger contre un tel système, y adhère foncièrement, que ce soit avec enthousiasme ou comme à un moindre mal. À l'exception de quelques rares minorités éclairées, nos élites intellectuelles et morales comme nos foules domestiquées, nos « pipoles » jouisseurs comme notre « grand public » avide de réjouissances, n'ont pas un mot pour dénoncer cet autre immense et monstrueux holocauste perpétré par le capitalisme mondial, par les maîtres du monde et leurs auxiliaires sans conscience. Ses principaux planificateurs étaient récemment réunis à Davos, et notre Premier ministre est venu docilement y réaffirmer l'engagement de la France.

Peuple français, es-tu vraiment tombé si bas que tu sois devenu le complice de ces gens-là et de leurs abominables entreprises ?

* *
*

Le cirque médiatique *

Mars 2008

Un récent film de Damien Doignot [1] pose excellemment la question du bien-fondé de la participation des porte-parole de la gauche critique et radicale (à travers le cas exemplaire de José Bové et d'Olivier Besancenot) à ce qu'il appelle le « cirque médiatique ». Ce film illustre avec clarté le fait que, lorsqu'on accepte d'aller donner

* Texte paru dans *Le Sarkophage* (2008, n° 5).

1. « José Bové : le cirque médiatique », film produit en 2008 par « La Sardonie libre » et distribué par *Le Plan B*, <www.leplanb.org/videotheque/jose-bove-le-cirque-mediatique-bande-annonce.html>.

la réplique aux clowns de la piste audiovisuelle, on court le risque de devenir soi-même, *volens nolens*, un clown, irrémédiablement embourbé dans des situations dont l'imbécillité le dispute à la vulgarité.

Lorsque José Bové par exemple, est mis en demeure de choisir, en guise de garniture pour sa table de nuit, entre « un exemplaire de *Mein Kampf* et un godemiché », ou qu'Olivier Besancenot s'entend demander s'il est « toujours ensemble avec Arlette [Laguiller] ou si c'est juste un coup comme ça », on est en droit de s'interroger sur ce que toute réponse de leur part, autre que celle qui consisterait à se lever et quitter le plateau en se pinçant le nez, peut bien apporter de positif à la lutte révolutionnaire. La présence d'invités politiques dans une émission de télé-poubelle, loin de relever le niveau de l'émission, dégrade la politique.

Car enfin, c'est bien au nom des impératifs de la lutte pour changer le monde que nos éminents représentants se laissent enrôler dans le carnaval médiatique permanent entretenu par une institution qui est devenue un des piliers essentiels de l'ordre établi et qui a transformé télés et radios, avec quelques infimes nuances stylistiques de l'une à l'autre, en un seul vaste appareil idéologique, une ubiquitaire machine à abêtir et avilir les masses.

Ils ont eux-mêmes conscience de la contradiction, et sans doute en seraient-ils malheureux s'ils n'avaient appris à s'en débarrasser d'une pirouette. Celle-ci consiste, en substance, à dire : « Oui c'est vrai, nous faisons le jeu, au sens propre et au sens figuré, de ceux qui nous invitent ; mais en échange ils nous offrent une tribune incomparable pour faire entendre notre message, sans commune mesure avec nos pauvres moyens d'expression traditionnels comme les tracts ou les prises de parole sur les lieux de travail ou la vente du journal au porte à porte, etc. »

L'explication, qui date de l'époque où se constituait, dans les années 1960, la vulgate communicationnelle sur les « mass medias », est d'une pertinence apparente, qui lui a valu d'entrer, avec quelques autres durables clichés, dans l'argumentaire basique et stéréotypé de toutes les organisations politiques, syndicales et associatives du mouvement social où on se donne aujourd'hui l'illusion d'être réaliste et de vivre avec son temps en se préoccupant souvent beaucoup plus de se trouver un(e) porte-parole qui « passe bien à la télé » que des positions ou analyses qu'il ou elle aura à y défendre. Dans la plupart des organisations militantes, on ne cesse de se plaindre du traitement scandaleux dont on est l'objet de la part des médias régionaux et nationaux, auxquels on reproche leur inféodation aux puissances dirigeantes et leur perversion par la logique économique. Mais curieusement il ne subsiste plus rien de ces critiques dans les propos des porte-parole une fois ceux-ci entrés sur un plateau ou dans un studio. De telles critiques seraient, pense-t-on, tout à fait « contre-productives », en faisant courir aux râleurs le risque d'être évincés de l'extraordinaire tribune médiatique que l'on condescend à leur offrir. D'où la complaisance, l'obséquiosité, voire la servilité dont font preuve trop souvent les représentants des organisations envers les journalistes, animateurs et autres accapareurs du bâton de parole.

Arrêtons-nous un instant sur cet article de foi selon lequel le bénéfice qu'on peut retirer, en matière de lutte idéologique et politique, d'un passage à la télé (ou à la radio) justifierait qu'on se prête aux bouffonneries et qu'on supporte stoïquement les indignités infligées par de petits potentats de plateau, dont le culot démesuré, le cynisme foncier et la vulgarité rigolarde suppléent à toutes les insuffisances.

Ce qu'il convient d'abord de souligner, c'est que l'idée qu'on ne peut plus se faire entendre aujourd'hui si on ne passe pas à la télé est un lieu commun extrêmement discutable, reposant sur des présupposés dont le principal est sans doute « la croyance intellectualiste à la force intrinsèque des idées vraies », comme on dit dans le jargon philosophique ; ou, en d'autres termes, la croyance qu'il suffit d'énoncer à un moment donné une vérité pour que vos interlocuteurs, primo, perçoivent effectivement ce que vous venez de dire ; secundo, qu'ils soient intéressés par votre propos ; et, tertio, que leur entendement soit tellement illuminé par la clarté nouvelle qu'ils n'aient plus qu'une envie : celle de vous emboîter le pas. Ce préjugé intellectualiste, qui appartient à l'histoire même du rationalisme français, a pour corollaire la conviction, originellement cartésienne, que seules des consciences individuelles peuvent concevoir et formuler des idées vraies. C'est cette attitude idéologique qui sous-tend la pratique médiatique consistant à réduire toute la vie sociale, politique, culturelle, etc., à des faits individuels (opinions personnelles, sentiments, émotions, intentions, stratégies, etc.), et à justifier l'intérêt que les médias portent à un petit nombre d'individus privilégiés plutôt qu'à tous les autres par l'existence chez ceux qu'ils distinguent de prétendus « charismes » hors du commun, aussi mystérieux qu'enchanteurs. Ainsi donc Bové et Besancenot, à l'instar de toutes les autres étoiles du firmament médiatique, posséderaient cet on-ne-sait-quoi dont l'éclat fait les stars aux yeux du grand public. Il suffirait qu'ils se montrent et qu'ils parlent pour séduire et convaincre leur auditoire. Il faut avouer qu'il y a là de quoi chatouiller agréablement le narcissisme toujours latent, même chez les personnalités les plus modestes.

Quiconque est tant soit peu instruit des faits de communication sait qu'en général ils ne vérifient pas plus le préjugé intellectualiste que l'illusion charismatique. De nombreux travaux ont mis en évidence la diversité des facteurs qui doivent être réunis pour qu'un message soit reçu, compris et suivi d'effet. Et lorsque ces conditions ne sont pas réunies – y compris à la télé ou à la radio –, les messages les plus enthousiasmants tombent à plat et les prophètes les plus charismatiques crient dans le désert. À telle enseigne qu'on peut soutenir, sans paradoxe, que pour se faire entendre convenablement il vaut encore mieux utiliser les moyens dits traditionnels – tracts, journaux, affiches, meetings, porte à porte, etc. (auxquels il convient bien sûr d'ajouter aujourd'hui Internet) – que de faire des apparitions météoriques à la télé, surtout dans le contexte où elles ont lieu le plus souvent, qui est de nature à leur ôter toute portée réelle. Les opposants à l'ordre établi seraient bien inspirés de reconsidérer les clichés concernant la nécessité prétendument incontournable de passer par la communication médiatique. Si leurs organisations adhèrent si volontiers à cette croyance, c'est sans doute qu'elles n'ont plus le potentiel militant (les ressources suffisantes en personnel, en énergie, en temps et en argent) qu'exigerait le recours aux moyens traditionnels. On se rassure en affirmant qu'un seul militant exhibant son très charismatique talent à la télé, de loin en loin, vaut mieux que des centaines de militants accomplissant chaque jour leur travail de fourmis obstinées et anonymes.

Comme le répète Alain Krivine dans le film de Doignot : « Un seul passage au JT national permet de toucher des millions de téléspectateurs d'un coup ! » Et alors ? On s'étonne, cher Alain Krivine, qu'un esprit de votre envergure reproduise sans sourciller un argument aussi fallacieux. Car enfin, si la LCR et les autres organisations anticapitalistes avaient attendu les différents JT et leurs présentateurs pour faire connaître leurs analyses et leurs propositions, la connaissance qu'on en aurait tiendrait sur un post-it, ce qui est d'ailleurs le cas pour l'immense majorité des citoyens qui se contentent de l'information des médias et qui n'ont pas la chance de rencontrer tous les jours à l'atelier ou au bureau de poste un bon militant de la Ligue. Un Besancenot faisant son petit numéro de « révolutionnaire » chez Daniela Lumbroso (« Olivier Besancenot, c'est vrai que vous êtes un Che Guevara dans la peau d'un Michel Drucker » !) ne fait pas plus avancer l'idée de révolution dans les masses que la diffusion d'une comédie de Molière sur France 2 ne fait avancer le goût de la culture classique dans les banlieues.

Il faudrait quand même que les gens de la gauche critique et radicale finissent par prendre au sérieux leurs propres analyses de ce que sont devenus les médias et y conforment leurs actes, c'est-à-dire qu'ils cessent de se précipiter chez les pitres de la télé au moindre signe et se montrent plus exigeants, plus sélectifs et plus sourcilleux en matière de participation à des émissions. Surtout, ils devraient garder à l'esprit qu'il n'y a rien à attendre du système médiatique sinon sa totale soumission aux intérêts des classes possédantes et dirigeantes. Ce système est tellement accaparé, possédé, verrouillé, endoctriné, financièrement, politiquement, professionnellement qu'il est devenu une sorte de Bastille. Il y règne, au-delà des zizanies dues à la concurrence interne et à la relative pluralité des clans de la droite, un consensus de plomb dans l'adhésion au régime. L'orthodoxie néolibérale y est si solidement ancrée qu'elle peut se permettre d'ouvrir de temps à autre un guichet pour que le « révolutionnaire » de service passe la tête et crie quelques insanités hérétiques, aussitôt couvertes par les rires ou le tollé des contradicteurs appointés. Pour les opposants, le bénéfice est à peu près nul. Pour ceux qui ont confisqué les médias, le passage de quelques invités sulfureux permet d'entretenir la façade du pluralisme et le mythe du débat démocratique.

Cette Bastille-là, il faut l'abattre, comme les précédentes. À bien y regarder, elle est, comme toutes les fortifications, à la fois formidable et vulnérable, apparemment imprenable et pourtant fragile. La meilleure preuve, c'est que, alors même que la redoutable machine s'était mobilisée plus encore qu'à l'habitude, de façon monolithique, écrasante, obsédante et univoque, pour imposer le oui au référendum sur le projet de constitution européenne, le peuple français a répondu massivement non. Nous ne ferons ici, sur cet événement historique extraordinaire, qu'un seul commentaire : si, de toute évidence, la victoire du non ne doit rigoureusement rien aux grands médias institutionnels, peut-être le travail des fourmis militantes, besogneuses et obscures y a-t-il été pour quelque chose. N'est-ce pas, Daniela ?

* *
*

Autoplumage *

Avril 2008

Après Mitterrand, qui jurait de mettre fin à l'immoralité de ceux qui s'enrichissent en dormant ; après Jospin, qui invoquait les limites de l'État pour ne pas faire ce pour quoi les socialistes avaient été élus ; après Chirac, qui faisait des promesses n'engageant que ceux qui les écoutaient ; voici Sarkozy, qui accroît à son tour les profits des riches en oubliant sa promesse d'augmenter le pouvoir d'achat des travailleurs.

Ce bafouage éhonté des valeurs républicaines d'égalité dure depuis des générations. Mais avec une admirable constance, ou un singulier masochisme, les Français continuent, en majorité, à élire des gens sans parole, mais non sans aplomb, qui n'ont de cesse de démentir par leurs décisions leurs généreux engagements de campagne.

* Chronique parue dans *La Décroissance* (2008, n° 48).

Il est vrai que l'application même de la loi électorale creuse un abîme entre la société civile et sa représentation politique. De même que les légistes de l'Ancien Régime avaient réussi, par l'invention de la théorie du droit divin, de la règle de primogéniture et le recours à quelques autres astuces comme la loi salique, à légitimer le despotisme de la lignée la plus forte et du monarque le plus puissant, de même nos constitutionnalistes baptisent du beau nom de démocratie le despotisme de la grande bourgeoisie sur le reste du peuple et qualifient de représentatif un système électoral qui envoie aux chambres du Parlement une majorité massive de riches, ou de fondés de pouvoir des grands possédants, bien décidés à ne rien céder de leurs privilèges. De même que jadis les titulaires des postes de pouvoir civils et religieux se recrutaient exclusivement dans les rangs de la noblesse, ou à la rigueur d'une bourgeoisie avide d'anoblissement, de même dans nos démocraties le peuple est-il invité à remettre son destin aux mains des milliardaires ou de leurs représentants, une « élite » d'avocats, de médecins, de professeurs, de journalistes, d'entrepreneurs, de hauts fonctionnaires et de cadres supérieurs qui ont en commun, quand ils ne sont pas eux-mêmes immensément riches, d'avoir des ressources bien supérieures à la moyenne, de vivre sans vergogne sur un grand pied aux frais des contribuables et de ne jamais connaître les fins de mois difficiles, le surendettement ni les retraites misérables, grâce aux augmentations substantielles de leurs émoluments, indemnités, frais et pensions, qu'ils se votent sans sourciller à eux-mêmes dans le même temps qu'ils appellent les salariés à plus de sacrifices et d'austérité.

Comment imaginer que des gens façonnés par un tel mode de vie, imbus d'une telle philosophie, avec ce que cela implique de bonne conscience et de mauvaise foi, s'attachent à résoudre vraiment les problèmes d'une masse de travailleurs voués à la pauvreté et à l'insignifiance ? Quelle est la probabilité de voir réapparaître, dans la typologie des « représentants du peuple », des figures comme celles d'Aristide le Juste ou de Caton l'Ancien, qui tenaient à honneur de vivre comme les simples laboureurs et de ne pas profiter de leurs charges pour s'enrichir ? Sans aller jusque-là, est-il encore imaginable d'envoyer dans les palais de la République, au lieu d'une majorité de sectateurs du Veau d'or, une majorité de députés, de sénateurs et de ministres qui soit à l'image de la composition sociologique de notre peuple, avec une majorité d'ouvriers, d'employés de bureau, de petits agriculteurs, de modestes artisans, des ajusteurs et des postières, des conducteurs de bus et des femmes de ménage, des mineurs de fond et des techniciens de surface, des métallos et des institutrices, des cheminots et des caissières ; bref, la France innombrable du travail probe, fatigant et anonyme, au lieu de ces distingués amis du grand patronat, plus préoccupés de se mettre en scène que de défendre le peuple qui les a mandatés… et qui s'apprête, hélas, à les réélire ?

Les puissants de toutes les époques ont pratiqué l'art de plumer la volaille sans la faire crier. Il appartenait à la démocratie bourgeoise de perfectionner cet art en éduquant la volaille à se plumer elle-même.

* *
*

Contre-réforme *

Mai 2008

Dans le vocabulaire politique et social actuel, l'un des termes les plus caractéristiques est assurément celui de « réforme ». Surtout depuis le triomphe du sarkozysme, qui en a fait le thème le plus obsédant de sa propagande, répercuté à satiété par les médias. À vrai dire, ce n'est pas d'hier que le « réformisme » tous azimuts s'est répandu en France. On peut même, plus précisément, remonter aux années 1980, à l'époque où le parti socialiste, renonçant à faire la politique économique et sociale de gauche promise lorsqu'il était dans l'opposition, a entrepris d'effectuer un « recentrage », c'est-à-dire un virage à droite, dont on peut, avec le recul, mesurer les effrayants dégâts dans tous les domaines.

Jusque-là, le parti socialiste était déjà un parti « réformiste ». Mais ce qu'il appelait des réformes, c'était, conformément à la tradition sociale-démocrate, des mesures visant à améliorer les conditions de vie et de travail de la masse des salariés, des petites gens, et donc, à défaut de mettre sans délai un terme aux méfaits du capitalisme, à empêcher celui-ci d'aller au bout de sa logique antisociale et d'exploiter à outrance le travail des classes laborieuses. L'exemple le plus remarquable de politique réformiste favorable aux masses reste l'ensemble des mesures mises en œuvre par le Front populaire. C'est dire que le réformisme originel, loin de se vouloir un auxiliaire du capitalisme, s'en déclarait doctrinalement l'adversaire, et s'il s'opposait au courant révolutionnaire sur le choix de la méthode, il en partageait la vision finale : l'abolition du capitalisme et l'instauration du socialisme.

* Chronique parue dans *La Décroissance* (2008, n° 49).

Mais tout changea lorsqu'en 1983 le PS mitterrandien décida d'opérer son virage à droite ou plus exactement son tête-à-queue. Les socialistes ne pouvaient décemment dire aux populations qui les avaient ramenés au pouvoir : « Excusez-nous, bonnes gens, mais nous avons décidé de tourner le dos à la voie suivie jusqu'ici par le courant réformiste en direction du socialisme. Nous allons rejoindre les autres partis sociaux-démocrates européens dans la collaboration avec les classes possédantes et dirigeantes. Nous ne voulons plus détruire le système capitaliste, nous voulons participer loyalement à sa gestion. Le capitalisme est la fin de l'histoire. Il faut s'en accommoder. Travailleurs, foin des rêveries utopiques, soyez réalistes, retroussez vos manches et faites fructifier le capital dont vous n'aurez jamais que des miettes. Telle est désormais la voie réformiste. » Ne pouvant tenir ouvertement un tel langage, les socialistes de la « gauche caviar » continuèrent à s'appeler « socialistes » et à manier la phrase réformiste, pour duper les électeurs, et en partie pour se duper eux-mêmes, baptisant « réformes » des mesures qui avaient pour effet de renforcer la domination du capital sur le travail.

On peut donc affirmer, sans abuser des mots, que le revirement socialiste a inauguré une des plus formidables impostures dont probablement l'histoire gardera le souvenir : celle qui consiste à faire passer pour une politique réformiste, au sens traditionnel, une politique qui est en réalité une *contre-réforme* néolibérale intégriste, essentiellement opposée à l'intérêt général (démantèlement de l'État-providence, casse des services publics, privatisations, dérégulation, rigueur salariale, précarité, etc.).

L'imposture des socialistes a évidemment fait école à droite. Lorsque la bancale « gauche plurielle » eut vidé les étriers et que la droite fut revenue « aux affaires », celle-ci n'eut plus qu'à entonner la rengaine des « nécessaires réformes dont notre pays a besoin », sans jamais préciser que c'est le capital qui en a besoin pour mieux régner. La soi-disant gauche avait fait le lit pour que la droite s'y couche sans même avoir à changer les draps. Et maintenant c'est Sarkozy, grand contre-réformateur devant l'Éternel, qui s'y prélasse. Bravo et merci les socialistes !

* *
*

Babbitt *ou* les néobarbares *

Mai 2008

L'anthropologie sociale nous a accoutumés à considérer que le monde humain est un monde *civilisé*, mais sans préjuger le niveau de civilisation atteint. En s'inspirant de Norbert Elias, on pourrait dire que la civilisation est le processus, individuel et collectif, par lequel les animaux humains s'extirpent de l'animalité pour se rendre de plus en plus humains à mesure qu'ils apprennent à domestiquer la nature environnante et conjointement à gouverner leur propre nature, en s'inventant des normes, des valeurs, des idéaux. À cet égard, il importe de préciser que le processus de civilisation a pour effet de façonner chez les individus des structures de pensée et de sensibilité qui informent un nouveau rapport *spontané* au monde en abaissant toujours davantage, dans une culture donnée, les seuils de tolérance aux différentes manifestations de la violence pulsionnelle et

* Texte paru dans *Les Cahiers de l'IEESDS* [Institut d'études économiques et sociales pour la décroissance] (2008, n° 2 – supplément au n° 49 de *La Décroissance*).

de la bestialité. De sorte que le même comportement, ou le même événement, qui paraissait précédemment « normal » et était parfaitement toléré par le plus grand nombre, finit par être perçu comme insupportable, moralement et physiquement : « C'est au-dessus de mes forces… monstrueux… abject… révoltant… à vomir… etc. » Dans cette perspective, on est en droit de dire, par exemple, qu'une civilisation où l'on se sent spontanément enclin à régler les conflits par la discussion et la négociation est plus avancée que celle où l'on incline à les régler par la force brute ; que des gens à qui la peine de mort ou l'esclavage ou l'exploitation des enfants apparaissent comme quelque chose d'ignoble sont plus civilisés que ceux qui pratiquent sans états d'âme les sacrifices humains ou l'asservissement de leurs semblables, etc. Pour dire les choses autrement, plus on s'attache à respecter la personne humaine, en tout individu, en toute circonstance et en tout lieu, plus on est civilisé ou, ce qui revient au même, plus on est humain.

S'agissant de la civilisation occidentale, il semblerait qu'avec la reconnaissance solennelle des droits de l'homme (y compris ceux des générations futures), à quoi s'est ajouté plus récemment un commencement de prise de conscience des droits des animaux, elle ait atteint un très haut niveau d'humanité, ou, si l'on préfère, d'humanisation des rapports sociaux en même temps que d'universalisme. Ce qui expliquerait, aux yeux de beaucoup, son hégémonie contemporaine, l'occidentalisation progressive des mœurs sur la planète – et corollairement les phénomènes plus ou moins virulents et ambigus de résistance à ce modèle.

Une union européenne rétrograde

Bien évidemment, cette thèse ne saurait être interprétée dans une optique platement évolutionniste comme l'affirmation que la civilisation ne cesse de progresser et de porter toujours plus loin l'idéal d'une humanité accomplie. On sait de reste aujourd'hui que non seulement la civilisation est fragile et périssable mais encore que son progrès même n'exclut pas des phases de régression barbare et des retours de sauvagerie. La démonstration la plus effrayante nous en a été donnée par la civilisation occidentale, au cours du XXe siècle en particulier, pour ne pas parler de l'immense et abominable entreprise colonialiste mise en œuvre depuis le XVIe siècle au nom même des prétentions à l'universalisme et à l'hégémonie de nos sociétés civilisées. Il n'en demeure pas moins qu'aux yeux de la grande majorité des peuples occidentaux, et peut-être aussi de quelques autres, notre civilisation apparaît comme une source de progrès humain à tous égards, digne de servir d'exemple au monde, en dépit de ses insuffisances et de ses contradictions.

C'est là toutefois un verdict que *dément* le mouvement actuel de notre civilisation, dont trop peu d'esprits semblent vouloir s'aviser. On peut en avoir une bonne indication si l'on considère, par exemple, l'opinion largement répandue, en France et ailleurs, à propos de la construction de l'Europe libérale : l'imposition technocratique d'un espace économique de libre-échange, pilotée par les oligarchies de la finance et de l'industrie, au mépris des acquis démocratiques et de la justice sociale, est célébrée comme un immense progrès du genre humain, sous le prétexte que, dans la logique de la mondialisation en cours, l'avenir serait à quelques grands ensembles capitalistes transnationaux de plus en plus intégrés où les États-nations seraient condamnés à être absorbés. Mais on ne voit pas pourquoi – sauf à confondre l'intérêt général avec celui des multinationales et des grands investisseurs – il faudrait, dans cette perspective, obliger les peuples européens à renoncer à des droits qu'ils ont conquis le plus souvent par la lutte et « harmoniser » toutes les politiques sociales et culturelles sur le modèle du moins-disant. Tel est le véritable contenu de la « politique de civilisation » chère à Sarkozy et consorts. La manipulation et le contresens sont ici évidents : les instances dirigeantes européennes, en accord avec les gouvernements nationaux, sont en train d'organiser, au nom d'un prétendu progrès de la civilisation (identifiée au marché mondial), une vaste entreprise de régression pour les travailleurs condamnés à payer de l'abandon de leurs droits, de la dégradation de leurs conditions de travail et de leur qualité de vie cet illusoire progrès vers l'universel. Ce n'est pas là une menace fantasmatique : c'est déjà le présent. Si on en voulait un exemple éloquent, il suffirait d'évoquer les arrêts significatifs de la Cour de justice européenne, dans les affaires Laval et Viking, qui sont une véritable agression contre l'exercice du droit de grève et la liberté syndicale des salariés [1].

Le peuple français, pour sa part, s'est dressé contre ce nouveau despotisme en rejetant massivement le projet de traité pour une constitution européenne d'inspiration libérale. On ne saurait trop insister sur l'importance d'une telle victoire, qui ne doit rien à nos « élites » et que celles-ci s'emploient activement à annuler. Du coup, la menace qui pèse sur le devenir des sociétés européennes n'est pas écartée. D'autant moins qu'elle trouve un renfort efficace à l'intérieur même des courants « antilibéraux » sous forme d'illusions et de confusions entretenues sur la nature même du procès

1. « Dans l'affaire Viking, une compagnie finlandaise de navigation souhaitait faire passer l'un de ses ferrys sous pavillon de complaisance estonien, afin de le soustraire à la convention collective finlandaise. L'affaire Laval concernait une société de construction lettone, qui employait en Suède des salariés lettons et refusait d'adhérer à la convention collective suédoise. » Dans ses arrêtés, la Cour de justice européenne – qui détient une part essentielle du pouvoir législatif dans l'Union – « reconnaît certes que le droit de grève fait "partie intégrante des principes généraux du droit communautaire", mais elle interdit de s'en servir pour obliger les entreprises d'un pays A qui opèrent dans un pays B à respecter l'intégralité des lois et conventions collectives de ce pays B ». Lire Alain Supiot, *Le Monde*, 25 janvier 2008. [nde]

de civilisation. Rarement l'inculture historique et philosophique et la veulerie morale des élites soi-disant chargées de guider les masses auront été aussi agissantes.

L'individu aliéné

C'est dire que, pour permettre à notre civilisation d'échapper à la dictature du capital, *il ne suffit pas d'une prise de position politique*, si décisive soit-elle. Encore faut-il couper les adhérences que le système objectif plonge au plus profond de toute personnalité où il façonne, à notre insu même, des pulsions, des appétits, des goûts, des opinions, toute une subjectivité dont il se nourrit en retour. Il y a là une réalité fondamentale qui malheureusement reste ignorée de la plupart, comme une sorte de tache aveugle dans la vision des choses.

Nous, peuples européens qui avons déjà commencé à courber l'échine pour passer sous les fourches caudines du capitalisme, nous croyons toujours néanmoins être des parangons de civilisation et nous nous en gargarisons volontiers sans voir qu'il s'agit en réalité d'une civilisation réduite à sa dimension matérielle, celle du *développement économique*, qui n'en est qu'une composante, et pas nécessairement la plus admirable. Sans doute sommes-nous éblouis par la prolifération technologique qui s'est emparée de tous les secteurs de notre existence, même de la plus personnelle. Machines et appareils sont devenus indispensables jusque dans l'accomplissement des actes les plus ordinaires. Ils ont introduit dans notre culture et y renforcent toujours davantage la tendance à évaluer la personne par la mesure de la *puissance matérielle* (en CV, km/h, kWh, eV, Go, kbits, etc.) dont elle dispose et par le degré d'*enrichissement*, c'est-à-dire la mesure de la quantité d'argent amassée, de cet argent omnipotent qui est l'énergie convertible en toutes les autres. Le progrès de la civilisation se définit désormais par la « montée en puissance » technologique d'une population et par son adhésion au système économique productiviste-marchand-financier qui sous-tend cette croissance matérielle. Autrement dit, plus nous sommes capables d'acheter de choses et plus nos placements financiers nous rapportent, plus nous sommes censés être civilisés. L'être tend à se réduire à l'avoir.

L'hypertrophie de la dimension technologique de notre civilisation fait écran à la perception de l'involution actuelle de nos sociétés, c'est-à-dire au fait que nous sommes tout bonnement en train de faire *marche arrière*. Nous avons gagné en puissance mais nous avons perdu en humanité, et nous croyons compenser moralement cette perte en développant à grande échelle et à titre privé un humanitarisme d'organisation philanthropique, assez proche dans son principe de celui de la bourgeoisie du temps de Dickens ou de Zola, voire de l'époque médiévale. Notre régression n'est pas un retour à la lampe à huile mais un retour à des façons de penser, de percevoir et de sentir la réalité qu'on aurait pu croire dépassées, au moins chez les gens de gauche, héritiers de deux siècles de luttes pour la justice sociale, dépositaires du rationalisme des Lumières et des Encyclopédistes, de l'idéal républicain et du socialisme. L'idéal humaniste démocratique – c'est-à-dire la vision émancipatrice de l'humain-individuel-et-collectif qui a illuminé et guidé nos prédécesseurs et rayonné partout dans le monde – s'est dégradé en cette philosophie solipsiste et myope, cette bouillie idéologique qui confond la liberté avec l'individualisme sans frein, l'égalité et la solidarité avec le tribalisme communautaire, la fraternité avec l'humanitarisme compassionnel et la recherche du bonheur avec l'hédonisme jouisseur.

Barbarie de riches

Les légendes et les récits historiques ont imprimé dans la mémoire des peuples d'innombrables images de la barbarie des hommes, qui ont en commun de lui faire un visage cruel, haineux et terrifiant parfaitement reconnaissable, à quelque époque et en quelque lieu que ce soit. Ce visage hideux, nous le voyons constamment ressurgir au fil d'une actualité dont la violence sanglante semble inextinguible : à chaque instant, quelque part, des êtres humains massacrent, violent, torturent, asservissent, persécutent d'autres êtres humains innocents, faibles ou désarmés. Quelles que soient les causes qu'on assigne à ces dénis d'humanité, du moins la plupart des observateurs s'accordent-ils à leur donner le nom de « barbarie ». Remarquons néanmoins au passage que, comme on le sait aujourd'hui de façon certaine, une grande partie au moins de ces explosions de violence bestiale trouve soit ses causes directes, soit ses conditions permissives dans les mécanismes de la guerre économique et sociale attisée un peu partout par le capitalisme mondial.

Mais le caractère spectaculaire et bouleversant de cette barbarie dont les médias se repaissent fait passer à peu près inaperçu le fait caractéristique de notre temps, à savoir que nous nous enfonçons dans une autre forme de barbarie, qui n'est pas, quant à elle, vieille comme le monde mais que notre époque est en train d'inventer et d'installer, sous l'appellation flatteuse de « modernité » : barbarie de riches. Cette barbarie-là n'est pas hideuse, ni violente, ni répugnante. Non, au contraire, elle s'avance en musique et en dansant, sous un masque souriant, parée de tous les atours de la jeunesse, de la beauté, de l'intelligence et du talent ; ou plus exactement de ce qu'une propagande massive, une publicité démentielle et une information kaléidoscopique, instruments du mercantilisme régnant, s'emploient à nous présenter comme tels.

On pourrait être tenté de croire que, par rapport à la barbarie traditionnelle, la barbarie moderniste est exempte de violences physiques. Ce serait prendre bien à la légère les nuisances de plus en plus étendues et de plus en plus dommageables (toutes les formes de pollution – y compris par le bruit – et de destruction de l'environnement et des ressources naturelles) qui exercent leurs effets délétères sur l'équilibre et la santé des personnes.

La Mecque du capitalisme

Il n'en reste pas moins que la caractéristique de la barbarie de notre temps, c'est d'exercer une formidable *violence symbolique*, qui prend pour cibles l'entendement et la sensibilité de chaque individu, afin de coloniser celui-ci corps et âme, de le modeler et de l'orienter dans le sens de l'intégration la plus complète au système. Elle s'installe autour de nous et en nous *avec notre assentiment.* Pour obtenir notre adhésion, elle se contente de nous boucher intellectuellement et moralement toute autre issue que celle où la logique du système réclame que nous nous engagions, jour après jour, par chacun de nos *choix.* C'est ainsi que, pas à pas, une marche après l'autre, nous avons entrepris « librement » de descendre l'escalier qui conduit de l'idéal socialiste internationaliste au rêve ploutocratique américain, notre nouvel internationalisme.

Après un temps de résistance, la civilisation occidentale européenne a fini par emboîter le pas à son avant-garde états-unienne qui, depuis la fin de la Seconde Guerre mondiale, n'a cessé de renforcer son avance économique et par là de fasciner le Vieux Monde. En un demi-siècle, toutes les défenses sont tombées et il est à cet égard tout à fait significatif que les gouvernements européens, tous issus de la droite de droite ou de la gauche de droite, aient mis en place à Bruxelles une Commission européenne et une Cour de justice qui ne cachent rien de leur volonté d'allégeance politique, idéologique et culturelle, sinon économique, à la Mecque du capitalisme, en vue de donner aux peuples européens leurs nouvelles Écritures saintes sous forme d'une Constitution sacralisant explicitement les principes du néolibéralisme.

Ainsi, d'administration Bush (et successeurs) d'un côté de l'Atlantique en commission Barroso (et successeurs) de l'autre, la civilisation occidentale est-elle assurée de poursuivre sa marche suicidaire. Car c'est bien d'une *autodestruction* qu'il s'agit. Les États-Unis voudraient convaincre le monde « civilisé » que le seul véritable danger qui menace désormais la civilisation est le « terrorisme », et plus précisément celui de l'intégrisme islamique qu'ils ont substitué au communisme dans le rôle de l'immonde Bête à cornes de l'Apocalypse, en attendant de substituer à l'intégrisme islamique n'importe quelle opposition résolue à la dictature du Dollar-Dieu. On pourrait presque sourire d'entendre dénoncer l'intégrisme religieux dans une société de sectes qui pour sa part idolâtre Mammon, où l'on censure, au nom d'une lecture littérale de l'Ancien Testament, la théorie de l'évolution des espèces et où l'on pratique la peine de mort.

Tuer pour ne pas être tué

Le véritable mal dont souffrent la société américaine et, dans son sillage, les sociétés européennes, n'est pas exogène mais endogène. C'est la généralisation d'un *mode de vie intimement lié à l'économie capitaliste*, à sa *violence consubstantielle* et à sa logique fondamentale : celle de la transformation de tous les espaces sociaux en marchés à conquérir, soumis à une concurrence incessante qui ne peut que viser la disparition du concurrent, à coups de colt, de missiles ou d'OPA ; celle de la transformation de chaque agent en *Homo œconomicus* obsédé de performance et de rentabilité, endetté jusqu'aux yeux et aliéné par la frénésie de consommation.

Cette logique impitoyable a progressivement, au fil des générations, transformé la civilisation occidentale en paravent respectable à l'abri duquel règne la loi de la jungle sociale qui s'énonce : profit maximal dans un délai minimal. Tout le reste n'est plus que littérature et gesticulation politicienne. Dans les pays européens de longue histoire, comme la France, la consistance de l'héritage spirituel personnaliste (religieux, philosophique, juridique, etc.) et la force des luttes de classes ont longtemps freiné le processus de décomposition des rapports sociaux par la logique du profit. Ces freins ont sauté et les peuples européens, sous la conduite de leurs élites modernistes, rivalisent d'ardeur dans l'adoption de l'*american way of life*. Celui-ci ne consiste pas seulement à se rendre obèse en mangeant de la *fast food* devant la télé ! Les hommes et les femmes façonnés par une telle matrice sociale sont programmés pour la guerre de tous contre tous, dans un monde où il faut être un *killer*, tuer, au sens propre ou au sens figuré, pour ne pas être tué.

Ce n'est pas là une caricature inventée par les ennemis des États-Unis. C'est le tableau qu'ont donné de leur société, au fil des générations, de nombreux intellectuels et artistes américains eux-mêmes. C'est à l'un d'eux, Sinclair Lewis (prix Nobel de littérature en 1930), qu'on doit le terrifiant portrait de *Babbitt* (1922), incarnation archétypique de la *middle class* américaine, auprès duquel nos malheureux Bouvard et Pécuchet feraient figure de métaphysiciens tourmentés. Agent immobilier qui n'aspire qu'à s'enrichir et à devenir un notable de sa ville de Zénith, Babbitt est sincèrement convaincu que les commerçants américains comme lui, « les vrais mâles », comme il les appelle, sont la quintessence de la civilisation humaine. Imbu de puissance matérielle, plein de révérence pour « les gaillards qui ont du poil sur la poitrine et des machines à calculer dans leur bureau », bon père de famille, fidèle soutien de son Église, méprisant cordialement les intellectuels et les « profs », regardant avec commisération les Européens arriérés et « mangés aux vers », haïssant le socialisme, il appelle, au lendemain de la Première Guerre mondiale, le monde entier à adopter le modèle américain, du moins tel qu'il est incarné dans les hommes de sa trempe : « Voilà le type d'homme qui dirige aujourd'hui l'Amérique ; en réalité c'est l'idéal auquel doit tendre le monde entier, si un avenir convenable, bien équilibré, chrétien et hardi est réservé à notre vieille petite planète. » Une Seconde Guerre mondiale, un Reagan, un Fukuyama et deux Bush plus tard, il semble bien que l'appel de Babbitt a été entendu et que les horloges du Vieux Monde marquent désormais l'heure de Zénith. Ce ne sont ni la France, ni la Grande-Bretagne, ni l'Italie, ni l'Espagne, ni l'Allemagne, ni la Pologne qui y contrediront.

Pour une civilisation démocratique

On peut dire que le babbittisme est le noyau idéologique même de cette barbarie souriante dans laquelle le monde occidental est en train de sombrer, très consensuellement, très convivialement, avec caméras, flonflons et majorettes, tout en continuant à exhorter les autres peuples de la Terre à le suivre dans la voie de la « civilisation ». La barbarie n'a plus seulement le visage repoussant auquel des siècles d'atrocités inexpiables nous ont habitués. Elle a aussi de nos jours les dehors *clean*, *soft* et *cool* de cette asphyxiante médiocrité de cœur et d'esprit qui caractérise le style de vie *made in USA*, copié par toutes les petites bourgeoisies européennes, de gauche comme de droite, et qui non seulement réduit l'être humain à ne plus être qu'une vaniteuse et niaise machine à convoiter et à jouir mais encore alimente, inspire, fomente et soutient impunément toutes les ignominies possibles à la surface d'une

« vieille petite planète » que l'avidité, l'aveuglement et l'égoïsme des puissances capitalistes et de leurs légions de Babbitt ont amenée au bord du chaos.

Contre ce fléau-là, il n'y a qu'une seule parade concevable : revenir, si c'est encore possible, à nos fondamentaux politiques et idéologiques, c'est-à-dire aux valeurs qui soutiennent et orientent les luttes historiques du peuple français et que résume le triptyque républicain « Liberté, Égalité, Fraternité » – auquel on pourrait ajouter aujourd'hui la valeur de « Simplicité ». Faut-il rappeler que l'idéal d'une démocratie véritable, inséparablement politique, économique et sociale, n'a encore *jamais* été réalisé *nulle part* et que, par conséquent, loin d'être une conception désuète du progrès humain, il demeure à ce jour la plus grande et la plus belle de toutes les utopies.

* *
*

Faux et usage de faux *

Juin 2008

Au cours d'un échange avec des journalistes qui se pourléchaient de l'entendre, M. Jean-Marc Ayrault, président du groupe PS à l'Assemblée nationale, a déclaré avec aplomb : « La presse est libre et indépendante. »

De deux choses l'une : ou bien M. Ayrault ignore tout de l'état réel du journalisme d'information et de l'inféodation de la presse au pouvoir politique et aux puissances financières. Dans ce cas, qu'il prenne la peine de

* Chronique parue dans *La Décroissance* (2008, n° 50).

s'informer. Des travaux sérieux existent sur le sujet. Il découvrira alors que de grands groupes industriels et financiers, comme Bouygues, Lagardère, Dassault, Pinault, Rothschild et autres amis du peuple et des Lumières sont les propriétaires de la plupart des grands titres de la presse écrite, des grandes chaînes de télévision et des grandes stations de radio. Il sera éclairé sur l'appartenance idéologique et politique de tous les journalistes placés aux postes de commande de ces entreprises de presse, il aura une idée de la composition du CSA [1], il prendra la mesure des dégâts infligés par la tyrannie des annonceurs et l'emprise publicitaire, enfin il sera édifié sur les conditions dans lesquelles fonctionnent les rédactions et où se fabrique une information biaisée de A à Z par la connivence et l'autocensure, le sensationnalisme, l'inculture, la précarité, etc.

Si, après cette remise à niveau de ses connaissances, M. Ayrault continue à parler d'indépendance et de liberté de la presse comme d'un fait établi, alors c'est que nous sommes effectivement arrivés au stade de la propagande totalitaire décrit par Orwell, où les mots signifient exactement le contraire de ce qu'ils voulaient dire à l'origine. Si à la rigueur M. Ayrault avait déclaré : « Il existe encore en France une presse libre et indépendante, constituée de quelques titres de la presse écrite, animés avec une conviction et un désintéressement allant souvent jusqu'au total bénévolat, par de petites équipes courageuses et lucides qui refusent la manne publicitaire pour mieux se battre contre les mensonges et les injustices de l'ordre établi, comme font par exemple *CQFD*, *Le Plan B*, *La Décroissance*, *Le Sarkophage* et tant d'autres que je ne peux énumérer », alors on ne

1. Conseil supérieur de l'audiovisuel, dont les membres sont nommés par le président de la République et les présidents des deux assemblées, toutes deux contrôlées par la droite <www.csa.fr/conseil/composition/college_presentation.php>. [nde]

pourrait que souscrire à ses propos, surtout s'il avait ajouté : « Malheureusement, tous ces organes de presse sont devenus atypiques et quasi marginaux en dépit ou plutôt à cause de leur admirable résistance. En additionnant tous leurs lectorats respectifs, y compris ceux des plus diffusés d'entre eux, comme *Le Monde diplomatique* ou *Le Canard enchaîné*, on n'atteindrait pas l'audience ordinaire d'un des grands journaux télévisés quotidiens. C'est dire que l'antidote vaillamment distillé par cette presse critique reste très en deçà de la quantité de poison massivement déversée par les grands médias audiovisuels. Et ceux-ci, ouvertement ou hypocritement, se font tous les avocats du monde capitaliste. »

Voilà ce que M. Ayrault aurait pu dire, mais il ne l'a pas dit. Il a proféré au contraire un énorme mensonge. Non pas parce qu'il ignorerait tout de ce qui vient d'être rappelé. Une telle ignorance serait indigne d'un président de groupe parlementaire. L'autre hypothèse, la plus probable, c'est que, bien qu'il soit parfaitement informé de l'état actuel d'aliénation de la grande presse, il se garde bien de le dénoncer, pour la raison décisive qu'il sait d'expérience à quel point cette institution gangrenée par l'argent fait corps avec le système en place, dont lui et son parti sont devenus des suppôts zélés ; et parce qu'il a conscience de la nécessité de conserver le soutien de cette presse de propagande pour perpétuer l'alternance au pouvoir des différentes fractions de la bourgeoisie.

Si Paris valait bien une messe, le retour « aux affaires » vaut bien un brevet de moralité à la journaille. Encore une illustration de la complicité des grands médias et des pouvoirs dans leur entreprise conjointe de faux-monnayage !

* *
*

Le génie et l'audace *

Juillet 2008

Bertrand Delanoë vient de publier un livre dans lequel il exhorte son parti, le PS, à faire preuve d'audace. « Bigre, se dit le lecteur un peu naïf en lisant cette information abondamment répercutée par les médias, Delanoë, maire de Paris, aurait-il été visité par le génie de cette merveilleuse capitale dont la population a été si longtemps soulevée par les plus nobles idéaux, à l'avant-garde du mouvement révolutionnaire ? Aurait-il entrepris de ramener son parti dans la voie qu'il n'aurait jamais dû quitter, celle qui conduit, de façon démocratique, au véritable socialisme et non à sa caricature sociale-démocrate ? Ah, certes, il faudrait bien de l'audace au PS pour retrouver le chemin de l'honneur. Et Delanoë a bien raison de le rappeler au respect de sa mission anticapitaliste dans la lignée de Guesde et de Jaurès ! »

Las, en poursuivant sa lecture, le lecteur naïf découvre que l'audace selon Delanoë, ce n'est pas celle qu'il faudrait pour redevenir de vrais socialistes mais pour se rallier au libéralisme !… Le lecteur naïf en reste pantois : que faisait donc le PS au cours de ces derniers lustres, surtout quand il était au pouvoir ? N'était-ce donc pas du libéralisme ? Les privatisations, la police salariale, l'exclusion et la précarité, les cadeaux aux entreprises, le soutien au projet de traité européen, etc., c'était quoi, ça, du socialisme ?

Delanoë pourrait-il citer une seule mesure prise par les gouvernements « socialistes » successifs qui puisse être qualifiée de *socialiste* au sens propre et non affadi,

* Chronique parue dans *La Décroissance* (2008, n° 51).

ni expurgé, ni perverti, du terme ? Depuis des décennies, le PS, s'alignant sur la social-démocratie européenne, n'a cessé de se comporter en gérant loyal du capitalisme, et de faire du social-libéralisme. Delanoë estimerait-il que, dans ce libéralisme-là, le social est de trop ? Dans ce cas, il est mûr pour entrer à l'UMP et sans doute Sarkozy va-t-il lui offrir un strapontin dans son gouvernement.

On peut aussi faire l'hypothèse plus favorable – qui laisserait à Delanoë le bénéfice de la franchise – que le maire de Paris a simplement invité ses amis politiques à mettre leur discours en accord avec leur pratique et à abandonner leur référence mensongère au socialisme. Mais dans ce cas, pourquoi parler d'audace ? Delanoë se paie de mots, il se gargarise, en bon communicateur qu'il est. Quelle audace ne faut-il pas, en effet, pour voler au secours de la victoire et surfer sur la vague idéologique dominante ! Que de hardiesse, de bravoure, de folle témérité ne faut-il pas aujourd'hui pour reconnaître qu'on ne croit plus au socialisme ni à la lutte des classes, qu'on trouve cela démodé, obsolète, furieusement ringard et qu'on ne jure plus que par la liberté d'entreprise, le marché et le profit maximum ?

À moins que le PS ne soit tombé si bas qu'il lui faille des tonnes d'audace pour seulement faire preuve d'une once d'honnêteté. En vérité que risque-t-il à admettre explicitement qu'il est devenu un parti bourgeois libéral comme les autres, qui travaille pour les patrons et se fait élire par les employés ? Il y perdrait peut-être quelques poignées de vieux grognards socialistes mais il ratisserait encore plus large chez les petits-bourgeois qui ont fait sa fortune, et en particulier chez les cadres, supérieurs, moyens et inférieurs, de la région parisienne et d'ailleurs, à qui la « culture d'entreprise » tient lieu d'évangile et de viatique.

Non, décidément Delanoë, pas plus que ses camarades, n'a été revisité par le génie de la Bastille. Celui-ci n'est plus qu'une statue vide scotchée au sommet de sa colonne, encombrée de ses chaînes brisées et de son flambeau inutile, vestige dérisoire d'un juillet aboli où le peuple parisien était capable de renverser des murailles et avait l'audace, la vraie, de faire ce qu'on appelait alors « la Révolution ». À l'hôtel de ville de Paris, on ne fait plus que des mondanités, avec stars de service, champagne et petits-fours.

* *
*

L'An I au miroir de Sarkozy *

Juillet 2008

Des innombrables bilans dont nous ont abreuvés les médias, celui du *Canard enchaîné* (23 avril) est assurément le meilleur : « Une année de Sarkozy : le bilan est vide fait. » Toutefois, de même qu'à l'examen le vide intersidéral se révèle fourmillant de corps divers, de même, à l'analyse, cet An I du sarkozysme apparaît plein d'enseignements. Même si, pour l'essentiel, ces observations sont plus des confirmations que des découvertes, elles n'en ont pas moins le mérite de nous édifier sur la personnalité de l'homme et sur la nature de son action.

Le fait qui nous paraît le plus notable, c'est que Nicolas Sarkozy est tout à la fois exemplaire et dépourvu de réelle originalité.

Exemplaire, il l'est en tant qu'incarnation par excellence des principales propriétés qui font traditionnellement

* Texte paru dans *Le Sarkophage* (2008, n° 7).

les gens de droite. Il réunit en effet dans sa personne des traits appartenant aux trois grands modèles qu'on distingue schématiquement dans la typologie classique de la droite :

— en bon *légitimiste*, il s'est érigé en champion d'une identité nationale caractérisée par le culte affiché de la trilogie Travail-Famille-Patrie et par l'attachement aux valeurs de la religion (catholique romaine de préférence), sans le moindre sentiment de contrition quant aux ombres de l'histoire de France. Cocardier et chauvin jusqu'à la xénophobie, il ne baisse la crête que pour courir au Vatican faire allégeance au pape, en qualité de « chanoine du Latran », au mépris du principe de laïcité inscrit dans l'essence même de la République. Foncièrement ennemi de toute idée de révolution sociale, il craint et méprise les masses populaires, dont il assimile les mobilisations au pouvoir de « la rue », comme le mouvement de Mai 68 par exemple, avec l'héritage duquel il conviendrait selon lui « d'en finir » ; il se félicite que l'influence des prêtres soit « autre chose » que celle des instituteurs, des syndicalistes et autres fauteurs de grève ; et il est imbu de l'absolue légitimité de sa mission rédemptrice ;

— en fidèle héritier de la droite *orléaniste*, il en professe le libéralisme radical, surtout en matière économique : son seul impératif catégorique, c'est le vieux slogan « Enrichissez-vous », qui résume la morale libérale et proclame la vénération ploutocratique pour la puissance de l'argent. Le même Sarkozy qui fait parade de ses goûts de luxe et exhibe ses relations amicales avec les propriétaires de yachts, les grands managers milliardaires et autres familiers des paradis fiscaux, se complaît à culpabiliser les pauvres et ne dissimule pas son hostilité pour la plèbe fainéante, râleuse et dangereuse, dans laquelle il convient de traquer et réprimer, dès l'enfance si possible, des penchants naturellement vicieux et criminogènes. Aux riches, il a dispensé avec son admiration des libéralités telles que le « paquet fiscal » ; aux pauvres, il a prodigué admonestations et injonctions à penser moins et à travailler plus. Aux patrons du CAC 40 et du MEDEF qui s'octroient des augmentations de salaire indécentes pour avoir mené à bien leurs plans sociaux et aux actionnaires qui acceptent de délocaliser des usines entières il témoigne soutien et compréhension ; mais pour la masse des salariés, il a poursuivi méthodiquement le démantèlement de tous leurs droits, si chèrement acquis : non content de laisser l'inflation et la hausse des prix saper leur pouvoir d'achat, il prévoit d'aider les indigents avec l'argent de l'aide aux nécessiteux ; mais sa conception de la solidarité ne va pas jusqu'à imaginer de prélever une taxe sur les faramineux profits des grandes entreprises ou des capitaux spéculatifs ;

— enfin, en digne représentant de la droite *bonapartiste*, toujours prête à bousculer les institutions démocratiques et à flatter démagogiquement le populaire pour mieux le diviser, il incline à l'autoritarisme, voire au caporalisme. S'agaçant de toute résistance à sa volonté ubiquitaire, même de la part de ses courtisans, il se dresse volontiers sur ses ergots, bombant le torse, donnant des coups de menton et alternant rodomontades et manœuvres de séduction. Préférant de toute évidence la pratique autocratique des « pleins pouvoirs » au principe fondamental de la séparation des pouvoirs, il n'a cessé de s'agiter, tirer à hue et à dia, proposer et disposer, au risque d'égarer son état-major, d'énerver ses partisans et même de susciter des velléités de rébellion chez ses barons. Dans sa frénésie activiste sans borne, il en est arrivé à menacer l'indépendance de la magistrature ou du Conseil constitutionnel, à réduire la représentation nationale à l'état de clique bonne à lui faire la claque, et à reprocher à des médias pourtant domestiqués de ne pas être entièrement à sa dévotion. Pour lui, le fin du fin de la démocratie, c'est non pas le respect de la souveraineté populaire (contre laquelle il a fait adopter le traité simplifié de Lisbonne) mais l'attachement démagogique à la personne du chef. Du chef d'État, ou du chef d'entreprise, c'est tout un, puisqu'aussi bien il faut gouverner l'État comme une entreprise, dont il serait le patron de droit divin.

Il n'est pas de mesure, jusqu'à sa roublarde « ouverture » à quelques arrivistes de la fausse gauche, qui n'illustre les trois tendances que nous venons d'évoquer et qui, en se combinant dans sa personne, en font l'un des spécimens les plus accomplis et les plus représentatifs de la droite française actuelle.

Mais cette remarquable exemplarité ne s'accompagne d'aucune originalité réelle. Sarkozy est un héritier, non un fondateur, malgré sa rhétorique de la rupture et sa prétention à innover. Plus précisément, toute son originalité tient dans le style personnel exubérant et ostentatoire avec lequel il a entrepris de mettre en œuvre une politique qui vient de loin. Il n'est rien en effet, de ce qui caractérise le sarkozysme, qui n'ait été déjà, au moins en partie, conçu et réalisé par ses prédécesseurs. Que ce soit sur le plan politique, économique ou social, sur celui du fonctionnement des institutions, etc., Sarkozy a beau jouer à l'envoyé du ciel, il n'est jamais qu'un des nombreux chefs d'orchestre qui interprètent depuis quelques lustres la partition de la mondialisation capitaliste. Sa politique était déjà en substance celle du gouvernement de Reagan, la même qui a été adoptée et poursuivie, avec seulement quelques variations dans le registre instrumental, par les conservateurs thatchériens, puis par tous les travaillistes et sociaux-démocrates européens convertis à la gestion loyale du capitalisme.

Cette politique a un nom : c'est la *contre-révolution néolibérale* par laquelle les puissances capitalistes ont entrepris, depuis les années 1980, de reconquérir tout le terrain perdu en matière de domination sociale, en particulier sur le plan idéologique, après la Seconde Guerre mondiale. On sait qu'il s'agit là d'une sorte de vaste croisade qui, commencée à l'initiative des États-Unis, a entraîné les différents pays occidentaux dans un travail de restauration du libéralisme pur et dur après les reculs que celui-ci avait concédés aux nouveaux rapports de force : l'esprit de la Résistance, les aspirations des peuples à plus de justice et d'égalité, la force des idées révolutionnaires et des luttes de classe, le poids du camp socialiste, la crainte du communisme et la puissance du mouvement ouvrier, toute cette réalité inédite avait obligé les classes possédantes et dirigeantes à faire droit aux légitimes exigences des travailleurs. Les États occidentaux avaient adopté des législations *ad hoc* qui avaient reçu l'appellation de « *Welfare State* » chez les Anglo-Saxons et d'« État-providence » chez nous. Il s'agissait d'assurer aux populations laborieuses un minimum de couverture sociale, d'assistance et de sécurité en opérant une forme de redistribution, conformément à ce que préconisait l'économiste Keynes. Mais pour les intégristes du marché, le keynésianisme n'était pas compatible avec le libéralisme. La vie était et reste à leurs yeux une compétition féroce : que les plus forts gagnent et malheur aux vaincus ! Pourquoi devrait-on encourager les pauvres dans leur indolence et leur bêtise en les assistant ? Si le marché les élimine, ce sont les pauvres qui ont tort et le marché qui a raison ! Et l'État doit se garder d'intervenir dans ces mécanismes de sélection naturelle.

Aussi, dès la fin des « Trente Glorieuses » et l'apparition des premiers signes d'essoufflement économique – « la crise » –, les reaganiens et leurs disciples européens lancèrent-ils l'offensive destinée à ramener les esprits dévoyés par trop de progressisme à une plus saine conception des choses, c'est-à-dire aux fondements de l'ultralibéralisme [1]. Tout le monde sait ce qui s'est passé

1. Lire le travail éclairant et documenté de Serge Halimi, *Le Grand Bond en arrière*, Fayard, 2004.

depuis. De choc pétrolier en bulle spéculative, de gouvernement de « gauche » en gouvernement de droite, de dénationalisation en mondialisation, de privatisation des profits en socialisation des coûts, de gain de productivité en perte de pouvoir d'achat, de police salariale en politique d'austérité, d'emplois précaires en emplois délocalisés, la casse des acquis sociaux est allée bon train. Elle n'est pas encore tout à fait terminée, mais, grâce au ciel, nous avons maintenant Sarkozy, qui a décidé de mettre les bouchées doubles et s'occupe de nous « réformer », c'est-à-dire de nous débarrasser au plus vite des vestiges de ce que les luttes sociales et le trop-d'État « keynésien », pléthorique et irresponsable avaient réussi à construire sous forme de « service public à la française ». Fort du blanc-seing qu'il a réussi à extorquer aux électeurs, il se laisse aller à sa pente et masque sous le clinquant d'un m'as-tuvuisme berlusconien le fait que sa politique est pilotée sur le fond par le MEDEF et la Commission de Bruxelles.

On pourrait ici mettre un point final à cette évocation de la première année du règne sarkozien en considérant avoir rappelé l'essentiel. Mais au risque de surprendre, nous dirons que l'essentiel n'est pas la personne de Sarkozy. Il se trouve que c'est lui qui est actuellement en France le porte-drapeau de la contre-révolution conservatrice ayant la faveur de la droite et de la fausse gauche de gouvernement. Il en fallait un : on l'a préféré à d'autres. Ce sur quoi, nous semble-t-il, il importe de s'interroger, c'est sur ce qui a rendu ce genre de « choix » possible. Après tout, Sarkozy a beau être la synthèse vivante du légitimisme, de l'orléanisme et du bonapartisme, il n'est ni Louis XVIII, ni Louis-Philippe, ni Napoléon III mais l'élu du peuple français. Et même s'il y a beaucoup à redire à la forme de scrutin prétendument démocratique qu'impose la Constitution, il n'en demeure pas moins qu'une majorité d'électeurs a voté pour lui, les autres ayant opté pour Ségolène

Royal. Celle-ci eût-elle été élue, croit-on que la face de la République en aurait été changée ? Entre un abbé de cour vibrionnant et assoiffé de pouvoir, défendant clairement une politique de droite, et une mère supérieure pateline et confite en ambition, n'osant plus défendre de politique du tout, peut-on dire qu'on a eu vraiment le choix ? Pour un certain nombre d'entre nous, nous avons carrément refusé d'être dupes. Mais la plupart de nos concitoyens ont accordé leur confiance à l'une ou à l'autre des deux « stars » du show politico-médiatique, et on peut finalement comprendre leur préférence pour Sarkozy.

En effet, s'il est une incarnation exemplaire de la droite française, il l'est aussi du « nouvel esprit du capitalisme ». Sarkozy est le miroir de l'époque. C'est sans doute là l'une des clefs de son succès, car cela permet à un bien plus grand nombre de Français moyens, voire de petites gens, au-delà des rangs de la droite traditionnelle, sinon de se reconnaître totalement en lui, du moins de lui trouver un air de parenté. Et pour cause : la reconquête ultralibérale dont nous avons parlé a été une croisade idéologique qui n'a pas seulement enrôlé les milieux dirigeants des classes possédantes mais qui a pénétré progressivement les jeunes générations de toute condition par le biais de la transformation des mœurs et du mode de vie. Si Sarkozy était plus lucide, il serait moins ingrat envers Mai 68, qui fut un moment aussi fort qu'ambigu de ce processus. Une gestation de plusieurs décennies au sein de cette nouvelle matrice sociale a enfanté la variante standardisée d'*Homo œconomicus* dont le système avait besoin, c'est-à-dire un type d'individu médiocre à tous égards, dont le principal voire l'unique souci en ce monde, c'est « la gagne », la réussite personnelle par les voies les plus courtes, le critère universel de cette réussite étant l'argent qui donne accès à toutes les consommations et permet de faire de l'existence un long fleuve de plaisirs distinctifs... sur les rives duquel croupissent les pauvres de la planète.

Nul doute que d'innombrables Français, même parmi ceux qui lui sont politiquement hostiles, aimeraient s'appliquer la formule de l'eudémonisme sarkozien : « J'ai le pouvoir, j'ai de l'argent, j'ai une belle femme : je suis heureux. » C'est pourquoi on pourra critiquer tant qu'on voudra la politique de Sarkozy, pour autant qu'on partagera ce que l'on ose à peine appeler son « idéal », et que la majeure partie des Français se sentira en résonance avec ce style de vie frénétiquement jouisseur, en connivence spontanée avec cette comédie de l'importance sociale, qui érige en valeurs suprêmes de la vie le fric, la frime, la « bouffe » et la « baise », Sarkozy et ses pareils seront les gagnants, car ils ont les moyens de jouer ce jeu mieux que personne. De même que Napoléon était, selon Hegel, « l'esprit du temps à cheval », de même Sarkozy est le nouvel esprit du capitalisme entré à l'Élysée. Et très franchement, on ne voit pas bien en quoi une fade et hypocrite imitation sociale-démocrate lui serait préférable.

* *
*

L'hydre *

Septembre 2008

« Vous pourfendez volontiers le "système capitaliste", m'a-t-on dit, et je souscris à vos critiques. Mais vous vous en prenez moins souvent à des individus nommément

* Chronique parue dans *La Décroissance* (2008, n° 52).

désignés qui sont bien pourtant des auteurs reconnus des méfaits et des iniquités que vous dénoncez. Sans eux, “le système” ne pourrait rien, n’existerait même pas. Pourquoi ne pas les clouer publiquement au pilori ? »

Vieille fausse opposition que la sociologie a héritée de la philosophie sociale mais dont on a malheureusement du mal à se débarrasser. Il est vrai qu’un système social, quel qu’il soit, ne serait rien s’il ne s’incarnait dans une population d’individus dont chacun contribue, d’une façon ou d’une autre, à le faire fonctionner, à le reproduire ou le changer. Il n’y a pas lieu d’opposer individu et système. L’un, c’est aussi l’autre. On ne peut pour autant réduire un système à la somme des individus qui le composent ici et maintenant, pas plus qu’on ne peut réduire une horloge à la somme de ses rouages. Pour des raisons évidentes.

D’abord, la durée de vie d’un système excède, et de très loin, celle de n’importe quel individu. Personne parmi les millions d’hommes et de femmes qui faisaient fonctionner le capitalisme français il y a cent cinquante ans n’est plus de ce monde. Mais le capitalisme, lui, continue à prospérer et à exercer ses méfaits à travers de nouvelles générations qu’il a façonnées à son usage et qui le servent en s’en servant. Le système capitaliste n’a attendu la naissance d’aucun(e) d’entre nous pour exister, et chacun(e) d’entre nous, considéré(e) isolément, ne dispose à titre personnel que de moyens très limités pour agir sur son fonctionnement. Seule l’action de masse, « tous ensemble », peut avoir l’ampleur et la force nécessaires pour peser sur des structures sociales. Il faut avoir l’humilité d’admettre – même si ce constat est ulcérant pour notre narcissisme – qu’au regard du système nous sommes, en tant qu’individus, assez largement interchangeables. En effet, tout système social *s’incorpore*, dans des proportions et à une profondeur que la plupart des individus ne soupçonnent même pas, dans *tout individu* et pas seulement chez quelques-uns qui seraient ses seuls fondés de pouvoir et donc seuls responsables de son fonctionnement. Ce qui fait sa force, c'est sans doute, plus encore que l'adhésion délibérée de quelques-uns, le soutien par défaut du plus grand nombre.

C'est sur ce terrain-là, celui de l'idéologie entendue comme processus d'intériorisation de la logique objective d'un système dans la sensibilité, l'entendement et le comportement des individus, que la critique sociale devrait aujourd'hui investir davantage son énergie, en paroles et en actes. Je ne suis donc nullement hostile au fait qu'on critique nommément des personnes, pour autant qu'elles sont des *incarnations exemplaires* du système dans un domaine ou un autre et qu'elles en tirent bénéfice ou s'en font les défenseurs. Bien au contraire, j'apprécie qu'on les attaque avec justesse, avec vigueur et si possible avec talent. Certains y font merveille et j'y applaudis. Mais je crois aussi utile d'insister sur l'autre versant du système, celui du logiciel dans la machine, qu'on voit moins immédiatement, sans doute parce qu'il fonctionne dans la pénombre et qu'il implique bien plus de monde qu'on ne croit, y compris parmi les adversaires déclarés du système.

De même qu'on n'a pas renversé le régime féodal en se bornant à dénoncer publiquement les ci-devant, de même on ne battra pas l'ordre capitaliste en se contentant de pilorier certains de ses représentants, si odieux soient-ils, si mérité que soit leur opprobre, si nécessaire que soit leur dénonciation et quelque plaisir qu'on y prenne. Les têtes de l'hydre repoussent à mesure qu'on les coupe. On ne peut tuer l'hydre qu'en lui arrachant le cœur : le pouvoir de l'argent et sa force corruptrice. La révolution, c'est l'abolition d'un système, pas un jeu de massacre. Il importe de garder cela à l'esprit.

* *
*

Exercice de rentrée *

Octobre 2008

En cette période de rentrée scolaire, je me permets de suggérer aux enseignants de tous niveaux le petit problème suivant, à l'intention de leurs élèves ou étudiants :

Étant donné que…

1. nous vivons dans un monde où une minorité de gens très riches ne peut jouir de son existence que si son univers demeure inaccessible au reste du genre humain, car « son orgueil ne voudrait pas même devenir Dieu, s'il ne lui restait plus de malheureux à insulter et à traiter en esclaves, si le luxe de son bonheur ne devait plus être relevé par les angoisses de la misère, si l'étalage de ses richesses ne devait plus torturer les indigents et allumer leur désespoir » (Thomas More, *L'Utopie*, II, 8) ;

2. le mode de vie ultra-dispendieux de ces richissimes gaspilleurs leur impose d'accaparer une part toujours plus grande des richesses, ressources et profits de toute nature qui devraient servir au contraire à satisfaire les besoins légitimes de l'immense multitude d'humains qu'on laisse croupir un peu partout ;

3. le prélèvement de cette part de profits léonins implique le développement d'une production pour des marchés de masse incitant des millions de consommateurs à l'achat compulsif et excitant en permanence leurs désirs jusqu'à l'absurde ;

4. pour la plupart, ces consommateurs sont des salariés modestes (quand ils ont un emploi) férocement exploités pour grossir les profits et qui doivent s'endetter à vie pour accéder au marché ;

* Chronique parue dans *La Décroissance* (2008, n° 53).

5. la masse des richesses disponibles n'est pas extensible à l'infini et les ultra-riches préfèrent la guerre sous toutes ses formes (même civile) à tout partage raisonnable au prorata des besoins de tous ;

6. le maintien du taux de profit le plus élevé possible ne peut se faire qu'au prix d'un productivisme aveugle, d'une utilisation démentielle des ressources (y compris humaines) et d'atteintes criminelles à l'environnement ;

7. la minorité des ultra-riches tient en mains, directement ou par serviteurs interposés, tous les moyens matériels et symboliques de faire fonctionner la « démocratie » à son avantage et qu'il n'y a donc aucun moyen institutionnel légal de mettre fin à un tel désordre ;

8. l'affaissement moral des masses comme des élites ne laisse plus subsister que des îlots de résistance à l'aliénation idéologique du monde occidental ;

9. la propagande obsédante des féodalités politico-économiques capitalistes a installé partout des fantasmes de succès social et d'enrichissement personnel, même chez les pauvres à perpétuité ;

10. tout le monde ne peut pas devenir ultra-riche vu que nous vivons, etc. (voir suite ci-dessus alinéa 1) ;

… répondez aux questions suivantes :

a. Combien de temps encore un système aussi aberrant et inhumain peut-il durer ?

b. Les problèmes inextricables qu'il pose sont-ils susceptibles d'être résolus rationnellement et dignement ou bien s'agit-il d'une nouvelle version de la quadrature du cercle ?

c. Une politique comme celle de Sarkozy est-elle de nature à apporter de bonnes solutions ?

d. Et celle des « socialistes » ?

e. Alors pourquoi les Français les élisent-ils ? Serait-ce qu'ils se fichent pas mal des solutions faute d'être en mesure de voir où est le problème ?

On remarquera que l'énoncé est ainsi formulé qu'un enseignant peut facilement y introduire des données numériques (du type 20 % les plus riches s'approprient 80 % des richesses de la planète, revenu par habitant, coût d'une trithérapie, d'un puits, d'une école, etc.), de sorte que ce problème peut être proposé aussi bien comme exercice d'arithmétique, ou d'instruction civique, en CM2 que comme sujet de dissertation en classe de philosophie, ou en TP de licence d'économie, ou comme sujet de DEA en science politique, ou encore comme épreuve au concours d'entrée de l'INSEE et de l'ENA.

* *
*

Vous enseignez quoi exactement ? *

Automne 2008

Tout le monde a pu le remarquer : chaque fois que des lycéens et des étudiants se mobilisent, pour mener un combat que leurs aînés n'ont pas eu l'idée ou le courage de commencer, ils trouvent à leurs côtés, dans leurs établissements scolaires et universitaires, un certain nombre d'enseignants qui leur apportent un concours enthousiaste. Mais ils trouvent aussi, en face d'eux, un nombre non négligeable d'enseignants qui ne tardent pas à entonner, avec un vibrato dramatique dans la voix, le refrain préféré des briseurs de grève et des forceurs de blocus : « Il faut finir les programmes ! Il faut passer les examens ! » Certes, de la part des enseignants de droite (si, si, il y en a, et même beaucoup plus qu'on ne dit !), surtout s'ils sont devenus chefs d'établissement ou présidents d'université, on ne peut attendre une

* Texte inédit.

autre chanson. Pour eux, la formation scolaire et universitaire ne saurait avoir d'autre finalité que de formater consciencieusement les cadres, petits chefs et piétaille dont le système économique a besoin, depuis les manœuvres dociles jusqu'aux larbins prétentieux et aux directeurs arrogants. Leur évangile humaniste ne va pas jusqu'à préconiser de former des esprits critiques, des consciences civiques, des cœurs épris de justice. Leur unique souci, c'est que leur établissement fonctionne, que leur sacro-sainte boutique tourne, sans faire de vagues, pour ne pas indisposer le rectorat ou le ministère. Il n'y a pas à s'en étonner, c'est ça la droite, depuis toujours.

En revanche, que des enseignants qui se proclament de gauche, qui savent pertinemment, ou devraient savoir, ce qu'est le système capitaliste et la part que l'École prend à son fonctionnement et à sa reproduction, qui savent que la plupart de leurs élèves et étudiants seront jetés en pâture, avec ou sans diplôme, au despotisme patronal, que ces enseignants donc adoptent le même langage chagrin et hypocrite que leurs collègues de droite et ne cessent d'agiter, en écho aux cris d'alarme de la presse anti-grève, l'épouvantail des examens pour faire pression sur les grévistes et encourager les opposants, voilà qui est plutôt confondant… quoique, à la réflexion, pas tellement surprenant. La passion de l'ordre et de la règle, même injuste, est une vieille histoire, et ceux qui pensent que l'homme est fait pour le sabbat plutôt que le sabbat pour l'homme sont toujours aussi nombreux et toujours aussi myopes. Et en général, ils n'ont pas de problèmes de fin de mois.

Il serait bon que ces adeptes des examens à tout prix s'interrogent, comme de simples apprentis philosophes de classe terminale, sur les rapports entre les moyens et les fins, et se posent la question de savoir s'il est légitime de fétichiser programmes et diplômes et d'en faire des fins en soi quand manifestement ils ne peuvent plus servir à assurer une vie plus digne dans un monde plus humain ; quand ils tendent à n'être plus, pour la plupart des jeunes, qu'un droit d'entrée dans un monde inique et précaire où les travailleurs sont traités comme des serpillières. Lorsqu'une grande partie de la jeunesse a la lucidité et le courage de se lever pour faire ce qu'on n'a pas été capable de faire soi-même, il y a quelque indécence à vouloir la retenir par les basques en pleurnichant : « Ah, les programmes, ah, les examens ! »

L'ennui c'est que, comme disait Jaurès, « on n'enseigne pas ce qu'on veut, mais ce qu'on est ».

* *
*

Le doigt de Dieu *

Novembre 2008

Frédéric Bastiat (1801-1850) a été et demeure l'un des grands penseurs du libéralisme économique. On rapporte que ses œuvres faisaient partie des lectures favorites de Ronald Reagan et de Margaret Thatcher. On comprend pourquoi quand on parcourt quelques-unes des pages au long desquelles il ne cesse de pourfendre, dans un style incisif et limpide, le socialisme, les interventions de l'État et du gouvernement, l'organisation, la solidarité, la compassion, le syndicalisme, le monopole, bref, tout ce qui, à ses yeux, peut perturber si peu que ce soit le libre jeu concurrentiel des forces économiques et sociales et les empêcher de tendre vers la plus grande harmonie. « Harmonie », tel est le maître-mot de sa

* Chronique parue dans *La Décroissance* (2008, n° 54).

pensée, dont il a d'ailleurs fait le titre de son ouvrage le plus célèbre, *Harmonies économiques*, considéré comme un des textes sacrés du libéralisme.

On y trouve, entre autres propos édifiants, la formulation du principe fondamental, dit « loi de Bastiat », qui s'énonce : « Les intérêts [individuels] abandonnés à eux-mêmes tendent à des combinaisons harmoniques, à la prépondérance progressive du bien général. » L'ouvrage expose brillamment la démonstration de cette « loi naturelle », au terme de laquelle l'auteur conclut : « L'harmonie ne consiste pas dans l'absence absolue du mal, mais dans sa graduelle réduction. Le corps social, comme le corps humain, est pourvu d'une force curative dont on ne peut étudier les lois et l'infaillible puissance sans s'écrier : "*Digitus Dei est hic.*[1]" »

On pourrait, sans malice excessive, faire remarquer à ses disciples actuels que, l'évangile de l'apôtre Bastiat ayant été rédigé au milieu du XIXe siècle, il faut beaucoup, sinon de mauvaise foi, du moins de foi tout court pour considérer que tout ce qui s'est passé depuis plus d'un siècle et demi dans le monde, sans parler de tout le cours de l'histoire qui a précédé, est allé dans le sens de « la prépondérance progressive du bien général » et de l'instauration d'une « harmonie » grandissante entre les intérêts des uns et des autres. Au contraire, le système de l'économie libérale capitaliste n'a cessé de faire la démonstration, effroyablement coûteuse à tous égards, de son incapacité à résoudre ses incohérences et à répondre de façon, ne disons pas très harmonieuse, mais simplement décente, aux besoins les plus légitimes des populations de la planète.

« Ah mais, plaideront les adeptes du libéralisme, c'est que justement les États et leurs dirigeants de tous

1. « C'est le doigt de Dieu. »

bords ont voulu se mêler d'organiser, corriger, optimiser, le cours des choses, et ce faisant, ils l'ont dévoyé gravement. » On aura beau leur opposer que toutes les sociétés humaines connues ont pratiqué cet interventionnisme et qu'historiquement on ne voit pas quand, depuis l'expulsion de l'Éden, la fameuse loi naturelle inventée par Bastiat aurait pu jouer assez librement pour qu'on puisse être assuré de sa réalité, ils n'en démordront pas. Ces gens-là sont des intégristes.

En vain tirera-t-on argument de l'état actuel d'un monde que la recherche insatiable du profit capitaliste a mené au chaos et précipité, une fois de plus, dans une crise catastrophique à laquelle – ô cruelle ironie et suprême affront ! – on n'a pas trouvé d'autre remède (si c'en est un) que l'intervention massive de l'État pour combler avec des fonds publics les gouffres creusés par la libre spéculation des capitaux privés, remède qui laisse sceptique sur la « force curative » intrinsèque du système ; ils s'obstineront à trouver, à la façon de l'ange Jesrad répondant au sage Zadig, qu'« il n'y a point de mal dont il ne naisse un bien ». Surtout quand du mal des petites gens sort le bien des grands prédateurs. En tout cas laissons faire la main invisible et le doigt de Dieu : ils finiront bien par égaliser toutes les conditions, à la longue…

Et s'il y en a qui doutent ou qui sont pressés, eh bien, ils n'ont qu'à faire la révolution !

* *
*

Culte vaudou *

Décembre 2008

Chacun aura apprécié à sa manière l'initiative prise par la société d'édition qui a mis en vente deux « coffrets vaudous » contenant une poupée à l'effigie, l'un de Nicolas Sarkozy, l'autre de Ségolène Royal, avec une douzaine d'aiguilles et une notice pour jeter des sorts aux deux victimes en les piquant aux bons endroits. On peut regarder cette opération commerciale comme un simple gag (c'est le parti pris par Royal) ou au contraire comme un outrage (c'est le sentiment de Sarkozy). Ni l'une ni l'autre de ces réactions ne me paraît convenir à la nature d'un acte dont la signification implicite échappe probablement à ses auteurs eux-mêmes. Je n'y vois, en effet, ni vraiment une offense ni tout à fait une plaisanterie, mais bien plutôt une sorte de métaphore de ce qu'est devenu le combat politique et idéologique dans notre pays.

Car enfin, que font depuis longtemps les soi-disant opposants à la politique de régression continûment menée par nos princes et que fait la prétendue gauche institutionnelle, politique, syndicale et associative, sinon multiplier les cérémonies rituelles et les formules incantatoires, des simulacres de débat parlementaire jusqu'aux mobilisations en ordre dispersé, en passant par les grèves sans lendemain ? Que font toutes ces protestations platoniques, toutes ces gesticulations médiatiques, sinon donner des coups d'épingle dérisoires dans la poupée fétiche de l'ordre établi ?

Quoi, voilà des lustres que les gestionnaires de droite et de « gauche » du système capitaliste ont entrepris,

* Chronique parue dans *La Décroissance* (2008, n° 55).

sous couvert de réforme, la démolition méthodique de toutes les conquêtes de la démocratie sociale, de toutes les institutions de l'État-providence, de toutes les structures du service public, de la sécurité sociale à l'enseignement et à la recherche, de la santé à l'emploi, du logement à la justice ; voilà un régime qui a réussi à soumettre comme jamais le travail au capital, à accroître de façon indécente et cynique les inégalités, à léser les légitimes intérêts de presque toutes les catégories de salariés, à casser des pans entiers de notre économie, à ruiner notre environnement par le gaspillage et la spéculation, à désespérer la jeunesse par le chômage et la précarité ; voilà un État aux ordres des puissances d'argent, un pouvoir qui justifie l'injustice et bafoue la démocratie ; voilà donc les exactions commises par nos nouveaux seigneurs, voilà des déprédations et des crimes qui en d'autres temps auraient fait surgir des barricades !

Et tout ce que des millions de citoyens qui se disent furieux, exploités, spoliés, humiliés, méprisés et indignés trouvent à leur opposer, c'est de défiler gaiement avec des mirlitons en guise de piques et des tambourins au lieu de canons, c'est de déléguer des Chérèque, des Thibault, des Mailly et autres foudres de lutte des classes, à de consensuelles « négociations » sans substance et sans conséquences ; c'est d'élire comme députés les sempiternels faux jetons socialo-carriéristes et c'est de bavasser pendant que le pays coule !

Autant en effet planter des aiguilles dans le ventre d'une poupée de chiffon, en proférant des abracadabras ! À peu de chose près, les résultats doivent être équivalents.

Les extravagances scélérates des banquiers et de leurs traders ont plus fait pour ébranler le capitalisme que toutes les gauches réunies. Car c'est bien là que nous en sommes, nous, peuple de France, citoyen(ne)s d'une nation qui fit jadis rêver les peuples de la Terre, nous qui sommes devenus les sectateurs zombifiés d'un vaudou consumériste où, toutes classes confondues, nous nous laissons posséder par l'« esprit du capitalisme », ses maléfices et ses sortilèges.

Merci aux petits futés des coffrets vaudous de nous l'avoir rappelé. Mais il semblerait que la « crise » terrible où vacille présentement le système fasse office d'exorcisme et que les zombis commencent à s'éveiller de leur transe hypnotique… Mirlitons, sonnez la diane ! Tambourins, battez la charge ! Le monde va peut-être enfin changer de base.

* *
*

Jérémiades audiovisuelles *

Février 2009

Mesdames et messieurs les journalistes de l'audiovisuel public, vous êtes, paraît-il, très en colère contre la réforme décidée par Sarkozy qui, entre autres effets, va supprimer la publicité en soirée et permettre à l'Élysée de nommer directement votre président sans passer par le CSA. Alors vous vous indignez contre la « mainmise du pouvoir » sur l'information, la perte de votre « indépendance », la « dégradation » prévisible de la qualité des émissions et autres menaces de berlusconisation.

Est-ce à dire que jusqu'ici l'information n'était pas sous l'influence du pouvoir politique et économique, que vos dirigeants étaient indépendants et que la qualité de votre travail était digne de tous les éloges ? Non, bien sûr, il n'est pas possible que vous souteniez de telles prétentions !

* Chronique parue dans *La Décroissance* (2009, n° 56).

Évidemment, personne ne doute des véritables intentions de Sarkozy qui vise un double objectif : d'une part faire un cadeau substantiel à ses amis les patrons de l'audiovisuel commercial et s'assurer plus étroitement leur gratitude et leur soutien ; d'autre part contrôler de plus près l'information publique où les amis, les fidèles et les créatures de la droite néolibérale sont plus ou moins concurrencé(e)s par les femmes et les hommes-liges de la « gauche » tout aussi néolibérale. Les nuances subtiles qui distinguent ceux-ci de ceux-là constituent sans doute aux yeux des intégristes de l'Église sarkozienne un éventail encore beaucoup trop large qu'il convient de resserrer en épurant un peu plus les personnels.

Puisque cela est vrai, vous avez donc *raison* de protester. Oui, mais en avez-vous encore moralement le droit ? Pour pouvoir crier au loup de façon crédible, il faudrait que vous commenciez par reconnaître la lourde part de responsabilité qui est la vôtre dans la situation indigne où l'audiovisuel public a sombré depuis bien longtemps à force de connivence et de servilité envers le pouvoir politique, à force d'agenouillement devant le pouvoir de l'argent et d'adhésion au nouvel esprit du capitalisme. Il faudrait que, au lieu de servir la soupe aux puissants, vous vous soyez battu(e)s inlassablement contre la « mainmise du pouvoir », les atteintes à l'« indépendance » et la « dégradation » des programmes, qui sont des faits établis de longue date. Mais, à l'exception d'une infime minorité de journalistes qu'on doit saluer avec respect parce qu'elles et ils ont eu la probité et le courage, au milieu de rédactions hostiles ou indifférentes, de dénoncer l'aliénation du milieu journalistique par l'argent et les amitiés politiques, la très grande majorité d'entre vous, par conviction partisane, par carriérisme, par lâcheté, par inculture ou par bêtise est restée muette quand elle n'a pas collaboré d'enthousiasme à faire de l'audiovisuel public, à l'image de son homologue privé, une effarante machine à décerveler les humains et à pomper du fric. On ne vous a pas entendus protester, sinon du bout des lèvres, contre l'instrumentalisation hypocrite du CSA par le pouvoir, pourtant de notoriété publique. Ni contre toutes les atteintes caporalistes à votre indépendance, ou à la liberté et à l'impartialité de l'information, ou aux règles élémentaires de la déontologie. Ni contre la précarisation massive du travail des jeunes au sein de vos propres rédactions. Vous n'avez cessé de vous mobiliser au service de la contre-révolution libérale, de falsifier ou étouffer le débat démocratique et de vous comporter en supplétifs de l'ordre entrepreneurial marchand. Souffrez qu'il vous en remercie aujourd'hui.

Et puis cessez de déplorer la fin de cette publicité qui a tant fait pour pervertir votre métier. Vous devriez plutôt y voir une invitation à régénérer votre travail, après tant d'abaissement.

Allez, mesdames et messieurs les journalistes, on sait bien que vous êtes victimes d'un régime gangrené qui infecte tout ce qu'il régente. Mais franchement, on a du mal à vous plaindre, et plus encore à vous prendre au sérieux.

* *
*

Hurrah for Obama*

Mars 2009

À l'occasion du sacre du roi Obama, nos médias américanolâtres nous ont invités à nous prosterner *once*

* Chronique parue dans *La Décroissance* (2009, n° 57).

more, devant cette admirable démocratie américaine qui, pour la première fois dans son histoire, a décidé de porter un Noir à la présidence.

Que la journaille me pardonne d'introduire un bémol dans son *Glory Alleluia*, mais ça ne fait jamais qu'un siècle et demi environ d'écoulé depuis l'adoption du Quatorzième Amendement qui était censé faire des Noirs des citoyens américains à part entière. En réalité, ils ont eu droit, pendant tout ce temps, à un pourcentage de lynchés, d'emprisonnés, de condamnés à mort, de morts infantiles, d'illettrés, de chômeurs, de SDF et autres laissés-pour-compte sans commune mesure avec celui de n'importe quel autre groupe ethnique.

Mais bon, il n'est jamais trop tard pour commencer à réparer ses crimes. Et si l'élection d'Obama préludait à l'émergence d'une élite noire (qui, pour être statistiquement représentative de sa communauté, devrait être de l'ordre de 12 à 15 %) dans les sphères dirigeantes des États-Unis, j'y applaudirais sans réserve.

Mais en attendant que l'hirondelle Obama fasse un printemps dont nous souhaiterions ressentir les effluves progressistes en France également, qu'on me permette de faire remarquer à tous les saint-Jean-bouche-d'or qui se gargarisent actuellement dans les médias sur le thème à la mode du triomphe de la « diversité » que, parmi les critères permettant de mesurer le grand bond en avant de nos démocraties occidentales, il en est un sur lequel ils restent remarquablement discrets, pour ne pas dire aphones. Et pour cause.

En effet, autant ils se montrent diserts quand il s'agit de se féliciter des progrès réalisés en matière de diversité ethnique, sexuelle, culturelle, etc., autant ils se montrent évasifs quand se pose la question du progrès démocratique en matière économique et sociale. Pour une raison évidente : s'ils ont enfin compris, plus de cent ans après les premiers anthropologues et sociologues, que la diversité des humains est faite de *différences* (ethniques, sexuelles, comportementales, etc.) qu'il faut enregistrer pour ce qu'elles sont précisément, de simples différences de *fait*, d'origine tantôt naturelle, tantôt culturelle, que *rien* n'autorise à transformer en différences de *valeur*, comme font les racistes, les homophobes, les phallocrates, etc., en revanche, à propos de la diversité sociale, les partisans de l'ordre établi se refusent à admettre qu'il ne s'agit pas là de simples différences factuelles dont il faudrait s'accommoder mais bien d'*inégalités sociales* imposées historiquement par la force et qui sont le produit d'une organisation sociale viciée. Le fait que l'idéologie dominante les ait toujours naturalisées ou culturalisées, comme si on était riche ou pauvre à la façon dont on est blond ou brun, quaker ou ismaélien, ne rend pas ces inégalités moins arbitraires ni moins barbares.

Alors j'attends – sans trop d'illusions, pour être franc – que tous les chantres si enthousiastes de la démocratie politique, ethnique, sexuelle, culturelle, etc., appellent expressément de leurs vœux l'instauration de la démocratie économique et sociale et la mise hors la loi civilisée de la pauvreté de masse comme de l'enrichissement privé.

Quant à monsieur le président Obama, à mon tour « j'ai fait un rêve » ; c'est qu'il tienne aux Américains et au reste du monde le discours suivant : « Jusqu'ici on vous a fait croire qu'il était inévitable et normal qu'il y ait deux espèces humaines sur la planète, radicalement inégales en droits et en devoirs, en ressources et en avantages, un immense troupeau de damnés voués à la pauvreté et une minorité d'élus voués à l'opulence. Tout ça, c'est des foutaises, de la *bullshit* pour préserver les privilèges des grands possédants. Sachez qu'il est possible aujourd'hui de s'organiser autrement. Nous avons désormais les moyens d'instaurer un vrai socialisme démocratique. Osons le mettre en œuvre ! *Yes, we can !* »

* *
*

Mythologie scolaire *

Avril 2009

L'échec scolaire, qui affecte surtout les enfants des classes populaires, a été rendu encore plus massif et plus évident par l'augmentation de la fraction d'origine étrangère de la population. Mais ce n'est pas un fait nouveau. Il a été sociologiquement établi et constamment vérifié depuis qu'on est en mesure d'analyser statistiquement les flux d'entrée et de sortie du système scolaire aux différents niveaux. À l'heure actuelle, alors qu'ils représentent environ 50 % des élèves de l'enseignement général, les enfants d'ouvriers, employés et inactifs forment plus de 80 % des « élèves en difficulté » regroupés dans les SEGPA (Sections d'enseignement général et professionnel adaptées). Un enfant de famille bourgeoise a six fois plus de chances en moyenne de faire des études supérieures qu'un enfant de famille populaire. Les déplorations rituelles et les rustines ministérielles successives n'y changent rien.

Pourquoi ce phénomène présente-t-il une telle inertie ? On peut répondre à la question en focalisant la problématique sur l'insuffisance des moyens, matériels, financiers et humains. C'est ce que font en particulier les syndicats d'enseignants et d'étudiants de l'Éducation nationale, les associations de parents d'élèves, les partis d'opposition, etc. Les critiques et les revendications qui en émanent ne sont certes pas dépourvues de

* Version augmentée d'un article paru dans *Convergence*, mensuel du Secours populaire français (mars 2009).

justification. Et on peut regretter qu'elles ne donnent pas lieu à des mobilisations plus massives et plus offensives encore, en réponse à des politiques qui visent, plus ou moins explicitement, à asphyxier le service public au bénéfice d'un secteur privé commercial qui, à terme, pourrait drainer toute la demande sociale de formation, et monopoliser ainsi une source immense de profits. Malheureusement, cette problématique centrée sur l'insuffisance de moyens – sans compter le fait qu'elle tend à laisser parfois la question des moyens éclipser celle des fins (quelles études ? pour faire quoi ? former quel type d'humain ?), devenue confuse à la mesure de l'anomie régnante – a surtout le défaut de ne pas toucher au mythe fondateur de l'« École républicaine » c'est-à-dire à la croyance illusoire à l'égalité des chances de tous les enfants en matière scolaire.

C'est là une idée, apparemment généreuse, héritée de la IIIe République, mais dont la sociologie en général et celle de l'éducation en particulier n'ont cessé, depuis quelque cinquante ans, de démontrer l'absence de fondement réel. On continue toutefois à faire comme si l'École pouvait se constituer en îlot d'égalité républicaine dans un océan d'inégalité sociale si seulement on lui assurait tous les moyens nécessaires. Mais il s'en faut de beaucoup que l'École à elle seule puisse remédier, sinon très marginalement, aux inégalités considérables qui séparent au départ les enfants d'une même classe d'âge du fait de leur appartenance à des classes sociales différentes. La division de la société en classes très inégalement pourvues des diverses variétés de capitaux a des conséquences dans tous les domaines de la pratique sans exception, de la naissance des individus à leur mort, et donc aussi, inévitablement, sur le plan de leur formation scolaire. Les causes fondamentales de l'échec scolaire massif doivent être cherchées dans ces inégalités des héritages en capital économique et financier, et même davantage encore, s'agissant de l'École, des héritages en capital culturel, que les enfants et leurs familles peuvent investir dans une formation scolaire effectuée sur le mode de la course d'obstacles et de la compétition à outrance.

Le capital culturel, c'est l'ensemble des savoirs, savoir-faire, savoir-être, dont l'intériorisation très variable fait qu'un enfant, selon son origine familiale, est plus ou moins précocement familiarisé avec la culture dominante et plus ou moins bien préparé à répondre efficacement aux attentes de l'univers scolaire, à maîtriser les codes, les classements et les stratégies qui y prévalent. Le mythe de l'« École libératrice » cher aux vieux « instits » d'autrefois, selon lequel tout enfant du peuple trouvait dans son cartable son bâton de maréchal – ou, si l'on préfère, une cisaille pour couper ses chaînes –, est la transposition à la compétition scolaire de la risible croyance à une concurrence pure et loyale entre les agents économiques, chère au libéralisme.

Ce mythe a longtemps masqué le fait sociologique fondamental que l'institution scolaire, s'il est vrai qu'elle peut contribuer occasionnellement à la mobilité sociale et à la promotion de quelques dominés miraculeusement rescapés de la sélection par l'échec, reste pour l'essentiel, dans les sociétés de classes, un appareil de reproduction des rapports sociaux qui maintient dans l'ensemble les générations successives sur la même orbite sociale. Et ce n'est pas la condescendance des IEP, qui accueilleront çà et là quelques petits pauvres méritants [1], qui bouleversera les statistiques de la ségrégation scolaire de masse.

Qui pis est, non seulement l'École, dans toutes les « démocraties » occidentales, est impuissante à supprimer les avantages et les handicaps sociaux de départ,

1. Depuis 2001, l'Institut d'études politiques de Paris (voir note 1, p. 132) recrute une petite proportion de ses étudiants dans les quartiers populaires par le biais d'une procédure d'admission spécifique. [nde]

mais elle les légitime en les naturalisant en « dons » intellectuels et en « talents » certifiés, contribuant par là à transfigurer en méritocratie républicaine (célébration des « élites » de tout poil) un régime accaparé par les classes possédantes et dirigeantes. Comme Bourdieu et Passeron étaient déjà en mesure de l'affirmer au terme de leur grande enquête sur les étudiants et la culture (*Les Héritiers*, 1964), « l'efficacité des facteurs sociaux d'inégalité est telle que l'égalisation des moyens économiques pourrait être réalisée sans que le système universitaire cesse pour autant de consacrer les inégalités par la transformation du privilège social en don ou en mérite individuel ».

Tel le miroir magique qui assurait à l'affreuse reine qu'elle était toujours la plus belle, le système scolaire ne cesse de présenter à la société qu'il reflète une vision enchantée d'elle-même.

* *
*

Les avocats procureurs *

Mai 2009

Nombre de militants anticapitalistes n'ont pas attendu la crise actuelle pour dénoncer les tares et les vices d'un système économico-politique qui sacrifie les besoins de la collectivité à l'insatiable appétit de profits et aux fantasmes de puissance de grands groupes industriels et financiers avec leurs nomenklaturas et leurs clientèles.

* Chronique parue dans *La Décroissance* (2009, n° 59).

Pendant longtemps les anticapitalistes, marxistes ou non, ont été seuls à faire ce travail d'analyse critique, et leur voix détonnait au milieu du consensus ambiant qui réconciliait la droite traditionnelle et la gauche de gouvernement dans la célébration de l'économie de marché. Celle-ci était présentée comme la seule possible parce que son réalisme et son efficacité proclamés étaient censés reposer sur des bases scientifiques indiscutables, celles de la science économique telle qu'on l'enseigne à l'université ; alors que ses opposants étaient dénoncés comme des esprits rétrogrades, prisonniers d'une idéologie archaïque, ce qui justifiait qu'on les couvrît de sarcasmes et d'injures sans jamais leur donner la parole.

Mais voici que « la crise » provoquée par la démesure même du système et de ses exactions a fait exploser la façade qui permettait jusque-là de sauver les apparences. Le roi est nu, il montre sa lèpre et son insanité, et l'on entend de partout monter les cris d'horreur des courtisans du régime, depuis les salles de rédaction jusqu'aux cabinets ministériels. Désormais la consigne est : « Hâtons-nous de dénoncer le criminel, puisqu'il est découvert ! Fustigeons le crime, puisque nous ne pouvons plus le nier ! » Ceux qui s'en font aujourd'hui les procureurs sont *les mêmes* qui en étaient hier les avocats inconditionnels et qui clouaient les anticapitalistes au pilori. Ce sont les mêmes journalistes, universitaires, chercheurs, politiciens et autres préposés à la célébration du système, toute cette engeance carriériste, narcissique et jacassante qui vaticine dans les IEP, pontifie dans les facs de science éco et campe dans les studios des grands médias ; les mêmes qui encensaient, bénissaient, caressaient et lichottaient à qui mieux mieux le Capital tout-puissant, l'Entreprise et le Marché ; ce sont eux qui, toute honte bue, dénoncent maintenant les « excès », les « dérives », les « abus » du système et parlent sans rire de lui refaire une vertu en l'« encadrant », le « régulant », le « moralisant ». Donner de la moralité au capitalisme, assainir ses marécages, chasser ses miasmes, tempérer son avidité, lui fabriquer un masque d'humanité… Voilà de bien rudes travaux en perspective pour une vulgaire bande de bonimenteurs !

Je me permets de leur suggérer d'employer leur énergie à une tâche plus accessible et plus honorable : faire honnêtement leur examen de conscience, venir à résipiscence et reconnaître publiquement qu'ils se sont lourdement trompés ; exprimer le regret de s'être compromis et avilis au service des puissants, présenter des excuses à tous ceux qu'ils n'ont cessé de stigmatiser et d'ostraciser ; demander pardon pour tout le mal qu'ils ont pu faire directement ou indirectement en légitimant un système proprement maffieux ; et enfin disparaître à tout jamais de notre horizon audiovisuel.

Mais sans doute est-ce là trop attendre de tous ces sectateurs du Veau d'or ; c'est leur supposer des réserves intellectuelles et morales qu'ils ont probablement épuisées, s'ils les ont jamais eues. Quand on a vendu son âme au diable, il n'est pas si facile de se racheter. Gageons qu'à la première embellie économique leur chorale ragaillardie entonnera une fois de plus sa louange aux forces du marché, à sa capacité intrinsèque de surmonter les crises, s'autorégénérer, etc.

Ces gens-là sont des télévangélistes du capitalisme. Il faudra donc leur arracher le micro et leur appliquer un de ces bons « plans sociaux » qu'ils ont toujours approuvés jusqu'ici, quand les planifiés n'étaient que des petits salariés qu'on jetait par la fenêtre, sans parachute.

* *
*

Lettre d'Ouchronia *

Juin 2009

Un de mes correspondants m'a envoyé d'Ouchronia, une petite république des antipodes, la lettre qui suit…

« Cher ami,

» Que vous êtes heureux et comme nous vous envions, vous, Français, d'être si admirablement gouvernés, par des dirigeants si honnêtes, si désintéressés, si pleins de justice et d'humanité, à l'image de toutes vos merveilleuses élites.

» Ici, en Ouchronia, il en va tout autrement, hélas ! La Grande Révolution, que nos aïeux ont faite au XVIIIe siècle pour instaurer la démocratie, n'est plus qu'un événement tellement lointain que, pour la plupart de mes concitoyens, elle pourrait aussi bien s'être déroulée au paléolithique et dans le Monomotapa. Au fil du temps, le peuple a été dépossédé non pas de tous ses droits, dont les plus fondamentaux sont encore formellement dans la Constitution, mais de la capacité de les faire appliquer réellement dans la vie quotidienne. Tous les moyens sont en effet tombés aux mains des plus riches, qui accaparent l'avoir, le savoir et le pouvoir dans tous les domaines, de sorte qu'ils décident souverainement de tout. Notre régime effectif est celui d'une oligarchie ploutocratique, c'est-à-dire, en termes plus ordinaires, la dictature des riches. Mais, fort habilement, les puissants ont conservé une façade démocratique à l'exercice de leur omnipotence : il leur suffit pour cela de faire ratifier par les urnes le "choix" de candidats et de programmes également favorables aux

* Chronique parue dans *La Décroissance* (2009, n° 60).

riches, donnant ainsi l'onction du suffrage universel à ce qui n'est qu'une mascarade. L'immense majorité de mes compatriotes s'accommode de ce simulacre rituel et s'imagine avoir encore son mot à dire dans la conduite des affaires. En fait, ils sont d'autant moins portés à protester contre leur servitude qu'ils se sont plus longtemps bercés de l'illusion de pouvoir consommer toujours davantage et faire la fête leur vie durant, sans autre souci.

» En ce moment néanmoins, on voit se multiplier les explosions de colère chez les simples salariés, qui sont évidemment les plus durement touchés par les effets de "la crise". Dans l'indignation de leur révolte, ils vont parfois jusqu'à enfermer des patrons et des cadres dans leurs bureaux. Ce crime de lèse-majesté patronale fait frémir d'horreur tous les bien-pensants du pays. "C'est la Révolution !" disent certains en blêmissant avant de transférer leurs avoirs en Suisse.

» Sans doute jamais depuis des décennies la situation ne fut aussi propice à une prise de conscience par les travailleurs de la nocivité du système qui les exploite et les ruine, et de la nécessité d'y mettre un terme. Mais que croyez-vous que réclament tous ces gens dont l'immense labeur est la vraie source des richesses, et qui pourraient légitimement revendiquer tout le bénéfice de leur travail au lieu de laisser les patrons et les spéculateurs s'en emparer gloutonnement ? Ils ne réclament rien de plus que ce que leurs spoliateurs ne cessent de leur refuser : une petite augmentation de leur misérable salaire, cent fois, mille fois moins importante que celle que s'octroient royalement leurs grands managers ! Ils quémandent un petit coup de pouce au lieu de donner un grand coup de balai ! Ils demandent l'aumône au lieu d'exiger leur dû ; ils tendent la sébile au lieu de brandir un fouet ! Ils mendient un peu de "pouvoir d'achat" au lieu de s'emparer du pouvoir tout court. C'est à pleurer.

» Peut-être imaginez-vous que les représentants de la "gauche" politique et syndicale institutionnelle qui sont censés défendre les petites gens se sont dressés pour s'emparer des revendications des travailleurs exaspérés et désespérés, dénoncer les causes profondes de leur mal et proposer des solutions radicales ? Détrompez-vous ! Ce ramassis d'imposteurs libéraux-socialistes s'ingénie au contraire à euphémiser la situation et à stériliser la colère des exploités afin que tout rentre dans l'ordre sur de vagues promesses et engagements que les puissants ne tiendront évidemment pas.

» Ah, ce n'est pas en France, chez les héritiers de 1789, de 1848, de la Commune et du Front populaire, qu'on verrait des petits salariés dépouillés et méprisés hisser sur le pavois des salopards de droite et de gauche qui les roulent pareillement dans la farine ! Saluez donc de ma part les glorieux travailleurs français ! »

* *
*

Big Brother*

Juillet 2009

À en croire ma boîte de messagerie, un message circulait ces temps-ci sur la Toile, visant à alerter les citoyens (de préférence ceux ayant un regard critique sur l'ordre établi et militant pour le changer) à propos des fantastiques moyens de surveillance dont disposent aujourd'hui, grâce à la technologie de pointe, les gouvernements et les forces de l'ordre. À l'appui de ce cri d'alarme, chacun

* Chronique parue dans *La Décroissance* (2009, n° 61).

est invité à se rendre sur un site où on peut trouver une photo prise lors de l'immense rassemblement de janvier dernier à Washington, où une foule innombrable d'Américains s'était rassemblée pour assister à la cérémonie d'« investiture » de Barack Obama. Sur cette photo panoramique embrassant un vaste espace, des abords de la Maison-Blanche au premier plan jusqu'aux berges du fleuve entraperçues dans un lointain vaporeux, on voit en effet, moutonnant à l'infini, un conglomérat compact et indifférencié de spectateurs réduits, pour les plus proches, à de minuscules silhouettes, puis à des taches ou des virgules de plus en plus fondues et indiscernables à mesure qu'on s'éloigne. Inutile de dire qu'il est rigoureusement impossible de distinguer les traits d'un quelconque visage.

Et soudain, merveille, à chaque clic effectué sur le zoom on voit grossir et se préciser les personnages photographiés, jusqu'à agrandir chaque visage au format d'une carte d'identité, parfaitement individualisé et reconnaissable. L'effet est vraiment saisissant, même s'il n'est pas totalement inédit à notre époque de satellites aux yeux télescopiques.

Mais ce qui m'a le plus donné matière à réflexion, c'est non pas d'apprendre, comme y insistait mon correspondant, que tel était désormais le sort des militants qui battent le pavé des manifs : être pris dans le collimateur d'une caméra-robot de type *Fullscreen Gigapan Viewer*, capable à des kilomètres à la ronde d'extraire chacun de l'anonymat rassurant de la multitude où naïvement il se croit à l'abri de l'Argus policier. Non, cette menace n'a rien pour impressionner les vieux militants qui savent depuis leurs premiers engagements publics qu'ils ont l'honneur d'être fichés aux RG avec quelques milliers d'autres mauvais esprits coupables de non-adhésion à la politique des puissants. Les progrès de la technologie ne changent rien à l'affaire. Sans caméra-robot à grand angle, les services de Fouché étaient déjà très bien informés sur qui était où et qui faisait quoi.

Ce qui en revanche m'a réellement interloqué, ce sont les commentaires de mon correspondant inconnu qui concluait son message à la fois émerveillé, terrifié et indigné en disant, sur un mode mi-sérieux mi-badin, qu'il éviterait à l'avenir d'arborer dans les manifs un T-shirt orné d'un slogan voyant afin de ne pas se faire repérer trop facilement. Même si tous ne l'expriment pas avec autant d'ingénuité, on peut penser que cette crainte doit hanter plus d'un manifestant, voire ôter à certains l'envie d'aller manifester.

Alors qu'on me permette une réflexion de simple bon sens : ce n'est pas encore un crime, que l'on sache, de manifester contre la politique du pouvoir, surtout si pour la circonstance on se déguise en clown rigolard et inoffensif pour bien montrer à ceux « d'en face » qu'on n'est pas vraiment dangereux. Mais quand ce serait un « crime » au regard de l'ordre établi, si on est sincèrement convaincu que le mal doit être combattu, alors il faut combattre autant qu'on le peut à visage découvert, sans mettre ses convictions dans sa poche ni plier son drapeau par-dessus.

Tout le monde n'est pas, c'est bien normal, un Nelson Mandela ou un Martin Luther King, mais si la seule évocation du risque encouru suffit à démobiliser des « justes », ou à en faire des « tièdes », alors c'est que Big Brother et son terrorisme d'État ont déjà gagné la bataille dans les têtes, avec ou sans caméra *Fullscreen Gigapan Viewer.*

* *
*

Spirale ascendante *

Septembre 2009

Un de nos lecteurs m'écrit qu'il a longtemps puisé dans les pages de *La Décroissance* des idées de nature à éclairer son entendement et à fortifier ses convictions. « Mais, ajoute-t-il, depuis un certain temps, j'ai la pénible impression que nous tournons en rond, et ça m'intéresse de moins en moins. »

Au risque de surprendre ce lecteur, et peut-être d'autres avec lui, je répondrai que, pour ma part, je suis tout disposé à abonder dans son sens. Oui, c'est vrai, nous tournons en rond à l'intérieur de notre problématique – celle de la « décroissance » –, comme des chevaux à l'intérieur d'un manège. Nous ressassons les mêmes idées, nous refaisons indéfiniment les mêmes analyses, nous rabâchons inlassablement, nous donnons l'impression d'avancer et nous faisons du surplace, à moins que nous ne montions insensiblement en spirale. Qu'on me permette toutefois d'ajouter quelques remarques.

D'abord que cette fâcheuse impression de tourner en rond a été et reste le lot de tous les groupes, tous les cercles, toutes les équipes qui se sont donné mission, à un moment donné de l'histoire, de défendre des idées fondamentales relatives à des aspects essentiels de la réalité. Les lumières sont rarement évidentes et provoquent généralement la coalition de tous les intérêts contraires, qu'il s'agisse d'imposer l'idée que la Terre tourne autour du Soleil, que l'espèce humaine est issue du règne animal, que notre psychisme est largement inconscient, que le racisme est une ignominie, que la femme n'est pas un

* Chronique parue dans *La Décroissance* (2009, n° 62).

sous-homme, que les ressources de la planète ne sont pas inépuisables ou qu'elles appartiennent indivisiblement à tous, etc. Seules les conversions miraculeuses sont instantanées. Les autres demandent beaucoup de temps. Quand les enjeux sont d'importance, les mentalités établies sont plus résistantes que des murs de béton. Et tant que le mur résiste, que faire sinon continuer à cogner dessus ? La chose est tellement claire et les illustrations tellement nombreuses et accessibles que je ne m'attarderai pas davantage sur ce point.

En revanche ce qui me paraît devoir être souligné, c'est que les idées, si justes soient-elles, ne sont jamais que des idées, et qu'elles n'ont jamais rien révolutionné dans l'histoire par elles-mêmes. Seules y sont parvenues celles qui ont rencontré les intérêts de groupes sociaux suffisamment larges et puissants (ne fût-ce que par le nombre) qui leur ont donné la force et l'impact nécessaires pour abattre les citadelles du conservatisme. Les éclaireurs, les minorités de pointe, n'ont rien d'autre à faire – et c'est déjà une tâche immense – que d'être un levain dans la pâte, exprimer et faire circuler des idées, expliquer, expliquer encore, expliquer sans cesse, contre la mauvaise foi, le refus de savoir, la caricature, la haine qui ne désarme pas, voire contre la détestable propension de beaucoup d'amateurs, surtout à notre époque de « zapping » culturel esthétisant, à jouer avec les idées comme avec des parures symboliques, en cherchant l'originalité distinctive et le plaisir de la nouveauté intellectuelle plutôt que des moyens d'agir effectivement sur le réel.

Les petits groupes qui se battent, à *La Décroissance* ou ailleurs, pour changer le monde n'ont pas la prétention d'y parvenir par leurs seules forces. Ils font, quant à eux, tout ce qui est en leur pouvoir sur le plan de la bataille des idées. S'ils peuvent en tirer les conséquences pratiques sur le plan de leurs comportements personnels, il ne leur appartient pas de les tirer pour les autres. À chacun(e) de faire sa part et de prendre ses responsabilités. Alors on peut parier que les choses iront plus vite et qu'on cessera de tourner en rond.

En tout état de cause, personne n'a de bottes magiques pour enjamber les obstacles existants. Les idées mènent le monde, c'est entendu, encore faut-il que les gens concernés aient envie de se fatiguer à les suivre.

* *
*

Sauce verte *

Octobre 2009

Il est établi depuis longtemps que chaque grand type de société de classes dans l'histoire a développé une idéologie dominante constituée pour l'essentiel de représentations (idées, croyances, sentiments, etc.) permettant de légitimer la suprématie de la classe sociale dominante.

En fait, ces grandes idéologies, dans leur principe, n'étaient pas destinées à ce à quoi on les a fait servir par la suite. Elles n'ont intéressé les puissants que parce qu'elles possédaient une forme d'universalisme qui les rendait capables de répondre aux attentes du plus grand nombre et susceptibles d'être adoptées par les masses. Le christianisme, par exemple, n'avait pas originellement pour but de donner bonne conscience aux riches dans l'oppression des pauvres. C'était même plutôt le contraire. De même pour la philosophie des Lumières qui a enfanté l'idéologie démocratique au XVIIIe ou pour

* Chronique parue dans *La Décroissance* (2009, n° 63).

l'idéologie socialiste à la fin du XIXe siècle. Chaque fois la classe possédante-dirigeante (quelque nom qu'on lui donne), secondée par son intelligentsia cléricale ou laïque, a su glisser sa main de fer dans le gant de velours d'un humanisme qui se voulait d'abord égalitaire et sans discrimination d'aucune sorte, le détournant ainsi dans ses finalités et le falsifiant dans son inspiration. Et il s'est trouvé, à chaque époque, des princes, des évêques, des philosophes, des politiciens, par corporations entières, pour théoriser, rationaliser et justifier ces impostures, et pour accomplir en toute bonne conscience ce travail de faux-monnayeurs.

Bien évidemment, une telle adultération des doctrines initiales, un tel dévoiement du sens ne pouvaient qu'avoir des effets catastrophiques à long terme, et plus précisément aboutir à ces parodies idéologiques qui ont permis aux seigneuries féodales puis aux grandes bourgeoisies contemporaines d'exploiter systématiquement et imperturbablement le genre humain, mais toujours *ad majorem dei gloriam* et au nom de la paix, de la justice et de la prospérité universelles.

Depuis les philosophes grecs justifiant l'esclavage jusqu'aux théologiens établissant la nature « démoniaque » de la femme ; des « légistes » de Philippe le Bel aux *think tanks* de la Commission européenne de Bruxelles ; des économistes de l'espèce de Ricardo ou de Bastiat théorisant la supériorité du libéralisme aux technocrates du FMI enseignant aux pays pauvres à se ruiner pour enrichir les banques ; des « Messieurs du Commerce nantais » du XVIIIe siècle légalisant la traite négrière aux congressistes de Bad Godesberg rangeant en 1959 la social-démocratie sous la bannière du capitalisme ; des gouvernants français couvrant les crimes du colonialisme aux dirigeants du G20 faisant mine de tancer les rapaces de la finance internationale pour leurs « excès »… le camp des puissants de la Terre foisonne en cerveaux habiles non seulement à exécuter les mauvais coups portés au monde du travail mais à les légitimer au regard de l'éthique de leur époque.

Nous sommes précisément en train de vivre un moment historique spécialement édifiant à cet égard, une évolution idéologique de grande ampleur caractérisée par le mouvement simultané de déclin d'une forme d'idéologie dominante, le néolibéralisme, auquel les dévastations matérielles et humaines du capitalisme sont en train d'arracher son double masque social-libéral et social-démocrate, et de montée en puissance d'un courant idéologique encore multiforme et en cours de définition, l'écologie. Alors qu'il n'y a pas si longtemps les adeptes d'une vision écologique passaient pour des plaisantins ou des illuminés, la brutale évidence de la dégradation de l'environnement a mis l'écologie à l'ordre du jour. Le « Grenelle de l'environnement » n'a été qu'un moment significatif de la mobilisation du système pour, une fois de plus, s'emparer de la légitime émotion des masses, la canaliser, l'orienter et, sous le slogan du « développement durable », accommoder le capitalisme à la sauce verte.

Et une fois de plus la main-d'œuvre pour mitonner cette nouvelle cuisine intellectuelle ne fait pas défaut, si on en juge par la foule de Cohn-Bendit, Hulot et autres marmitons se bousculant au fourneau ; lointains et pâles émules de l'évêque Adalbéron de Laon qui, sous le règne de Robert le Pieux, concoctait le mythe théologico-politique des « trois ordres » pour sanctifier le féodalisme ; ou de l'« humaniste » Juan Ginés de Sepúlveda qui, pour soutenir la politique impérialiste de Charles Quint, démontrait que les Indiens d'Amérique latine étaient naturellement destinés à servir d'esclaves aux Espagnols.

* *
*

(Auto-)dérision *

Octobre 2009

Sur l'action politique du Penseur critique

Le Penseur critique était assis à sa table de travail sur laquelle s'empilaient les livres pleins de faits accablants et de chiffres éloquents démontrant combien le monde capitaliste environnant était abominablement agencé et combien il était urgent de mettre un terme aux souffrances infligées aux êtres humains en même temps qu'aux dégâts causés à la nature. Le Penseur critique prenait les livres l'un après l'autre dans la quintuple pile de droite qui s'élevait jusqu'au plafond, se dépêchait de les lire en prenant des notes, avant de les déposer sur la quintuple pile de gauche qui s'élevait elle aussi jusqu'au plafond. Il y avait des lustres que le Penseur critique faisait passer de droite à gauche des livres bourrés de faits et de chiffres démontrant combien le monde capitaliste était abominablement agencé et combien il était urgent d'y mettre un terme. Il lisait à s'en user les yeux, du matin au soir, d'un bout de la semaine à l'autre, mais la pile de droite, loin de diminuer, ne cessait d'augmenter du fait de l'arrivée massive, jour après jour, de livres écrits par d'autres penseurs critiques qui dénonçaient, faits et chiffres à l'appui, les horreurs du système existant et insistaient sur la nécessité d'en finir de toute urgence.

Quand le Penseur critique n'était pas occupé à lire, c'est qu'il était à son tour en train d'écrire un livre

* La première partie de ce texte est d'abord parue dans *La Décroissance* (juin 2007, n° 40) avant d'être reprise dans la revue *Agone* (« Les intellectuels, la critique et le pouvoir », 2009, n° 41/42 http://www.agone.org/agone41et42), augmentée d'une seconde partie jusque-là inédite.

bourré de faits et de chiffres corroborant ses précédentes lectures. Ainsi contribuait-il, avec ses collègues les autres penseurs critiques, à animer « un espace de débat, de réflexion et d'analyse » grâce auquel les générations successives étaient, en principe, éclairées sur l'horreur du monde existant et sur l'urgence d'y mettre un terme. En fait, sauf exception, les écrits des penseurs critiques étaient lus par d'autres penseurs critiques qui faisaient inlassablement passer de la pile de droite à la pile de gauche des montagnes de livres contenant des himalayas de faits et de chiffres. Parfois, un éboulement se produisait et un penseur critique succombait, écrasé par le poids des livres et par la masse des faits et des chiffres. Mais, en dépit de ces accidents du travail, la plupart atteignaient un âge avancé.

Quand il n'était pas à sa table de travail, le Penseur critique entreprenait de rajouter oralement une louche de faits accablants et de chiffres éloquents pour grossir le flot de palabres inondant « l'espace de débat, de réflexion et d'analyse » maintenu ouvert par d'incessants colloques, discussions, entretiens, séminaires et conférences d'où sortiraient autant de « livres-événements » bourrés de faits et de chiffres destinés à édifier les générations à venir sur les méfaits du capitalisme et l'urgence d'y mettre fin.

Un jour, le Penseur critique refeuilleta, par hasard, un vieux livre qu'il avait lu des décennies auparavant. Sous le titre de *Thèses sur Feuerbach*, d'un certain Karl Marx, auteur oublié qui avait connu jadis quelque succès, il lut la thèse onzième : « Les philosophes n'ont fait qu'interpréter le monde de différentes manières – ce qui importe, c'est de le transformer. »

« C'est bien vrai, se dit le Penseur critique, il est temps de passer aux actes. » Et comme il avait la tête politique il s'en alla porter un coup décisif au capitalisme en signant un appel de penseurs critiques en faveur de la candidate sociale-libérale, qui promettait, si elle était élue, de peindre les façades en tricolore et de distribuer gratuitement des antidépresseurs aux chômeurs ; à la différence de son rival libéral-social, qui promettait de nettoyer les façades au karcher et d'offrir un billet de charter aux miséreux [1].

Le candidat libéral-social ayant quand même été élu, le Penseur critique, perplexe et déconfit, décida de convoquer un nouveau colloque pour réfléchir à ce que Marx avait bien pu vouloir dire.

Mettons-nous autour d'une table !

Certains cosmonautes ont rapporté qu'à mesure que l'on se rapproche de la Terre, au retour de missions lointaines dans l'espace, on entend enfler de minute en minute une rumeur continue : « Bla-bla-bla-bla-bla-bla-bla... » On peut même l'entendre, paraît-il, depuis la surface de la Lune. Les cosmonautes qui y ont séjourné précisent que cette « rumeur blablateuse » – c'est ainsi qu'ils l'appellent – est particulièrement nette lorsque la Terre, que sa précession fait osciller constamment sur son axe, montre son hémisphère nord à la Lune. En revanche, à mesure que l'hémisphère austral s'illumine et que le boréal s'enfonce dans l'ombre, la rumeur blablateuse s'atténue et laisse percer, par-dessus sa basse obstinée, comme un déchirant lamento.

Pour comprendre la cause de ce phénomène, il n'est pas nécessaire d'être docteur en cosmologie ; il suffit d'être un peu au fait des affaires terrestres. L'explication tient en quelques mots : pendant que les puissants du Nord bavassent, palabrent et blablatent, de sommet en sommet, de sommités à sommités, les misérables du Sud souffrent et gémissent dans les bas-fonds de leur

1. En référence à l'appel (paru dans *Libération* le 19 avril 2007) à voter dès le premier tour des élections présidentielles pour la candidate du parti socialiste (PS), Ségolène Royale, afin de faire barrage à Nicolas Sarkozy, candidat de l'Union pour un mouvement populaire (UMP).

géhenne. Les plus savants de nos experts avancent que l'évolution de l'*Homo sapiens faber* en *Homo œconomicus loquax* a eu pour effet que la caractéristique humaine par excellence a cessé d'être la pensée discursive pour devenir le discours sans pensée. Si par extraordinaire un nouveau Descartes s'égarait parmi nous, il n'écrirait plus « *Cogito ergo sum* » mais s'égosillerait dans un micro, en anglais de préférence et sur un rythme de rap : « *I-speak-therefore-I-am* » ; tandis qu'un nouveau Wittgenstein corrigerait son célèbre aphorisme de la façon suivante : « Ce dont on ne sait que dire, faut en parler quand même. »

Le monde développé est désormais un vaste salon où l'on cause, le règne du débat permanent et généralisé. On débat à deux, à cent, à dix mille, en face-à-face ou par médias interposés ; on parle de tout, de rien, pour un oui, pour un non, on dit une chose et son contraire, on noie le poisson, on subtilise, on alambique, on quintessencie, on sophistique, on nuance, on dialectise, on disserte et on dissèque, on jargonne, on charabiase, on pilpoulise, on escobarde et on babélise, à l'infini, à perte de vue, à perte d'haleine, à perte de sens, on parle pour parler, on parle pour se faire voir plus encore que pour se faire entendre, on parle surtout parce qu'on n'a rien à dire, pour éviter de penser, pour éviter qu'il y ait « un blanc » pendant lequel, qui sait, on pourrait se remettre à réfléchir. On parle pour différer indéfiniment le moment d'agir.

Car tout a déjà été dit sur à peu près tout, à peu près de toutes les manières, et depuis longtemps. Oh, bien sûr, pas sur les constituants ultimes de la matière, ou les multiples replis de l'espace-temps, ou la genèse des nébuleuses, ou le fonctionnement des axones cérébraux. Les sciences naturelles et biologiques ont sans doute encore beaucoup à découvrir. Mais s'agissant des rapports sociaux, des relations humaines entre individus et entre peuples, et des maux qui en découlent ou les affectent, il y a belle lurette qu'on sait tout ce qu'il y a de vraiment important à savoir, et on ne fait plus que se donner l'impression de progresser en mettant des mots nouveaux sur des pensées anciennes. Entre autres choses fondamentales on sait que, comme le soulignait un certain Marx, et après lui un certain Sartre, on ne peut pas plus penser au-delà de l'horizon intellectuel de son temps, celui correspondant aux structures objectives existantes, qu'on ne peut sauter à pieds joints pardessus son ombre. Quand on s'obstine à vouloir réaliser cette gageure, c'est-à-dire à ne pas vouloir régler une bonne fois les problèmes structurels de son époque – faire une révolution, comme on disait naguère –, on tombe inévitablement dans le blablabla dilatoire qui permet d'éviter de faire ce que tous les gens éclairés savent que l'on devrait faire.

La fonction primordiale de nos médias institutionnels est justement d'entretenir l'incessant tourniquet des mots qui masque le sur-place de la pensée. Tels de puissants cyclotrons, les journaux, les radios, les télés et Internet ne cessent d'impulser et d'accélérer le manège sans fin des mots qui donne l'illusion du mouvement à une pensée immobile : « Débattez, débattez, bonnes gens, parlez, parlez, discutaillez, ça ne fait jamais que quelques générations que ça dure ; prenez votre temps, coupez les cheveux en quatre, objectez, petits-boutiens, ergotez, gros-boutiens, nous sommes des civilisés, que diable, mettons-nous autour d'une table, parlons un peu ; ouvriers exploités, causez donc avec le patronat exploiteur, travailleurs délocalisés, pressurés, licenciés, devisez avec vos actionnaires ; convives des soupes populaires, taillez donc une bavette avec vos affameurs ; allons, vous tous, braves citoyens des démocraties parlementaires libérales, prenez exemple sur les bonimenteurs de tout poil, Chérèque avec Thibault, Chérèque et Thibault avec Fillon et Hortefeux, Aubry avec Royal, Royal avec Bayrou, Ayrault avec Copé, Cohn-Kouchner avec Kouchner-Bendit, Genestar avec Plenel, Colombani avec Casanova, BHL avec Houellebecq, Alain-Gérard avec Slama, Finkielkraut avec Ferry, Sarkozy avec Sarkozy, asseyez-vous et échangez, dialoguez, négociez, composez, ratiocinez entre interlocuteurs de bon ton et de bonne compagnie, pour nous fabriquer du consensus de bon aloi ! Et vous les bibliophages buveurs d'encre, les tireurs à la ligne, les faiseurs d'articles, les chroniqueurs, les pondeurs d'éditoriaux, les écrivassiers de livres et de revues, les phraseurs de tribune, les prêcheurs ex cathedra, les intervenants de colloques, les conférenciers d'universités d'été ou d'hiver, les débatteurs omnibus, répandez le baume de votre salive sur les plaies du monde, éteignez sous le flot débordant de votre logorrhée les incendies qui s'allument partout, palabrez comme des sénateurs pendant que Rome brûle, vous les peseurs d'œufs de puce, les pinailleurs de mouche, les chercheurs de tête d'épingle, de grâce n'arrêtez pas de parler, de pérorer, déclarer, proclamer, publier, rapporter, professer, proférer, proposer, de faire entendre votre belle voix qui monte, qui monte, qui monte, et qui se perd dans le silence éternel des espaces infinis, tandis que la Lune rigole doucement en prêtant l'oreille à ce blablabla… blablabla… blablabla…

— Soit. Mais nous ne savons que parler. Vous-même, que faites-vous, sinon ajouter à la logomachie ambiante ? La démocratie, c'est aussi la cratie des mots, non ?

— Non, c'est le peuple qui décide et passe aux actes ! Quand les urnes ne servent plus qu'à flouer et désarmer le peuple, il faut agir par d'autres voies. Criez donc : « Aux armes, citoyens ! » Ou alors taisez-vous, on entendra mieux ceux qui ont quelque chose à dire.

— Attendez, c'est une bonne question que vous posez là, asseyons-nous autour d'une table et causons un peu : ce que nous disons est important, parce que… blablabla… blablabla… blablabla… »

Et allez, tournez manèges !…

* *
*

Légalité de l'immoralité *

Automne 2009

L'assureur AIG, renfloué par le gouvernement américain à coups de centaines de millions de dollars, s'est servi d'une partie de la manne reçue pour payer des primes substantielles à ses dirigeants et cadres supérieurs, ceux-là mêmes qui l'avaient si magistralement précipité dans le gouffre financier, le prétexte à une telle largesse étant que ces primes devaient être versées puisqu'elles étaient expressément prévues par contrat. Dans leur immense majorité, les citoyens-contribuables américains ont crié au scandale. Même la Maison-Blanche s'en est émue, et un collaborateur du Président a déclaré « C'est immoral », en ajoutant immédiatement, « mais c'est légal », précision de nature à désabuser ceux qui espéraient autre chose qu'une condamnation platonique.

À supposer que, pour calmer un peu l'indignation publique, quelques mesures de rétorsion individuelles soient prises à l'encontre des indélicats dirigeants d'AIG, cela ne changerait rien à ce qui demeure, depuis des siècles, un *trait essentiel* du capitalisme : rédhibitoirement immoral, certes, mais impeccablement légal. Pour une raison fondamentale : la loi, dans les sociétés de classes, est faite par et pour les plus forts, elle ne saurait aller loin ni longtemps contre leurs intérêts.

« Mais, objecteront les candides, ne sommes-nous pas en démocratie et le législateur n'est-il pas le peuple tout entier, soucieux de servir l'intérêt général ? et ne savons-

* Texte inédit.

nous pas depuis Rousseau que le *droit* du moindre citoyen prime la *force* des armes ou de l'argent ? »

En principe, oui. Mais les principes par eux-mêmes ne font rien ; ils ne sont que des fictions régulatrices et ne peuvent agir qu'à travers des lois. Toute l'habileté des puissants de la classe dominante-possédante est d'utiliser la loi pour se moquer du principe en feignant de le respecter. Filouterie numéro un : agencer une législation électorale telle que la « représentation » politique légale qui sort des urnes se compose très majoritairement de bons et loyaux gestionnaires de l'ordre capitaliste de « droite » comme de « gauche ». Une fois cette pierre d'angle posée, on peut contourner les principes à sa guise, sans sortir d'une légalité sur mesure.

Il en allait déjà ainsi dans la république romaine antique, où les différents clans aristocratiques accaparaient la terre et le pouvoir et où les malheureux tribuns de la plèbe peinaient à faire entendre leur voix, au péril de leur vie. Du moins la république romaine ne se donnait-elle pas le nom de « démocratie » et ne prétendait-elle pas que tous ses citoyens étaient strictement égaux en droit. C'est d'ailleurs l'historien latin Tacite qui fut le premier à souligner que « plus la république était corrompue, plus il y avait de lois » (*Annales*, III, 27).

Nos puissants ont perfectionné le système : ils font voter la dépossession des travailleurs par les travailleurs eux-mêmes, plus exactement par leurs soi-disant représentants. Ainsi le despotisme du capital sur le travail a-t-il pu se reproduire, et même se renforcer, génération après génération. En conséquence, il est parfaitement « légal », dans le monde capitaliste, de jeter des familles à la rue, des salariés sur le pavé et des enfants au trottoir, de faire crever des individus de faim ou de froid, de réduire des gens à la misère, de les ruiner matériellement et psychologiquement, de traiter des populations entières comme les Spartiates traitaient leurs ilotes et les planteurs sudistes leurs esclaves noirs ;

il faut simplement prendre la précaution d'instituer le dispositif légal adéquat, un salaire minimum légal, une durée légale de cotisation, un horaire légal d'embauche, un âge légal de la retraite, un taux d'intérêt légal, un taux légal d'imposition, un quota légal, un droit de licencier, de délocaliser, de placer ses capitaux dans des paradis fiscaux, de privatiser les ressources et les profits, de socialiser les pertes, etc.

L'enfer sur Terre est ainsi pavé de projets de lois votés par des majorités de « démocrates ». Bref, on l'aura compris, en pays capitaliste, la légalité c'est, pour l'essentiel, ce qui autorise les riches à vivre de façon parfaitement immorale en se faisant de surcroît décerner un brevet de civisme. Les luttes de classes ayant été ce qu'elles ont cessé d'être, il subsiste bien, çà et là, quelques lois qui protègent et libèrent le travailleur. Mais nos princes s'emploient activement à mettre un terme à ces archaïsmes.

* *
*

La douzième question *

Novembre 2009

L'opposition de Sa Majesté Nicolas Ier, je veux dire le parti socialiste, vient de se livrer à une opération de communication, fort bien menée, en vue de ravaler sa façade décrépite et dangereusement lézardée.

L'équipe dirigeante de Martine Aubry, en butte aux difficultés incessantes créées par les irréductibles rivalités

* Chronique parue dans *La Décroissance* (2009, n° 64).

internes des courants et de leurs leaders, sur fond de discrédit grandissant à l'extérieur, a eu l'idée de se faire relégitimer en mobilisant les militants sur quelques thèmes porteurs de son choix. Elle a donc soumis au vote des adhérents un formulaire comportant onze questions, dont les deux plus importantes concernaient, l'une, l'organisation de primaires ouvertes à la gauche non socialiste pour désigner le prochain candidat du parti à la présidentielle ; l'autre, la fin du cumul des mandats pour les élus socialistes. Sur la presque moitié des adhérents du PS qui se sont déplacés pour voter, une nette majorité a approuvé les propositions de la direction présentées sous forme de questions auxquelles il fallait répondre par « oui » ou par « non ».

L'équipe dirigeante a immédiatement embouché les trompettes de la victoire complaisamment tendues par les grands médias qui se sont empressés de faire écho au chœur de l'autocélébration partisane, et nous n'avons sans doute pas fini d'entendre le PS se gargariser de son « ouverture démocratique », de sa « capacité de rénovation », de son « audace exemplaire », et autres vertus sans pareilles. C'est à peine si François Hollande a perfidement essayé de tempérer l'enthousiasme débordant en soulignant qu'il ne s'agissait pour l'instant que de positions « de principe ». Peuh !... La nouvelle n'en a pas moins retenti jusqu'au fond des chaumières : « Noël et Hosanna, Pâques et Alléluia, le PS est ressuscité, il s'est relevé d'entre les morts pour marcher parmi nous, grand est le PS et Martine est son prophète ! »

Toutefois, avant d'applaudir au miracle annoncé, j'aimerais faire part aux dirigeants socialistes de mon regret, partagé par beaucoup d'autres, de ne pas avoir trouvé dans le questionnaire soumis au vote des militants une douzième question, formulée à peu près ainsi :

« Êtes-vous d'accord pour que notre parti cesse de prendre les Français pour des conscrits de la dernière averse et de pratiquer la phrase de gauche dans l'opposition pour faire la politique de la droite une fois au pouvoir ? Êtes-vous d'accord pour rompre radicalement avec le social-libéralisme des bourgeoisies européennes et pour renouer en actes avec la doctrine révolutionnaire anticapitaliste de Jaurès au lieu de nous borner à des génuflexions rituelles devant sa statue comme des dévotes devant une relique ? Êtes-vous d'avis qu'il faut élire à notre tête des travailleurs sortis du rang plutôt que des petits-bourgeois friqués et opportunistes sortis de l'ENA ? Êtes-vous d'accord pour faire l'Europe des travailleurs plutôt que celle des spéculateurs ? Voulez-vous vraiment mettre un terme à la religion du Capital qui a fait de nous des sectateurs du CAC 40 et des fétichistes du Marché ? Voulez-vous vraiment casser les reins au capitalisme en nationalisant les banques et les grandes industries ? Bref, voulez-vous mériter à nouveau le nom de socialistes plutôt que celui de supplétifs et de régisseurs des affaires bourgeoises, quand ce n'est pas d'apostats et de traîtres à la cause du peuple ? Répondez par "oui" ou par "non". »

Avouez, chers Martine Aubry, Arnaud Montebourg, Benoît Hamon et *tutti quanti*, que si votre formulaire avait comporté cette douzième question on y verrait plus clair dans vos intentions réelles ; et vous auriez même pu faire l'économie des onze autres. Mais en l'absence de ce genre de question on peut craindre que votre opération ne serve pas même à énoncer des « principes », comme le dit votre camarade Hollande, mais vise seulement à redorer un « socialisme » de pacotille, sans principe et sans conséquence.

* *
*

Panem et circenses *

Décembre 2009

Il importe que les classes dominantes, si elles veulent conserver la *reconnaissance* (au double sens du terme) de la masse des dominés, concèdent à celle-ci une forme de « minimum vital ». C'est là une nécessité structurale pour reproduire les rapports de domination sans recourir systématiquement à la violence et à la terreur.

Généralement, pour la plupart des dominés, l'ensemble, historiquement variable, des biens et des services constituant ce minimum apparaît comme un dû, incompressible autant qu'inconditionnel.

C'était déjà au fond ce que soulignait le poète satirique latin Juvénal (65-128), quand il reprochait à la plèbe de la Rome impériale de ne plus réclamer que « *panem et circenses* [du pain et des jeux] ». On sait comment les empereurs successifs, pour s'assurer un minimum de paix civile dans un empire de plus en plus troublé et difficile à gérer du fait de son étendue et de sa diversité mêmes, ont été conduits à pérenniser une forme d'assistance sociale, très coûteuse, en particulier à Rome, au bénéfice des classes populaires de la capitale complètement écartées des affaires publiques. C'est l'ensemble de ces prestations sociales *gratuites* – telles que la distribution régulière de céréales et l'organisation de spectacles grandioses au cirque – que résumait la formule de Juvénal. Il est clair qu'aux yeux du satiriste et sans doute de son public aisé et cultivé l'homme de la rue à Rome, le citoyen plébéien, avait abdiqué tout esprit de responsabilité civique, toute conscience politique, toutes ces vertus publiques et privées que les

* Chronique parue dans *La Décroissance* (2009, n° 65).

écrivains, magistrats et dirigeants de l'époque républicaine, de Caton l'Ancien à Cicéron, avaient exaltées comme les seules dignes du grand peuple romain.

Le contexte de la célèbre formule est tout à fait explicite sur ce point : « Mais que fait la populace [*turba*] romaine ? Comme toujours, elle se range du côté des gagnants et se détourne haineusement des perdants. [...] Depuis qu'il n'y a plus personne pour lui acheter ses suffrages, elle se désintéresse de tout ; elle qui autrefois distribuait le pouvoir, les faisceaux, les légions, enfin tout, elle ne s'en préoccupe plus et ne désire plus que deux choses : du pain et des jeux. » (*Satires*, X, 81) Le ton de Juvénal trahit le mépris qu'il éprouve pour une plèbe qui s'accommode de sa dépossession et de son avilissement. Selon toute vraisemblance, une part de ce mépris s'adresse à un régime et à une époque de décadence qui ont réduit la fière population romaine d'« autrefois » à cet état de troupeau d'assistés.

On ne peut manquer d'être frappé par la ressemblance entre cette époque lointaine de l'Antiquité latine et la situation actuelle dans les sociétés occidentales dites « démocratiques » tant il est constant que la préservation de la paix civile continue à reposer fondamentalement sur une politique de *redistribution* au goutte-à-goutte, par le gouvernement des riches, sous forme d'allocations et subsides divers, juste assez ciblés et dosés pour répondre, surtout en période de récession et de chômage, aux besoins les plus criants des masses populaires et désamorcer leur grogne.

L'idée que les classes dirigeantes ont toujours su domestiquer le peuple et « acheter » sa reconnaissance (et « ses suffrages ») trouve sa vérification aujourd'hui comme hier ; et les illustrations en sont si nombreuses et si évidentes qu'on est en droit de considérer cette méthode de fabrication du consensus comme une donnée intrinsèque du fonctionnement des pseudo-démocraties bourgeoises.

Juvénal, de retour parmi nous, dans l'empire des multinationales, n'aurait pas grand-chose à changer à sa formule, si ce n'est remplacer le pain et les jeux du cirque par le Big Mac, le foot et la télé. La grande différence, c'est qu'aujourd'hui, pour se remplir l'estomac et se lessiver le cerveau, les pauvres doivent payer de leur poche. Rien n'est plus gratuit, mon bon monsieur, c'est ça le progrès capitaliste ! Et les peuples européens, apparemment, en raffolent.

* *
*

Les peigne-culs et les gratte-culs

Contribution à une sociologie des intellectuels *

Décembre 2009

Nous apprenons, avec un réel plaisir, que notre éminente collègue Jeanne Aymard vient de soutenir très brillamment sa thèse pour un doctorat d'État en sociologie, sur le sujet suivant, « La démocratie bourgeoise comme fabrique de poil à gratter et de brosses à reluire : contribution à une sociologie des intellectuels ». Sur la base d'une enquête vaste et bien documentée, la jeune et talentueuse sociologue, que beaucoup voient un jour prochain au Collège de France, renouvelle complètement la représentation de la figure de l'intellectuel que la France s'est forgée, de Voltaire et Diderot à Vidal-Naquet et Bourdieu, en passant par Zola, Jaurès, Sartre, Camus et quelques autres.

* Texte posté sur le blog.agone.org le 23 décembre 2009.

Rompant délibérément avec la perspective de la plupart des sociologues universitaires actuels, chez qui le souci dominant semble être de jeter définitivement aux orties la vulgate ringarde héritée des grands bâtisseurs de la science sociale, et qui s'ingénient à montrer comment, en toutes circonstances, les individus échappent quasi miraculeusement à toute gravitation sociale objective pour aller s'ébattre librement dans le ciel des sujets purs, singulièrement s'ils ont le privilège d'être des sociologues et des philosophes, Jeanne Aymard développe la thèse, certainement très dérangeante pour beaucoup de gens, que la pollution par le système capitaliste actuel a provoqué une mutation dans la sociogenèse de l'univers intellectuel et que celui-ci, loin de pouvoir produire encore des géants de la pensée et de l'action, n'est plus en état d'engendrer qu'une espèce naine et rabougrie d'intellectuels, elle-même partagée en deux variétés : les nains flagorneurs et les nains râleurs. Malgré leur transversalité, les deux catégories se recrutent et se regroupent majoritairement, pour les nains flagorneurs, dans les milieux médiatiques ou les activités hautement médiatisées et pipolisées ; et, pour les râleurs, dans le secteur scolaire-universitaire de préférence.

Les deux catégories s'opposent évidemment sous de nombreux rapports, y compris sous celui même de l'activité intellectuelle, les académiques ayant sauvegardé au moins l'apparence de se consacrer à l'avancement des connaissances et à la diffusion du savoir, alors que les médiatiques sont trop accaparés par la gestion narcissique de leur image pour avoir encore du temps et de l'énergie à consacrer à un vrai travail intellectuel. Il y a toutefois un point sur lequel tous sont à égalité : la croyance qu'ils sont encore, à l'instar de leurs prédécesseurs de jadis et naguère, le sel de la terre.

L'originalité de l'étude d'Aymard, c'est justement de montrer que cette croyance est désormais totalement dénuée de fondement. L'examen approfondi des pratiques respectives des deux groupes d'intellectuels fait apparaître que la logique réductrice du capitalisme a finalement rendu au travail des uns et des autres le statut qui était sans doute le sien depuis longtemps déjà, celui d'activité technicienne auxiliaire, préposée à l'entretien symbolique du système, statut précédemment masqué par la transcendance de quelques maîtres dont le génie suffisait à lui seul à exhausser toute une discipline et toute une époque.

« Aujourd'hui, écrit Aymard, l'abaissement généralisé de l'esprit public, dont l'imbécillité journalistique est sans doute l'expression la plus accomplie, ne laisse plus aux intellectuels que deux fonctions à assumer, qui jadis étaient réunies sous le bonnet à grelots du bouffon de cour, mais que les progrès de la division du travail ont dissociées : la fonction d'amuseur obséquieux et la fonction de grincheux patenté, la servilité et la flatterie étant plutôt la spécialité des intellectuels de droite et la grogne institutionnalisée plutôt l'apanage des intellectuels "de gauche". De même que la hache et le faisceau de verges étaient les instruments symboliques du licteur romain qui ouvrait la voie au dictateur, de même nos intellectuels de service exhibent, comme insignes de leurs fonctions officielles, les uns une brosse à reluire, les autres une branche d'églantier entourée d'un bouquet de bardane. Je propose d'ailleurs, pour la commodité, de donner, par un raccourci trivial mais imagé, aux premiers l'appellation de "peigne-culs" ou, si l'on préfère, de "lèche-bottes", et aux seconds celle de "gratte-culs", ceux-ci comme ceux-là étant indispensables à un fonctionnement optimal des rapports capitalistes de domination. »

En effet, selon Aymard, dans un régime caractérisé par le despotisme glacé de l'argent-roi et la dictature implacable de la Banque, la façade démocratique ne peut être maintenue que par les soins, entre autres, de fonctionnaires zélés, chargés d'apporter un petit supplément d'âme et un renfort d'adhésion au système, d'une part en donnant à grands coups de brosse du lustre aux puissants, afin d'aider la plèbe masochiste à se laisser piétiner avec des sanglots de bonheur et des râles de volupté par les pompes si bien cirées des grands seigneurs en culottes de soie et talons hauts ; d'autre part en alimentant un semblant de critique sociale par une production ininterrompue de libelles sans conséquences et de proclamations sans lendemains, de papiers, topos, articles, dissertations et communications d'intérêt très limité, dont le brouhaha babélien, baptisé « débat public », entretient l'illusion que le système est bien démocratique puisqu'il réchauffe tant de contestataires dans son propre sein. Ainsi voit-on virevolter autour de nos princes une nuée de serviteurs à gages dont une partie est occupée en permanence à brosser les revers et les basques des habits de cour que les autres s'amusent à saupoudrer incessamment de poignées de poil à gratter.

Nul doute que la publication de la thèse de Jeanne Aymard suscite des protestations indignées chez la plupart des intellectuels des deux bords. Déjà d'ailleurs on entend s'aiguiser les poignards de la réfutation sur les meules puissantes des institutions de garde et de défense. Déjà les chefs d'orchestre ont fait sonner leur diapason et brandi leur baguette. On entend ou on lit des débuts de réquisitoire visant à discréditer le travail de la sociologue. Comme de coutume, les griefs les plus injurieux en même temps que les plus stupides sont formulés par *Le Monde*, *Le Nouvel Observateur*, *Libération* et autres maîtres à penser en format tabloïd de la petite bourgeoisie moderniste : la thèse de Jeanne Aymard serait celle d'une intellectuelle « crypto-stalinienne » pour les uns et d'une « gauchiste maccarthyste » pour les autres ; son travail relèverait d'une « conception archéo-déterministe de la vie sociale », d'une « vision holiste-mécaniste du monde intellectuel comme théâtre de marionnettes des structures » ; il ne serait qu'une

« analyse liberticide de la réalité du sujet individuel », la « métamorphose des acteurs humains en produits inertes et calibrés comme ceux d'un champ de patates »... Bref, l'antienne habituelle des idéologues du libéralisme libertaire qui fournissent eux-mêmes de forts contingents aux deux grandes catégories aymardiennes d'intellectuels peigne-culs et d'intellectuels gratte-culs.

Mais Jeanne Aymard connaît trop bien ce petit monde pour ne pas avoir prévu, en bonne « déterministe », ses inévitables réactions. D'ores et déjà elle a qualifié cette vague de protestations de « tempête dans un vase de nuit » et fait preuve d'une extrême lucidité auto-réflexive en prêtant avec humour à sa propre thèse l'impact d'« une simple goutte de pipi qui ne pourra pas même faire déborder le vase » – vu que le règne du capital a plus à redouter des effets de ses propres crises et des dégâts de ses propres contradictions objectives que des humeurs inoffensives et des rébellions rituelles de sa valetaille symbolique.

« Une thèse de plus ou de moins, écrit la sociologue, ce n'est pas ça qui pourra mettre fin à l'hétéronomie du champ intellectuel et à la suprématie sans partage du pouvoir économico-politique. Dans le monde actuel, dire ce n'est plus faire et parler c'est ne rien dire. Le système capitaliste a appris à gérer et digérer toute critique, toute opposition, tout dissensus, toute hérésie, au point de s'en fabriquer lui-même pour se les donner en spectacle et procurer de l'émotion aux foules. La seule chose qu'il ne parvienne pas à maîtriser, c'est sa propre voracité, obscène et insatiable, et l'obésité pathologique qui en résulte. Les temps semblent d'ailleurs être venus où, tel un immonde léviathan s'effondrant sous sa propre graisse, empoisonné par ses propres toxines, il ira s'échouer et crever sur la plage de l'histoire. »

Et elle ajoute, pour terminer : « On m'opposera que ma thèse est excessive, qu'elle ne rend pas justice au milieu intellectuel, car tous les intellectuels sans exception ne se rangent pas dans la catégorie des peigne-culs ni dans celle des gratte-culs. On me demandera "d'où je parle", de quelle position "en surplomb" je me crois autorisée à porter un regard aussi sévère sur mes pairs. De grâce, qu'on m'épargne ce genre de rhétorique oiseuse. Je ne me veux nullement hostile au monde intellectuel. J'en suis et j'y reste. Je montre seulement ce qu'en a fait le système le plus rationnel que l'histoire ait vu s'ériger contre la vie de l'esprit. Plus précisément, je parle depuis la position modeste que j'occupe dans le champ intellectuel, et où, pour autant que je puisse en juger, je ne suis pas seule. Avec quelques autres, j'essaie de jouer mon rôle d'intellectuelle gratte-cul à ma manière. Car le champ intellectuel ne produit pas seulement des "nouveaux philosophes" et des porte-plumes pour cabinets ministériels et politiciens en vue. Il produit aussi, dans la pénombre de ses marges, dans les recoins discrets de ses laboratoires, dans ses allées les plus reculées, des agents pas très nombreux, pas très voyants, pas très célébrés, mais qui tiennent à honneur et dignité de préserver les braises du feu sacré en soufflant obstinément dessus. Un jour on dira d'eux qu'ils ont sauvé l'intelligence du naufrage de notre civilisation. »

* *
*

L'imagination au Panthéon *

Février 2010

L'Élysée se propose, dit-on, de mettre Albert Camus au Panthéon. Pourquoi pas ? Le grand écrivain n'en est ni plus ni moins digne que certains de ceux qui y sont déjà. Ce n'est pas tant sur ses mérites qu'il faut s'interroger que sur les motivations de ceux qui veulent le panthéoniser.

S'agissant des titres qu'il peut avoir à la reconnaissance de la nation, il est permis de les résumer en disant qu'il fut, dans sa personne et dans ses œuvres, malgré ou peut-être à cause de ses origines très modestes, une incarnation accomplie de l'intelligentsia petite-bourgeoise du XXe siècle (et même encore du XXIe) irrémédiablement partagée, jusqu'au déchirement, entre l'horreur et le refus que lui inspirait un ordre bourgeois devenu la négation même de tout humanisme et de toute justice, et le désir forcené de s'en faire bienvenir, donc de s'y intégrer.

Les plus talentueux des écrivains et artistes de cette génération marquée par l'abomination, entre autres, de la Seconde Guerre mondiale, ont exprimé leur désenchantement sous une forme culturelle originale, l'existentialisme, à la fois mode de vie et doctrine philosophique qui théorisait leur sensibilité particulière en la dotant d'une consistance ontologique et d'une signification universelle. Sartre et Camus, chacun à sa manière, en ont été les phares. Au fond, le grand problème qui occupa cette génération tourmentée et meurtrie fut de concilier les termes de la contradiction qui est au cœur de la conscience occidentale et qui a

* Chronique parue dans *La Décroissance* (2010, n° 66).

été portée à son acmé par l'hégémonie du libéralisme capitaliste : l'ambition de parvenir au plus haut point d'accomplissement de soi-même et de distinction personnelle, et la volonté de ne pas se séparer des autres, surtout des plus opprimés. Il faut être un saint, croit-on, pour réussir en pratique une telle gageure. Le commun des mortels (du moins dans la classe moyenne) semble voué à vivre ballotté entre recherche égotiste du bonheur individuel et solidarité exaltante de l'engagement dans le combat collectif, un peu à la façon du très ambigu peintre Jonas de *L'Exil et le Royaume*, dont les efforts pathétiques pour être « solitaire » tout en restant « solidaire » semblent ne pas avoir connu une franche réussite.

L'idéalisation inhérente au travail intellectuel pour transposer la réalité empirique en représentations philosophiques a conduit Camus à traiter comme une métaphore de la condition humaine tout entière le destin absurde de Sisyphe, condamné par les dieux à pousser éternellement un lourd rocher jusqu'au sommet d'une montagne d'où il retombe inéluctablement. L'image est belle, mais elle a le grave inconvénient de transfigurer un processus historico-social en une théodicée ; plus précisément l'exploitation et l'oppression des classes laborieuses par les classes possédantes en une espèce de malédiction métaphysique sans recours. C'est exactement le genre de fable dont les puissants ont toujours eu besoin pour se mettre à l'abri de la contestation.

Imaginons un instant que Camus, approfondissant son analyse, ait finalement réalisé qu'il tombait lui-même sous le coup de la critique qu'il adressait à tous les philosophes auxquels il reprochait de « faire le saut » irrationnel dans une transcendance ou une autre pour ne plus voir l'absurdité de notre condition. Imaginons que, lassé des abstractions idéalisantes, il ait porté, comme cela lui arrivait dans son travail journalistique, un regard un peu plus sociologique sur les conditions concrètes d'existence des légions de Sisyphes de la planète. Il aurait été obligé de reconnaître, car il était intellectuellement honnête, que, dans la réalité historique, Sisyphe et ses pareils, les « prolétaires des dieux », sont d'abord et surtout les victimes d'un système institutionnalisé de domination qui leur fait accepter servilement l'inique sentence les condamnant à un labeur sans fin et « sans espoir », au profit d'une minorité de malins qui vivent comme des divinités sur l'Olympe, à l'abri de leurs murailles, de leurs codes et de leurs frontières. Alors la probabilité eût été grande qu'il s'écriât, comme d'autres avant lui : « Sisyphes de tous les pays, unissez-vous ! »

« Mais justement, objecteront certains, quand la masse des Sisyphes algériens s'est unie pour se dresser contre l'oppression colonialiste, Camus ne s'en est guère montré solidaire, à la différence de Sartre. » C'est que, pour Camus, « il faut imaginer Sisyphe heureux » de son sort. Hélas, les Sisyphes réels n'ont pas les moyens de s'élever à des vues si sublimes. Ils doivent certainement manquer d'imagination.

* *
*

Sois gai, ris donc ! *

Mars 2010

Un de mes amis m'a déclaré : « Je suis foncièrement d'accord avec ce que vous dites, mais vos propos n'auraient-ils pas davantage de force si, au lieu de laisser transparaître votre humeur, ou percer votre indignation,

* Chronique parue dans *La Décroissance* (2010, n° 67).

ils s'exprimaient dans le ton neutre et impassible qui sied à tout discours soucieux d'objectivité ? »

Eh bien, cher et savant ami, au risque d'aggraver mon cas à vos yeux, je vous répondrai que ce qui me paraît manquer le plus aujourd'hui, en matière de discours sur le monde social, c'est justement l'indignation. Car enfin, je conçois et j'approuve qu'on se préoccupe de faire avancer la connaissance du réel de la manière la plus rigoureuse possible – si tant est que le souci de rigueur du chercheur soit incompatible avec les sentiments qu'il éprouve (ce qui reste à démontrer) – mais j'aimerais que l'accumulation des connaissances serve quand même aussi à autre chose qu'à faire des carrières de mandarins, et que, s'agissant de la réalité sociale, on s'avise enfin de tirer les conséquences de tout ce que l'on sait déjà pertinemment, de science sûre, au lieu de toujours tout reprendre *ab initio*.

Je m'estime, pour ma part, suffisamment édifié sur les mécanismes du système capitaliste, sur les gens qui souffrent de ses méfaits et sur ceux qui en profitent, pour considérer qu'il n'y a pas désormais de tâche plus nécessaire ni plus pressante que de mettre fin à cette barbarie. Chacun peut voir que ce système est gangrené. Il faut opérer d'urgence. À quoi riment ces incessantes consultations au chevet du malade, toute cette rumination intellectuelle, ce remâchage interminable d'évidences, cette auscultation sous tous les angles et ces palpations à l'infini, cette procrastination déguisée en réflexion sourcilleuse, ces « si » et ces « mais » sempiternels, sinon à rationaliser l'impuissance, masquer l'absence de volonté et laisser en pratique s'imposer la conclusion qu'*il n'y a rien à faire*, rien d'autre que de s'accommoder de ce système certes imparfait mais tellement complexe et de toute façon irremplaçable, et donc d'y faire son trou, même minuscule !

Cette escroquerie dure depuis des générations. Et l'une des choses qui m'indignent le plus, c'est de voir qu'une grande partie de ceux qui devraient la dénoncer, des gens « de gôche », préfèrent y prêter la main. Je sais bien que pour la plupart ce sont des manipulateurs manipulés, mais je sais aussi que les individus excellent à faire de nécessité vertu, et surtout qu'ils ont le chic pour transfigurer leurs petits intérêts égoïstes en raisons honorables, en vertu desquelles ils exhortent tous les indignés comme moi à faire preuve d'un peu de patience, de réalisme, de sens politique, d'intelligence enfin.

Et pendant que je m'exercerai à la patience, en attendant de devenir plus intelligent, ma boîte à lettres continuera à se remplir chaque jour d'appels à l'aide angoissés de dizaines d'organisations humanitaires m'informant qu'à chaque minute, quelque part dans le monde, à deux pas de chez moi comme aux antipodes, un homme, une femme, un enfant sont offerts en sacrifice au Moloch capitaliste, des êtres humains innombrables sont privés de travail, de toit, de pain, de soins, d'éducation, de liberté, d'identité, sont anéantis, physiquement et moralement, pour permettre à des minorités de possédants et à leurs gouvernements maffieux de s'en mettre plein la panse et plein les poches ; que des millions d'innocents sont spoliés, brimés, broyés, privés des droits les plus élémentaires, exploités jusqu'à ce que mort s'ensuive, pour que des nantis continuent à jouir de leurs privilèges, pas seulement des voyous cyniques et criminels mais aussi, hélas, une foule de petits-bourgeois comme vous et moi, ni pires ni meilleurs que beaucoup d'autres, mais qui, pour préserver leur médiocrité dorée, font semblant de ne pas savoir ce qu'ils savent, afin de ne pas avoir à en tirer de conséquences dérangeantes, car eux ont les moyens d'attendre. Et vous voudriez que je fasse taire mon indignation ! En quoi vous dérange-t-elle exactement… ?

Mais un doute me saisit tout à coup : et si les escrocs, c'étaient tous ces organismes humanitaires qui me harcèlent de leurs appels au secours alarmistes, toutes ces associations, ces fondations, ces institutions, dont les courriers incessants m'accablent, si c'étaient eux qui me racontaient des histoires à me donner des envies de révolution, pour me soutirer de l'argent ? Qu'attendent donc les pouvoirs publics pour mettre le holà à ces menées subversives, réprimer ce colportage de fausses nouvelles, interdire ces entreprises de démoralisation de la nation ou alors les condamner à financer quelques émissions supplémentaires de télé-hilarité avec nos bouffons préférés chaque soir en *prime time* ?

* *
*

Vision du monde *

Avril 2010

Le médiateur de la République, M. Delevoye, a remis récemment au président Sarkozy son rapport annuel sur l'état de notre société. Le moins qu'on puisse dire, c'est que le bulletin de santé n'est guère rassurant.

Le bon docteur Delevoye, qu'on ne saurait soupçonner de vouloir attrister sans raison ses amis de la majorité, se croit tenu de formuler un diagnostic sévère où il est question d'« usure psychique » d'une population stressée par le présent et angoissée par l'avenir, d'une masse de citoyens à bout de forces, ulcérés par l'injustice, frustrés et pleins de ressentiment contre l'administration et les institutions ; il parle d'une dégradation des rapports humains « avec des montées d'agressivité au sein des familles, des entreprises, des espaces publics »

* Chronique parue dans *La Décroissance* (2010, n° 68).

et d'une « banalisation de la violence » qui menace la cohésion sociale. Il met en garde au passage nos gouvernants contre « d'un côté, trop de gestion des émotions collectives, le plus souvent médiatisées ; de l'autre, pas assez de construction d'une vision collective ». Il décrit une France sur laquelle nos médias courtisans ne s'attardent guère et qu'il appelle « la France des invisibles », celle des sans-le-sou, sans-emploi, sans-espoir, qui sont légion. Bref, le rapport est accablant. Pire que cela, il frise le subversif.

Après un tel tableau clinique de l'état du malade, on s'attendrait à ce que notre consultant national préconise une thérapeutique à la mesure des dégâts, un traitement étiologique de nature à s'attaquer aux racines profondes du mal et pas seulement aux symptômes les plus apparents. Hélas, tout ce qu'il est capable de proposer c'est, nous dit-on, de « retrouver des lieux d'apaisement, de compréhension, d'explication, pour reconstruire un "vivre ensemble", sinon c'est le chacun pour soi qui l'emportera, et c'est la fin du pacte républicain ». Décidément, de nos jours, le blabla psychologisant et communicationnel est devenu la panacée de toutes les catastrophes, le dictame de toutes les souffrances ; l'essentiel étant de ne pas troubler le merveilleux consensus républicain qui lie indéfectiblement les femmes-ministres et les femmes de ménage, les hommes de pouvoir et les hommes de peine, les petits salariés surendettés et les dirigeants des grandes banques, les chômeurs en fin de droits et les bénéficiaires des retraites-chapeaux.

C'est qu'en vérité M. Delevoye et les autres belles âmes de la droite compatissante n'ont rien à proposer : leur pharmacopée, celle des Diafoirus de toutes les époques, n'a jamais contenu que du sirop d'orviétan et de la poudre de perlimpinpin. D'ailleurs, même leur diagnostic est faux ou, pour le moins, incomplet : le mal dont notre société est en train de crever, ce n'est pas une absence ou une insuffisance de « vision collective ».

Celle-ci existe bel et bien et c'est même elle qui nous a conduits à l'abîme. Cette vision, c'est celle du néolibéralisme qui a triomphé partout et transformé notre monde en un immense cirque où la multitude des pauvres s'épuise à courir derrière les riches en désespérant de pouvoir jamais les rattraper et *a fortiori* égaler leurs records de gaspillage et de dépravation. Évidemment, ce n'est pas un idéal dont une nation puisse vraiment s'enorgueillir, mais c'est bien une philosophie de l'existence, au-dessous de la ceinture et au ras du tiroir-caisse, que le système s'efforce d'inculquer uniformément à sa population dès le plus jeune âge.

Au demeurant, qui donc pourrait forger une « vision collective » capable de tirer tout un peuple vers le haut : nos énarques carriéristes, nos banquiers sans scrupules, nos PDG sans vergogne, nos députés caporalisés, nos syndicalistes cogestionnaires, nos journalistes domestiqués, nos intellectuels de studio, nos juges déboussolés, nos enseignants déprimés, nos prêtres éteints, nos « stars » nombrilistes ? Allons donc ! Toutes ces soi-disant « élites », cette bourgeoisie aussi avide qu'insatiable et arrogante, cette petite bourgeoisie aussi niaise que futile et prétentieuse, ce ne sont plus que des larves se tortillant sur le cadavre de la République. Le peuple prolétaire s'est laissé trop longtemps rouler dans la gadoue, il lui faut désormais repartir à l'assaut, pour raser la nouvelle Bastille. Et qui l'aime, le suive !

* *
*

Vidons le bocal ! *

Mai 2010

Au soir des élections régionales, comme il est de tradition pour l'ensemble des participants, je me suis déclaré satisfait des résultats. Certes, j'avais bien quelques petites raisons d'être dépité : la bigoterie alsacienne avait conservé à la droite sa seule et unique région ; le racisme fascisant avait repris des couleurs ; l'opportunisme cohn-bendiste faisait encore illusion ; et surtout l'imposture socialiste se voyait encouragée à tromper de nouveau les Français.

Mais cette déconvenue était plus que compensée par le triomphe éclatant de mon propre parti, celui des abstentionnistes : « Plus d'une moitié de l'électorat a boudé les urnes », comme on le coassait dans la mare médiatique, sans d'ailleurs se préoccuper d'analyser plus profondément l'embarrassant phénomène. Il est tellement plus excitant de spéculer sur les futurs présidentiables ! Des commentateurs moins chabotisés que nos journalistes et nos politologues auraient pu faire quelques remarques instructives. Essayons de suppléer à leur défaillance.

Il est clair qu'une part croissante de l'électorat, qui sera un jour largement majoritaire, a enfin compris que le système du parlementarisme bourgeois est un stratagème qui consiste, sous apparence de démocratie, à faire avaliser par les petits et moyens salariés des politiques favorables, à tous les niveaux, aux intérêts des gros possédants, des affairistes et des spéculateurs, toutes catégories de profiteurs que les politiciens comme Mme Lagarde appellent « les forces vives de la nation »

* Chronique parue dans *La Décroissance* (2010, n° 69).

mais que nous sommes de plus en plus nombreux à appeler des maffias. Au train où vont les choses, il n'y aura bientôt plus que les fétichistes de l'urne et du bulletin de vote pour répondre aux convocations électorales. Les gens avertis, désormais indifférents à la question de savoir s'il vaut mieux se faire pendre à un croc de boucher par la vraie droite ou écorcher vifs par la fausse gauche, s'abstiendront d'aller bêler leur soumission à leurs égorgeurs.

« Mais, m'objectera-t-on, n'est-ce pas là faire le jeu des forces réactionnaires ? » De grâce, qu'on m'épargne cette rhétorique éculée ! Où et quand avez-vous vu, depuis plus de vingt ans que dure la contre-révolution néolibérale, de Reagan et Thatcher en Bush et Blair, de Mitterrand et Jospin en Fillon et Sarkozy, que des élections prétendument démocratiques aient abouti, dans les sociétés occidentales, à autre chose qu'à renforcer la spoliation et l'asservissement des peuples en leur extorquant leur consentement dans un isoloir ? Quand par extraordinaire une population a réussi à exprimer massivement son opposition à l'entreprise de démolition sauvage de notre civilisation par la mondialisation capitaliste, comme lors du référendum sur le projet de constitution européenne, tous les pouvoirs en place se sont carrément assis dessus. Croyez-vous sérieusement que nos aïeux se sont farouchement battus pour laisser s'instaurer au bout du compte la mascarade à laquelle nous persistons à donner le nom de démocratie ?

Étant donné qu'aujourd'hui, à tort ou à raison, nous répugnons à répondre par la violence à la violence des institutions capitalistes, le refus de jouer les comparses ou les benêts dans la sempiternelle farce électorale cesse d'être une coupable abstention pour prendre une signification proprement *révolutionnaire* : puisque le capitalisme est comme un poisson dans l'eau trouble de la manipulation électorale, alors ôtons-lui l'eau de son bocal. « Mais dans ce cas, insistera-t-on, le pouvoir de l'argent pourra continuer à exercer ses méfaits avec simplement le soutien d'une infime minorité de complices ! » Peut-être bien, mais il ne pourra plus, avec le soutien d'une majorité de dupes, prétendre être le pouvoir du peuple et il n'y aura plus lieu de parer du nom de démocratie la dictature avérée du capital. On en aura fini avec le mensonge du régime actuel qui lui permet, *de toute manière*, de gouverner au nom du peuple contre le peuple. Cette clarification est la seule voie pour mettre un peu de clarté et d'honnêteté dans un jeu politique complètement perverti par les maffias régnantes de droite et de « gauche ». On verra alors où et qui sont les véritables partisans de la démocratie, et la lutte des classes retrouvera son vrai visage.

* *
*

Sisachthie ! *

Juin 2010

La scène se passe sur l'Agora d'Athènes, où Socrate vient de rencontrer Ploutocratès.

SOCRATE : Salut, Ploutocratès, je suis heureux de te voir tout fringant ; ton absence hier à la conférence de Gorgias a fait courir le bruit que tu étais malade. Je constate qu'il n'en est rien.

PLOUTOCRATÈS : Salut, Socrate. Effectivement, je ne suis pas venu hier parce que je suis très pris en ce moment, et même un peu débordé, à cause des

* Chronique parue dans *La Décroissance* (2010, n° 70).

événements. J'ai passé l'après-midi avec mes camarades de la section socialiste de l'Acropole à préparer la campagne pour expliquer aux masses le plan d'austérité du gouvernement Papandréou. En avez-vous parlé hier, au symposium ?

SOCRATE : Pouvions-nous ne pas en parler ?

PLOUTOCRATÈS : Alors, quelle était l'ambiance ?

SOCRATE : Au risque de te chagriner, je dois te dire que la politique du pouvoir a été condamnée par la plupart des présents. À l'exception de Calliclès qui, comme d'habitude, a fait de la provocation, et de Ménon, la vieille baderne très jugulaire-jugulaire, tout le monde a trouvé que le parti socialiste se faisait, une fois de plus, l'exécuteur des basses œuvres du capitalisme.

PLOUTOCRATÈS : Ça ne m'étonne pas de la part d'une bande d'intellos gauchistes, toujours à couper les cheveux en quatre et à chevaucher les nuées théoriques, comme dirait Aristophane. Comment peut-on à ce point manquer de bon sens, être dépourvu de réalisme ? Vous vous refusez à comprendre que notre pays est en faillite et que, pour éviter de sombrer, nous devons accepter de faire des sacrifices pour restaurer notre crédit. Quand quelqu'un vous doit de l'argent, vous êtes bien contents qu'il paie sa dette, n'est-ce pas ? Eh bien, aujourd'hui, c'est l'État, c'est-à-dire nous, les citoyens, qui devons de l'argent ; il est donc normal que nous remboursions nos créanciers et que nous acceptions de nous serrer un peu la ceinture. C'est clair, non ?

SOCRATE : Assurément, vieux sophiste, mais ce que tu oublies de mentionner dans ton raisonnement, c'est que seule une partie des richesses créées par le travail de tous a servi à satisfaire les besoins réels de la population. Le reste, des sommes colossales, est allé rémunérer généreusement le capital, remplir les coffres des actionnaires privés, des banquiers, des spéculateurs, grossir des comptes numérotés dans des paradis fiscaux, entretenir des clientèles électorales, alimenter toutes ces bourgeoisies du commerce, de l'industrie, de la finance et de la politique qui s'engraissent du travail collectif selon le bon principe de gouvernance « socialisons les pertes et privatisons les profits », appliqué par tous les gouvernements successifs, y compris par vous, les prétendus socialistes amis du peuple.

Que nos gouvernants, s'ils veulent faire preuve de justice, commencent par sanctionner les naufrageurs de l'économie nationale et fassent rendre gorge aux pilleurs du Trésor public, aux évadés fiscaux, aux concussionnaires et aux prévaricateurs de tout acabit. Nous devons de l'argent à des banquiers, la belle affaire ! C'est de l'argent qu'ils ont volé à la collectivité. Remboursons-nous en nous inspirant de notre glorieux ancêtre, le sage législateur Solon, qui empêcha les Eupatrides, l'aristocratie foncière de l'époque, d'étrangler la paysannerie d'Athènes, en décrétant, en – 594, la *seisachtheia*, la sisachthie ou abolition des dettes. Et si, malheureusement, Solon n'a pas osé faire la réforme agraire qui, en s'attaquant aux inégalités entre grands propriétaires et petits tenanciers, aurait mis fin à l'endettement chronique de ceux-ci auprès de ceux-là, n'hésitons plus quant à nous à nationaliser les banques et à rendre à la nation grecque tous les moyens de production de sa richesse.

Par Zeus et tous les dieux de l'Olympe, faisons enfin une vraie révolution, soyons de vrais socialistes ! Si Papandréou avait seulement le dixième de l'étoffe d'un Solon, il préférerait regagner la confiance des travailleurs plutôt que celle des marchés !

PLOUTOCRATÈS : Décidément, Socrate, tu files un méchant coton. Ne t'étonne pas si un jour tu es traîné en justice pour incivisme !

SOCRATE : Franchement, de moi ou de vous, les sociaux-démocrates, je ne sais qui a le plus à craindre du tribunal de l'histoire !...

* *
*

Le fétiche culture *

Juillet 2010

Un usage médiatique intensif et sans discernement du concept de « culture » a fait de celui-ci une notion fourre-tout qui sert à justifier tout et n'importe quoi, et qui a contribué à dévoyer plus d'un « débat de société ». Par exemple, en ramenant les problèmes politiques, économiques et sociaux liés au traitement des populations issues de l'immigration à la question de l'appartenance à des *minorités ethniques* dont la culture d'origine est différente de la culture dominante. On a redécouvert le « pluriel » et le « métissé », les « racines » et l'« héritage », comme si la République n'avait pas toujours été, depuis ses origines, une mosaïque de groupes socioculturellement différents mais réunis dans la revendication d'une même citoyenneté, la reconnaissance des mêmes droits et des mêmes devoirs, la foi en un même idéal. Pourquoi chicanerait-on à des cultures d'origine maghrébine ou africaine une reconnaissance qu'on ne refuse pas aux cultures bretonne, auvergnate, gasconne, corse et autres composantes de « la diversité » nationale ? Chacun(e) d'entre nous a droit à sa culture.

Mais il importe, en l'occurrence, de ne pas se tromper de problématique. La question *fondamentale* n'est pas de savoir s'il faut absolument sauver ou non, en tout ou en partie, une culture. Quelle qu'elle soit, populaire ou aristocratique, minoritaire ou majoritaire, ancienne ou récente, indigène ou exotique, une culture (au sens

* Chronique parue dans *La Décroissance* (2010, n° 71).

anthropologique du terme comme au sens élitiste) ne mérite d'être ni encensée ou dénigrée par principe ni assumée aveuglément, de façon affective, mais doit être analysée et évaluée en fonction des *rapports sociaux de domination* – et particulièrement chez nous des rapports de classes – dont elle est à la fois cause et effet, qu'elle favorise ou qu'elle contrecarre, qu'elle ennoblit ou qu'elle stigmatise. Ainsi, par exemple, ce serait une singulière forme de respect humain que de laisser, en France, un groupe social, sous prétexte de ne pas attenter à sa dignité culturelle, à l'intégrité de son identité ethnique, continuer à imposer à ses jeunes filles l'excision rituelle. Au regard d'une conscience progressiste, tout ce qui dans une culture donnée autorise certains humains à en opprimer d'autres, physiquement ou psychologiquement, matériellement ou moralement, est un facteur d'aliénation et doit être dénoncé comme tel. Toute culture est en effet constituée d'options pratiques et théoriques qu'un groupe social a été conduit à adopter au fil de son histoire parce qu'elles permettent, à une époque donnée, d'instaurer un ordre vivable et de faire coexister sans conflits destructeurs hommes et femmes, jeunes et vieux, aînés et cadets, riches et pauvres, maîtres et serviteurs, initiés et profanes, etc., dans un certain type de rapport au monde. Lorsqu'avec le temps et les inévitables transformations du mode de production cet ordre relatif se met à apparaître de plus en plus comme un désordre, et que la culture dominante devient impuissante à masquer les injustices, à euphémiser les contradictions ou à justifier les inégalités existantes, le moment est venu de critiquer la culture concernée, c'est-à-dire d'examiner rationnellement ce qu'elle peut conserver éventuellement de promouvant et de libérateur et ce en quoi elle est désormais un frein ou un obstacle à l'émancipation du plus grand nombre.

Ce genre de critique fait partie de la lutte des classes sur le terrain de l'idéologie, et il est de la plus grande importance de la développer sans préjugés fétichistes. Une pratique ou une institution qui aurait pour effet d'humilier, exploiter ou opprimer des êtres humains, même avec leur consentement, ne saurait être tenue pour légitime sous le seul prétexte qu'elle est ancestrale et consacrée par la tradition. Or *toutes les cultures*, y compris la « culture » petite-bourgeoise de l'ethnie « bobo », comportent peu ou prou de telles pratiques, car toutes portent l'empreinte des rapports de classes qui les ont historiquement façonnées en se combinant étroitement aux différences de sexe, d'âge, de couleur, de langue, etc., différences purement factuelles arbitrairement érigées en inégalités de valeur. Aucune culture ne saurait donc être défendue inconditionnellement, même au nom d'un pluralisme bien intentionné.

Perdre de vue cet aspect des choses, c'est se condamner à brouiller la vision du réel et à tomber dans le confusionnisme. C'est ce qu'ont fait malheureusement la plupart des classes moyennes au cours des dernières décennies. Pour la raison décisive qu'elles avaient déserté le terrain de la lutte des classes et transhumé, sous la houlette de leurs bergers réformistes et contre-révolutionnaires, vers les consensuels pacages de la société de consommation et de communication, en même temps que leurs fractions intellectuelles sombraient dans le relativisme culturaliste et l'éclectisme informe de l'idéologie postmoderne. Quand on ne sait plus, ou qu'on ne veut pas, distinguer possédants et dépossédés, exploiteurs et exploités, on se met à classer les gens selon leur couleur, leur accent, leur confession, leurs mœurs, etc. ; et le moins qu'on puisse dire, c'est que cela fait bien l'affaire des ethnies et des « héritiers » de l'*establishment* et du CAC 40.

* *
*

Les haines entre pauvres *

Septembre 2010

Je reprends le fil de ma chronique au moment où les médias sont tout bruissants du prétendu « virage sécuritaire » de Sarkozy, comme si celui-ci et la droite dite républicaine s'étaient privés jusqu'ici d'exploiter le thème de la sécurité. Le larbinisme journalistique est coutumier de ce genre d'exagération. Incurablement amnésique et sensationnaliste, la journaille de service excelle à transformer en nouveauté fracassante la moindre inflexion de voix et en événement historique le moindre écart de pluviométrie. Audimat oblige.

Mais ce qui m'a le plus frappé en l'occurrence, ce sont les réactions enthousiastes d'un grand nombre d'internautes (majoritaire ou minoritaire, leur opinion est significative) au-dessous de la dépêche AFP rapportant les propos du chef de l'État lors de son voyage à Grenoble. Si Sarkozy s'était donné pour but d'exciter la haine raciste et la xénophobie anti-immigrés, il pouvait se flatter d'avoir réussi. J'en étais à la fois atterré et écœuré. On a beau se dire que la plupart de ceux qui s'expriment ainsi spontanément sur Internet ne sont généralement pas des parangons d'intelligence et de culture, que leurs tripes prennent à leurs réactions plus de part que leur tête, quand on est en face d'un tel déferlement de bêtise et de mauvais sentiments de la part d'individus qui ont quand même bénéficié de plusieurs années de scolarité et à qui on a donné une carte d'électeur, on est bien obligé d'admettre que le grand pari humaniste-

* Chronique parue dans *La Décroissance* (2010, n° 72).

rationaliste d'une République éclairée, juste, égalitaire et fraternelle, n'est pas près d'être gagné.

Qu'au sommet de l'État des responsables politiques se permettent de jeter explicitement l'opprobre sur une catégorie de population ne peut évidemment qu'autoriser l'expression du racisme, ordinairement latent et difficilement contenu, qui subsiste chez bien des pauvres gens en mal de reconnaissance sociale et trop heureux de se venger de leurs frustrations en criant haro sur le baudet que la cour désigne à leur vindicte. La plupart des observateurs ont parfaitement compris que cette manœuvre indigne n'avait pas d'autre but que de récupérer une partie des électeurs d'extrême droite. Mais en même temps elle fait apparaître clairement quels sont les deux principaux clients de la politique sarkozyste : d'un côté le monde de la richesse dont l'État s'est fait le bouclier ; de l'autre celui du semi-analphabétisme à qui le ressentiment social tient lieu de conscience politique.

À vrai dire, cela n'est pas le propre du pouvoir actuel. Depuis qu'il y a des classes sociales, celles des possédants ont continûment, pour asseoir leur domination, recouru à la même stratégie fondamentale que résume le vieux slogan « Diviser pour régner ». Pour écarter le seul danger qu'elles redoutent véritablement, c'est-à-dire la coalition massive de tous ceux qu'elles spolient, exploitent et oppriment de mille façons, et qui devraient trouver dans leur commune condition de dominés le ciment de leur union, elles s'ingénient à les dissocier, segmenter et disperser à l'infini. Les ressources ne leur manquent pas pour atteindre ce résultat. On pourrait sans doute caractériser chaque période historique par l'arsenal déployé pour diviser les dépossédés. On verrait que, dans l'ensemble, les moyens utilisés se répartissent en deux grandes catégories : d'une part ceux qui reposent sur la richesse économique et financière accaparée par les dominants (les restes laissés aux serviteurs sur la table des maîtres, dont les emplois, salaires, allocations et autres gratifications peu ou prou corruptrices, que la promesse d'octroi ou la menace de suppression font un efficace instrument de discipline et de ségrégation) ; d'autre part ceux qui consistent dans le recours aux différents procédés symboliques de l'information, de l'éducation, du divertissement, etc. afin d'endoctriner, enrégimenter et abêtir suffisamment les masses pour les empêcher de comprendre quelle est leur véritable identité et où est leur véritable intérêt.

C'est ainsi que, depuis des siècles, les riches n'ont cessé d'alimenter les *haines entre pauvres*, dont un nouveau témoignage vient de nous être donné.

* *
*

La gratuité contre les eaux tièdes du réformisme *

Septembre 2010

Un thème a ressurgi dans le débat public, qui semblait complètement périmé tant il était dissonant par rapport au consensus idéologique ambiant selon lequel « tout s'achète et tout se vend » au royaume de la marchandise. Vu le degré actuel d'asservissement du système capitaliste à la loi du profit maximum et à la logique de la rentabilité immédiate, dans cet univers monétisé où même « le temps, c'est de l'argent », il semble en effet proprement inconcevable qu'il y ait

* Chronique parue dans *Le Sarkophage* (2010, n° 20).

encore de la *gratuité* et qu'on puisse encore donner ou recevoir « pour rien » quand tout le monde sait bien qu'« on n'a rien pour rien ».

Il est compréhensible que, dans un paysage social submergé, selon la métaphore connue, par les « eaux glacées du calcul égoïste », certains réclament un peu de chaleur humaine et cherchent comment verser plus ou moins d'eau chaude dans ce bain glacial. Rien de vraiment nouveau au demeurant dans cette problématique dont l'exploration a mobilisé au fil des siècles la fine fleur de la pensée philosophique et théologique, anthropologique et économique. De l'argumentaire peaufiné par les plus brillants architectes de la Cité idéale ressort, entre autres pierres d'angle, l'affirmation que ce qui fait l'irréductible valeur d'un être humain échappe à toute mesure, ne peut donc être quantifié et par là même transcende toute mise en équivalence et toute valeur d'échange. D'où ce véritable miracle ordinaire qu'est l'expérience de l'amitié, de l'amour et de la compassion pour autrui, lien à la fois charnel et spirituel qui attache l'ego à son alter ego, son prochain, son semblable, et récuse du même coup l'égoïsme pernicieux et borné. Les croyants, en particulier les chrétiens, y ont vu la manifestation de la grâce divine, don gratuit par excellence car on ne marchande pas avec Dieu. Il est significatif à cet égard que le christianisme ait fait de la *charité* (qui traduit le latin « *caritas* » et le grec « *agapê* ») la vertu théologale suprême, inséparablement amour du Créateur *et* de ses créatures, dont Luther s'est chargé de rappeler à une papauté pervertie qu'on ne saurait en faire commerce. C'est cette même conviction qui animait un économiste chrétien comme François Perroux quand il écrivait que « tout le prix de la vie vient des choses sans prix. Dans la sphère de l'acte gratuit, du don de ce qu'il possède et de ce qu'il est, l'homme atteint à ce qui constitue sa plus incontestable dignité ». Il est non moins significatif que les classes possédantes et leurs clergés aient révisé la *charité* à la baisse en la transformant en « aumônes », en « bonnes œuvres » et autres actions « caritatives ».

Il est donc admis depuis longtemps que, si l'homme est un loup pour l'homme, son essence ne se réduit pas à celle d'un animal sauvage mais qu'il est aussi, fondamentalement, un être d'amour, capable de sacrifice et de partage. Les sceptiques argueront que cela se produit bien moins souvent que l'inverse, que les intérêts particuliers n'ont cessé de dresser les hommes les uns contre les autres, que la violence a été et demeure le moteur de l'histoire, et que par conséquent la fraternité et la générosité humaines sont plus un principe éthique à réaliser que le constat d'une propriété déjà inscrite dans un ethos réel, un devoir-être plutôt qu'un être.

Et pourtant, c'est bien au moulin de l'altruisme que la connaissance anthropologique a apporté son eau si on en juge par des travaux comme ceux dont Mauss a tiré son *Essai sur le don*. Théorisant la triple obligation universelle de donner-recevoir-rendre, Mauss concluait : « Si quelque motif équivalent [à notre notion d'intérêt] anime chefs trobriandais ou américains, clans andamans, etc., ou animait autrefois généreux Hindous, nobles Germains et Celtes dans leurs dons et dépenses, ce n'est pas la froide raison du marchand, du banquier et du capitaliste. Dans ces civilisations, on est intéressé, mais d'une autre façon que de notre temps. [...] Il y a intérêt, mais cet intérêt n'est qu'analogue à celui qui, dit-on, nous guide. Ce sont nos sociétés d'Occident qui ont, très récemment, fait de l'homme un "animal économique". Mais nous ne sommes pas encore tous des êtres de ce genre. Dans nos masses et nos élites, la dépense pure et irrationnelle est de pratique courante. L'*Homo œconomicus* n'est pas derrière nous, il est devant nous. [...] L'homme a été très longtemps autre chose et il n'y a pas bien longtemps qu'il est une machine, compliquée d'une machine à calculer. [1] »

Depuis l'époque où Mauss établissait ce constat historique, le mercantilisme et l'utilitarisme de l'économie libérale se sont répandus sur toute la planète avec la mondialisation capitaliste. L'*Homo œconomicus* semble avoir établi son empire. Mais les dégâts matériels et spirituels causés partout par le triomphe de cette idéologie de la concurrence impitoyable, du profit maximum, de la victoire par tous les moyens et de la jouissance égoïste, sont d'ores et déjà si terrifiants qu'on voit se dessiner de plus en plus nettement un mouvement de résistance à cette entreprise insane et arrogante de régression sociale qui a le culot de se présenter comme une avancée de la civilisation.

Malheureusement, les forces qui naguère encore pouvaient y faire barrage ont tellement cédé de terrain et nos élites intellectuelles et politiques ont tellement abjuré leurs idéaux humanistes, qu'il ne reste plus guère que le registre de la morale traditionnelle (d'inspiration religieuse ou laïque) pour exprimer et justifier le rejet du monde que nous imposent la domination de l'argent et le règne de la valeur monétaire généralisée. Des analyses comme celles de Mauss ont du moins l'avantage d'attirer l'attention sur le fait que, si des propriétés psychologiques et morales telles que l'altruisme, la capacité de faire droit aux besoins et attentes des autres sont peut-être pré-inscrites dans une présupposée « nature humaine », marquée ou non du sceau d'une grâce transcendante, leurs manifestations concrètes (et surtout leur institutionnalisation à une époque donnée sous forme d'une idéologie agissante du partage, de la gratuité et *a fortiori* sous forme d'un État social) sont étroitement soumises aux conditions objectives d'existence des sociétés considérées et plus précisément aux structures de la

1. Marcel Mauss, *Essai sur le don* (1923-1924), PUF, 2007.

propriété des ressources et des biens, de leur production et de leur distribution dans l'espace social.

On ne saurait mettre ces conditions décisives entre parenthèses ni même les sous-estimer sans tomber dans la prédication idéaliste, louablement intentionnée mais inopérante, sinon marginalement. Lors même que ces bonnes intentions humanitaires vont jusqu'à la prise de position spécifiquement politique, les programmes d'action proposés, faute d'une radicalité suffisante dans l'analyse sociologique et économique, restent enfermés dans une logique réformiste comme s'il était impensable pour l'entendement de leurs auteurs de remettre en question les fondements d'un système capitaliste intrinsèquement pervers, comme s'il était présomptueux de vouloir en finir avec l'appropriation et l'accumulation privées des ressources appartenant à tous et des biens collectivement produits, comme s'il était aberrant de chercher à supprimer l'exploitation et l'aliénation du travail salarié avec l'oppression du plus grand nombre.

C'est pourquoi on voit derechef se multiplier, sur le thème de la gratuité, de nombreuses propositions relatives à la défense ou la restauration d'un *service public* capable de répondre, par une générosité collectivement organisée et financée, aux besoins fondamentaux (nourriture, santé, logement, instruction, revenu minimum garanti, etc.) de toute la population et d'abord des moins nantis. Dans la mesure où ces propositions visent à stopper le démantèlement du service public et à remédier sans tarder aux pires dégâts sociaux, elles sont évidemment les bienvenues. L'erreur, malheureusement trop répandue encore chez les réformistes « de gauche », serait d'en faire un objectif en soi, dont le système peut toujours s'accommoder. Leur place n'est pas ailleurs que dans un programme de transition pour faciliter la rupture avec le capitalisme.

Il devrait être clair dans les esprits que la meilleure façon de renforcer le service public, c'est de l'étendre rapidement et continûment jusqu'à la prise en charge « gratuite » de tous les besoins fondamentaux à mesure de leur évolution historique, ce qui n'est économiquement concevable que moyennant la restitution à la collectivité de toutes les ressources et toutes les richesses servant au travail social et produites par les efforts de tous. Les fruits de la Terre doivent profiter équitablement à tous ses habitants, sans abus et sans privilège. Tous y ont droit et aucun n'en est propriétaire. Toute autre démarche, quelle qu'en soit la justification, risque fort d'être un alibi pour un statu quo déguisé ou un pis-aller finalement dérisoire : ajouter de temps à autre quelques louches d'eau bouillante dans une marmite d'eau glacée n'a jamais permis d'obtenir autre chose que de l'eau tiède, qui ne peut que se refroidir davantage.

* *
*

Taratata plan-rataplan *

Octobre 2010

Fin août 2010, la presse nous informait qu'aux championnats du monde d'Air Guitar, en Finlande, un Français venait d'être couronné pour la deuxième année consécutive, après avoir enthousiasmé son jury en mimant à la perfection le jeu d'un guitariste, Jimi Hendrix en l'occurrence… mais sur une guitare imaginaire ! J'ai d'abord haussé les épaules à l'annonce de cette nouvelle loufoquerie ; et puis je me suis dit qu'il n'y avait pas lieu de tourner en dérision la performance

* Chronique parue dans *La Décroissance* (2010, n° 73).

de ce pseudo-guitariste, surtout si on la comparait à celles des athlètes et des nageurs qui viennent de se couvrir de gloire sur les podiums européens. Tous ces champions sportifs ont gagné leurs médailles en accomplissant un exploit réel sur le tartan des pistes ou dans l'eau des bassins. La matérialité même de leurs prouesses les rattache encore à la très ancienne tradition du chef-d'œuvre qui servait autrefois à consacrer les plus accomplis des compagnons, les meilleurs des artisans. Par là même, les accomplissements de ces sportifs de haut niveau conservent un je ne sais quoi d'archaïque, si j'ose dire, le parfum suranné d'un temps révolu où il fallait, pour être encensé, fournir la preuve tangible et mesurable de son excellence, même si l'engeance des charlatans et des imposteurs de tout acabit n'y était pas inconnue.

Avec notre guitariste d'apparence, nous avons au contraire une illustration pittoresque mais très symbolique, tout à fait dans l'air du temps, de ce qu'est devenu le talent de nos « élites » les plus célébrées : un simulacre habilement mis en scène. À force de faux-semblant et d'artifices, de pub, de com et de propagande, la modernité a fait franchir à notre démocratie en trompe-l'œil un nouveau seuil dans l'ordre de la comédie et de l'illusion. Désormais les apparences du pouvoir sont accaparées par des histrions dont le plus grand talent consiste à venir en place publique donner sur les tréteaux le spectacle de leur compétence imaginaire. Tels des enfants coiffés de bicornes en papier qui, pour mimer un défilé militaire, font avec leurs bouches « taratata plan-rataplan », en feignant de souffler dans des clairons et de battre des tambours invisibles, nos Excellences gesticulent et débitent leurs boniments, comme on le leur a appris à l'ENA, dans les IEP, les facs de science éco, les « mastères » de commerce, les écoles de journalisme et autres propédeutiques au carnaval médiatique.

On croit avoir confié le destin d'une population à des hommes et des femmes pleins de savoir et d'humanité, et on découvre qu'on a mis sur le podium des guitaristes aux mains vides qui font semblant de gratter sur une musique venue d'ailleurs. On croit avoir affaire à des experts de la gestion financière, et on découvre des banquiers naufrageurs ; on s'imagine avoir choisi de grands dirigeants dévoués à l'intérêt général et on découvre de misérables petits chefs de clans qui fraudent et pillent le trésor public ; on croit avoir élu des représentants du peuple intelligents et désintéressés et on voit se contorsionner une bande d'UMP et de PS rejouant incessamment la *Batrachomyomachie*[1] ; et tout à l'avenant.

De ces gens en vue, de ces célébrités dont parlent radios et télés, des « stars » de la politique, du syndicalisme, des affaires, du sport, des arts et des lettres, des Églises, de toutes ces éminences sur le passage desquelles les journalistes se tiennent prosternés, on attendrait qu'ils proposent à leur public du vrai, du précieux, de l'authentique, du grand cru ; hélas, ils n'ont plus à nous offrir que du toc, de la pacotille, de la verroterie et de la piquette. Au fil du temps on s'est installé, chaque jour davantage, dans le règne des apparences, des bulles, de l'inconsistant, de l'ectoplasmique, bref, de l'inexistant. De fait, c'est toute notre civilisation qui devient toujours plus factice et s'achemine en musique vers son néant tout en jouant « taratata plan-rataplan » sur des instruments imaginaires.

* *
*

1. « La bataille des rats et des grenouilles », poème humoristique parodiant l'*Iliade* et attribué initialement à Homère.

L'infection *

Novembre 2010

Beaucoup de bonnes âmes se sont émues de la révélation que les États-Unis, à des fins d'expérimentation médicale *in vivo*, avaient entrepris, entre 1946 et 1948, d'inoculer des maladies sexuellement transmissibles à de malheureux guatémaltèques tiré(e)s des prisons, des bordels, des asiles d'aliénés, des casernes et autres géhennes du Guatemala.

La réaction à cette information est généralement indignée. Certains vont même jusqu'à parler de « crime contre l'humanité », tellement les procédés utilisés rappellent les pires horreurs nazies. C'est là faire preuve d'une totale incompréhension de l'admirable philosophie qui présidait aux travaux des chercheurs américains.

Pour ces derniers, l'inoculation de la syphilis et de la blennorragie à des populations étrangères vulnérables n'avait d'autre but que de faire profiter ensuite les contaminés d'un nouveau médicament, la « pénicilline », le tout premier antibiotique, qu'on avait introduit récemment dans la thérapeutique et dont on souhaitait mieux connaître les effets sur les maladies vénériennes.

Ainsi, loin d'être une manifestation de mépris raciste pour de pauvres sous-humains laissés pour compte, le pourrissement méthodique et contrôlé de leurs relations sexuelles s'inscrivait-il dans l'immense et généreuse croisade entamée par les États-Unis après la Seconde Guerre mondiale pour entraîner le reste du monde sur la voie du bonheur à l'américaine.

Le Guatemala n'est pas le seul à leur avoir servi de terrain d'expérience. C'est en effet très exactement à

* Chronique parue dans *La Décroissance* (2010, n° 74).

cette époque-là qu'ils ont entrepris de mettre en œuvre, dans le cadre du fameux « plan Marshall », leur rêve d'hégémonie mondiale au moyen d'injections massives de dollars, de chewing-gum, de Coca-Cola, de DDT, de pin-ups et autres ingrédients de l'*american way of life* qui allaient rapidement transformer les pays occidentaux en satellites de Washington, leurs administrations en bureaux d'affaires des trusts et leurs populations en troupeaux robotisés de consommateurs conditionnés par les banques et les agences de publicité.

Systématiquement, quasi scientifiquement, les Américains ont entrepris de ranimer le semi-cadavre exsangue de l'Europe et de lui insuffler une vie nouvelle à leur image. À grand renfort de packs de bière, de pop-corn, de jeans, de chaussettes en nylon, de films en technicolor et de 45-tours en vinyle, ils ont fait entrer à marche forcée les culs-terreux du Vieux Monde dans un Eldorado qui, aux dires du général Marshall, ne devait plus jamais connaître « la faim, la pauvreté, le désespoir et le chaos ». Cette gigantesque opération de transfusion, que les peuples européens ont payée de leur décervelage, a entraîné là encore l'inoculation aux cobayes indigènes de divers micro-organismes particulièrement virulents, dont les effets conjugués constituent la pathologie spécifique du régime capitaliste.

Pour ne citer que quelques-uns parmi les plus agressifs de ces agents infectieux, tous culturellement transmissibles, mentionnons le tréponème de la soif de profits, le gonocoque de la spéculation financière, la bactérie de l'hostilité aux services publics, le spirochète de l'évasion fiscale (dit aussi peste des îles Caïman), le bacille du gaspillage ostentatoire, le vibrion du despotisme managérial, le diplocoque de la haine des pauvres, le microbe de la phobie antisyndicale, le streptocoque flagellé du carriérisme du cadre, le spirille de l'amoralité du trader, le sarcopte galeux du journalisme de marché et, peut-être le plus mortel de tous, le staphylocoque doré de la connerie bourgeoise (avec son mutant gangréneux de la prétention petite-bourgeoise).

Tous ces germes d'une extrême contagiosité sont devenus pénicillino-résistants à mesure qu'ils se sont répandus sur la planète. En France comme ailleurs, la pandémie, appelée par euphémisme « mondialisation libérale », poursuit ses ravages. Des petits groupes de chercheurs très actifs essaient actuellement de mettre au point un vaccin révolutionnaire anticapitaliste capable d'éradiquer le mal. Réussiront-ils avant qu'il soit trop tard et que le monde soit irrémédiablement infecté ?

* *
*

C'est plus compliqué que ça… *

Un procédé classique, pour se débarrasser symboliquement de l'empêcheur de penser en rond, du briseur de consensus, c'est de jeter le doute sur ses capacités intellectuelles et son aptitude à juger sainement des choses.

Dans sa version actuelle la mieux euphémisée, ce procédé consiste plus précisément à disqualifier tout point de vue critique ou radical en le taxant de « simplisme », en le décrétant sourd et aveugle à la « complexité » du réel. Cette objection de complexité – « C'est un peu plus compliqué que ça, en réalité » –, transposition modernisée de la critique que la scolastique médiévale adressait au « sophisme de dénombrement imparfait » et à toute forme de réductionnisme, est utilisée en permanence, dans les médias, par les journalistes, les intellectuels et les politiciens de service,

* Texte inédit ; extrait d'un travail en cours au moment où ce recueil paraît.

généralement au nom d'une vision des choses qu'on prétend plus rigoureuse, plus dialectique, plus objective, bref, plus scientifique, mais qu'on se garde bien le plus souvent de préciser.

Il n'est pas nécessaire de réfléchir longuement à cet argument pour comprendre qu'il est en fait essentiellement polémique et n'est émis que pour discréditer l'opposant, invalider son analyse en affirmant, d'autorité, sans aucune démonstration, que son raisonnement est vicié à cause des œillères idéologiques qui l'empêchent de saisir toutes les dimensions du problème et tous les aspects de la réalité. Le résultat de l'opération, qu'il soit ou non délibérément recherché, est de laisser l'ordre établi à l'abri de toute critique.

Ceux qui recourent à l'objection de complexité ne sont pas tous nécessairement des gens de mauvaise foi. Beaucoup sans doute croient se soumettre aux exigences d'un esprit scientifique et ne s'avisent pas que ce qu'ils tiennent pour un principe épistémologique fondamental est, tout bien considéré, un truisme sans portée véritable. Car enfin, s'il est vrai – et cela est vrai si on en juge par l'histoire de la connaissance scientifique – que tout objet réel est d'une infinie complexité, telle qu'aucune observation, aucune enquête ne sont jamais parvenues ni ne parviendront vraisemblablement jamais à l'épuiser, alors il faut admettre que toute tentative de connaissance, quel qu'en soit l'objet, peut se voir opposer l'objection de complexité. Les choses sont toujours objectivement plus compliquées que ce qu'on en dit à un moment donné. Il y a toujours une foule de circonstances considérées par convention comme « égales par ailleurs », comme contingentes, que la recherche est obligée de mettre provisoirement entre parenthèses et qu'un sceptique pourrait toujours invoquer pour dire : « Ah, votre hypothèse ne prend pas tout en compte. C'est en fait bien plus compliqué que cela ! » Il faudrait donc, en toute rigueur, invalider tout discours, sans exception, comme faisaient les sceptiques pyrrhoniens. Aucune affirmation d'aucune sorte ne serait plus possible sur rien. Si tout phénomène était, comme le Big Bang, une singularité irréductible à nulle autre, aucune discipline scientifique n'aurait jamais vu le jour.

Si nous considérons aujourd'hui à bon droit qu'une science est possible, c'est que justement nous avons renoncé à un savoir absolu, exhaustif et intangible et que nous nous accommodons d'établir, par un travail collectivement réglé et contrôlé, des « vérités » partielles et provisoires, mais toujours *plus opératoires* que les précédentes, ce qui exclut qu'on puisse mettre toutes les affirmations sur le même plan et dire n'importe quoi sur n'importe quoi. La science n'est possible et ne progresse que parce qu'elle-même, à chaque étape, prend le risque de simplifier le réel, *en faisant comme si* la réalité tenait tout entière dans ce qu'on est capable d'en appréhender grâce aux instruments de pensée, d'observation et de mesure dont on dispose. On sait bien maintenant qu'en fait ce n'est pas exact. Mais cela ne signifie pas qu'il soit impossible de connaître et comprendre la réalité *jusqu'à un certain point*, sans que cette connaissance dépende de la fantaisie personnelle de chacun. Il faut et il suffit pour cela de mettre en œuvre des procédures et des protocoles relevant d'une *méthode scientifique* définie, permettant de *sélectionner*, dans la constellation des variables constitutives du phénomène étudié, les facteurs dont on considère à tort ou à raison (c'est l'expérience qui tranchera) qu'ils sont décisifs et déterminants, tous les autres étant tenus pour momentanément négligeables.

Si Newton avait dû prendre en compte *tous* les facteurs qui gouvernent la trajectoire d'une pomme ou de tout autre corps qui tombe, il n'aurait jamais formulé la loi de la chute des corps qui implique de mettre entre parenthèses le poids du corps pour ne s'intéresser qu'au temps de chute. Ne pas tout prendre en compte est une nécessité inhérente à l'*abstraction* scientifique qui, son nom l'indique, est un travail commençant par un prélèvement sélectif opéré dans la profusion et la confusion du concret. (Cela est déjà vrai au niveau de la plus immédiate et la plus ordinaire de nos perceptions sensorielles, toujours beaucoup plus intellectualisées et rationalisées que nous ne le croyons.) Mais sans le détour long et ardu par l'abstraction scientifique, il est impossible, comme le soulignait Marx avec raison, de *s'élever* à une vision plus fine, plus riche et plus opératoire de la réalité concrète. L'abstraction n'est en l'occurrence que le chemin montant et malaisé qui conduit d'un degré de théorisation (c'est-à-dire de vision par l'esprit) de la réalité concrète, à un degré supérieur, en extension et en compréhension, de cette même réalité concrète.

Dans ces conditions, affirmer d'un ton sentencieux que « les choses sont plus compliquées » revient à proférer un leitmotiv creux, un pur *flatus vocis* dont il serait permis de rire s'il n'était malheureusement utilisé comme une arme pour tuer, au moins symboliquement, les adversaires mal-pensants, en les réduisant au silence et en les ravalant au nombre des archaïques et des primitifs dépassés par le progrès, quand ce n'est pas au nombre des esprits insanes.

Il est significatif que l'objection de complexité soit généralement utilisée dans des discours portant sur la nature ou le sens de faits sociaux (économiques, politiques, culturels, etc.) plutôt que sur des faits physiques, biologiques, cosmologiques et autres phénomènes naturels. C'est qu'en général la définition légitime des faits sociaux engage beaucoup plus directement les intérêts matériels et moraux des groupes humains concernés que la définition des faits naturels (nous ne sommes plus tout à fait à l'époque de Galilée… sauf pour les fondamentalistes américains). Établir la vérité sur les causes idéologiques et politiques réelles du « trou de la Sécu » est beaucoup plus immédiatement dérangeant pour les dominants que d'établir l'existence ou non d'un trou noir dans le voisinage d'Andromède. Celui-ci, à la différence de celui-là, ne relève pas des politiques sociales mises en œuvre par nos gouvernements.

S'il est un domaine où l'objection de complexité risque de manquer le plus de sérieux, c'est celui des sciences sociales. En effet, dans ce domaine, beaucoup plus que dans celui des sciences naturelles, la connaissance du réel qu'on s'efforce d'acquérir a une visée praxéologique plus ou moins immédiate. En d'autres termes, on ne cherche pas à expliquer et comprendre les faits humains pour le seul plaisir de savoir – comme on peut parfois en avoir l'illusion avec les sciences naturelles, où le délai qui sépare le travail de théorisation de la phase d'application, surtout en recherche fondamentale, est souvent tellement long qu'il peut donner l'impression d'un savoir « gratuit ». Les sciences humaines sont, à cet égard, beaucoup plus proches des préoccupations de la pensée ordinaire, presque toujours sollicitée par des problèmes d'ordre pratique et le plus souvent orientée vers leur résolution. Dans cette optique, on cherche moins à savoir pour savoir qu'à savoir pour agir efficacement dans les meilleurs délais. Bien entendu, dans son principe, la connaissance, quel que soit le domaine considéré, devrait obéir en toutes circonstances aux mêmes exigences de rigueur, d'objectivité et de vérité. Et on comprend que, dans cette perspective, les dirigeants d'une institution ou d'un État créent des commissions chargées d'étudier plus précisément un problème avant de prendre les décisions appropriées. Quand on dispose du temps nécessaire pour cela, il importe d'étudier pour mieux juger. Mais les problèmes posés par les comportements individuels et collectifs humains ont souvent des enjeux vitaux appelant une solution d'autant plus urgente qu'on a mis plus de temps à comprendre que les faits émergents étaient les symptômes devenus manifestes de changements en profondeur et d'évolutions depuis longtemps sous-jacentes.

Ne rien faire sous prétexte qu'on n'a pas une connaissance exhaustive de la situation ou une compréhension scientifique du problème n'est pas toujours, dans ces cas-là, une position tenable ; elle peut même être moralement inacceptable. On sait à cet égard que la création de commissions *ad hoc* est devenue un procédé dilatoire dont les groupes dirigeants usent et abusent pour éviter d'avoir à prendre les mesures qui s'imposent : « Quand je veux enterrer un problème, je crée une commission d'étude », disait Clemenceau…

Contrairement à ce qui est allégué par certains avocats de la « complexité », le souci de prendre en compte dans l'investigation toutes les composantes de la réalité, loin de conduire nécessairement à une meilleure connaissance de l'objet considéré, aboutit bien souvent, au contraire, à brouiller la vision qu'on en prend et à paralyser l'action, faute de mettre en relief les principaux facteurs et de les pondérer afin de pouvoir intervenir sur *les plus efficients*. Dans les affaires humaines, il faut souvent agir à crédit et faire de son mieux à partir d'hypothèses dont on parie qu'elles sont bien fondées. C'est ce qui s'appelle « prendre ses responsabilités ». On est donc en droit de dire que, pour des raisons à la fois épistémologiques, sociologiques et éthiques, l'objection de complexité est difficilement recevable, tant du point de vue de l'action que du point de vue de la connaissance.

En fait, la complexité du réel est une donnée d'expérience tellement constante, avec laquelle chacun est tellement familiarisé, qu'on est en droit de s'étonner qu'il faille rappeler si souvent son existence. Qui donc a la simplicité de croire que les choses sont simples ? Tout le monde sait bien qu'en toute rigueur « rien n'est simple », et un peu de réflexion suffit pour comprendre que là où il nous arrive de trouver de la simplicité, ce n'est jamais que parce que nous l'y avons mise. Car la pratique est une formidable simplificatrice. La simplification, qu'il s'agisse d'opération matérielle ou d'opération mentale, est une nécessité, la condition *sine qua non* de toute réalisation, pour toutes les raisons évoquées plus haut. Nous serions incapables de faire quoi que ce soit si nous ne procédions pas à une forme ou une autre de réduction du réel permettant de ramener l'inconnu à du déjà connu, du déjà vu et du déjà compris. C'est ainsi et ainsi seulement que procède la dialectique de la connaissance, en rétablissant un peu d'unité dans la multiplicité originelle et en diminuant la confusion des choses. Ce qui peut nous être dommageable, c'est l'*excès de simplification*. Tôt ou tard d'ailleurs, l'échec vient sanctionner la simplification abusive du réel et nous obliger à reconnaître que « les choses sont un petit peu plus compliquées ».

Mais ce rappel à l'ordre de la complexité par l'expérience elle-même n'a qu'un lointain rapport avec l'objection de complexité en tant qu'argument polémique. Celle-ci prend prétexte de la complexité réelle de toute chose non pas tant pour inviter à dialectiser davantage le procès de la connaissance que pour clore le débat. Aussi est-elle devenue dans les affrontements du champ intellectuel un des arguments favoris de toute une intelligentsia petite-bourgeoise soucieuse de concilier les bénéfices symboliques de la posture critique avec ceux de la défense et de la conservation de l'ordre établi. À ses yeux, toute action offensive déterminée et toute prise de position radicale contre le système risquent de paraître prématurées, insuffisamment fondées et terriblement simplistes car, tout le monde le sait, « les choses sont beaucoup plus compliquées que ça ».

Table des matières

Diffusion-distribution en France & en Belgique
LES BELLES LETTRES – BLDD
25, rue du Général-Leclerc, F-94270 Le Kremlin-Bicêtre
Tél. 01 45 15 19 70 — Fax 01 45 15 19 80

Diffusion-distribution en Suisse
ZOÉ
11, rue des Moraines, CH-1227 Carouge-Genève
Tél. (41) 22 309 36 00 — Fax (41) 22 309 36 03

Diffusion-distribution au Québec
DIMÉDIA
539, bd Lebeau, Ville Saint-Laurent (Québec)
Canada H4N 1S2
Tél. (514) 336-3941 — Fax (514) 331-3916

Achevé d'imprimer en janvier 2011
sur les presses du groupe Horizon
pour le compte des éditions Agone
BP 70072, 13192 Marseille cedex 20

N° d'impression : 1011-029
Dépôt légal 1er trimestre 2011
Bibliothèque nationale de France

Imprimer en France